法国商业400年

陈润 邓玉蕊 李倩 著

浙江大学出版社
·杭州·

图书在版编目（CIP）数据

法国商业400年 / 陈润，邓玉蕊，李倩著. -- 杭州：浙江大学出版社，2025. 3. -- ISBN 978-7-308-25814-2

Ⅰ．F735.659

中国国家版本馆CIP数据核字第2025ZD6604号

法国商业400年

陈　润　邓玉蕊　李　倩　著

策　　划	杭州蓝狮子文化创意股份有限公司
责任编辑	黄兆宁
责任校对	朱卓娜
封面设计	袁　园
出版发行	浙江大学出版社
	（杭州市天目山路148号　邮政编码310007）
	（网址：http://www.zjupress.com）
排　　版	杭州林智广告有限公司
印　　刷	杭州钱江彩色印务有限公司
开　　本	880mm×1230mm　1/32
印　　张	8.5
字　　数	213千
版 印 次	2025年3月第1版　2025年3月第1次印刷
书　　号	ISBN 978-7-308-25814-2
定　　价	68.00元

版权所有　侵权必究　　印装差错　负责调换

浙江大学出版社市场运营中心联系方式：0571-88925591；http://zjdxcbs.tmall.com

> 总序

真正的以史为鉴，是为了超越历史

一

世界之变、时代之变、历史之变相互交织形成的百年变局，正在以前所未有的方式和速度展开。世界经济复苏举步维艰，全球发展遭遇严重挫折，各种安全问题层出不穷，局部冲突动荡此起彼伏。世界又一次站在历史的十字路口：和平还是战争？发展还是衰退？开放还是封闭？是合作还是对抗？

20 世纪 90 年代初，冷战结束，全球化不断推进。自从加入世界贸易组织之后，中国经济飞速发展，中国成为全球化的受益者，更是贡献者。在过去 30 多年的时间内，全球局势的不确定性越来越强，国与国之间的相互对抗越来越严重，科技竞争越来越激烈，这种国际脱钩、断供断链、倒退下滑的逆全球化进程成为常态，并将长期存在。在这种情况下，企业应该如何制定生存和发展策略？个人应该如何平衡工作与生活？这是亟待回答的现实问题。

美国作家马克·吐温（Mark Twain）说，历史不会简单重复，但总在押韵。其实，在人类发展的漫长进程中，商业文明始终在障碍丛生、贸易困难、危机频发、混乱动荡的坎坷曲折中缓慢推进。到了16世纪，随着科学技术蓬勃发展，国与国之间的距离被拉近，不同国家的商业文化开始碰撞、交融，经济开始飞速发展，经济强国在世界舞台上扮演的角色如走马灯似的变幻。当然，有些规律永恒不变，不会随人类的意志转移而更迭，比如在历史长河中所沉淀的人类精神财富——企业家精神、契约精神、信用体系、创新观念、商业逻辑、管理思想等，从长远来看，绝不会被人类所背弃。

由商业、财富、生活融合交织的大历史看似随意偶然，发展逻辑却严密细致。"世界是部商业史"系列丛书所研究的对象几乎全部都是世界500强企业，本丛书相当多的篇幅被用于记录企业的发展轨迹与企业家的成长过程。他们是商业史的主角，也是改变世界的重要力量。在阅读的过程中，读者会发现，现在及将来的全球产业格局和经济趋势，在过去的市场博弈与利益分割中早已形成。

不过，真正的以史为鉴，不是为了写历史而写历史，而是要超越历史。本丛书旨在以叙述人物、故事为途径，回到历史现场，探寻商业规律、经济趋势，立足当下、回望历史、启迪未来。我们将围绕以下四个问题，给读者一些启发与思考。

第一，中国成为全球第一大经济体已进入倒计时阶段，为什么中国能成为世界第一大经济体？中国的"全球第一"能持续多久？从英国、法国、德国、美国、日本、韩国等国家崛起的历史中可以得出结论：国家的较量关键在于企业，企业的较量关键在于企业家。"大商崛起"与"大国崛起"互为前提，彼此促进。商业兴旺才能造就"大国"，开放自由才能孕育"大商"。

第二，面对逆全球化、科技竞争、局部冲突等国际危机，企业家应该如何制定短期计划与长期战略？如何应对不确定的现在、拥抱不确定的未来?过去500年的商业发展史可供借鉴:世界500强企业都是在危机与灾难中成长起来的,不管是在一战、二战等战局动荡时期,还是在金融危机、经济萧条时期,成功企业需要找到不断战胜危机、超越自我的逆势增长之路,善于把握危机中的机会。

第三,如何看待企业家的时代责任与历史价值?如何看待政商关系?全球商业史也是一部政商博弈史,繁荣昌盛是政府与商人博弈形成的难得的双赢局面。企业家是推动社会发展、人类进步的主要力量之一,要尊重、关爱企业家。如今,中国的经济地位达到前所未有的高度,民族复兴、大国崛起的呼声一浪高过一浪,我们理应给企业家、创业者更多尊严与荣耀,给予更多包容与鼓励。

第四,如何弘扬企业家精神?如何发挥企业家作用?增强爱国情怀、勇于创新、诚信守法、承担社会责任和拓展国际视野这五条企业家精神,曾被世界级企业家验证过,是对中国企业家的要求和倡议。大力弘扬企业家精神,充分发挥企业家作用,对于持续增强国家经济创新力和竞争力具有重要意义。

"于高山之巅,方见大河奔涌;于群峰之上,更觉长风浩荡。"本丛书就是要以全球优秀企业家、卓越企业为标杆,助力中国企业家、创业者、管理者以史为鉴、开创未来。

全球商业史是一部大公司发展史,也是一部顶级企业家的创业史、成长史。

在波澜壮阔的商业历史变迁中,很多国家都曾站在世界商业舞台中央、发号施令、影响全球,直至被后来者超越。当下,商业世界波云诡谲,国际格局风云变幻,身处乱象之中的我们如何阔步前行?

在本丛书中,我们以国家为分类,以著名企业家与代表性企业为主体，以时间为顺序、以史料为标准，真实记录，熔国别体与编年体于一炉。选取国别的依据是各国 GDP 的全球排行。通过长期研究，我发现国家 GDP 排名与世界 500 强企业排名、全球富豪榜排名等各种榜单的排名次序高度正相关，它们反映了商业潮流、经济趋势、投资方向，真实反映了国家经济实力和产业分布格局。如果延伸到更长远的历史跨度去考量，这就是一张张近代全球商业史最珍贵的底片。

思辨得失、总结规律，这是本丛书的首要意义和价值所在。观察全球大公司的创业史、变革史是研究全球商业史的重要方法之一。在几百年的商业变迁中，美国、英国、德国、法国、韩国一直是光鲜闪亮的主角，与这种局面相呼应的是各国公司的超强实力。

美国 400 余年的财富变迁遵循从农业、工业到服务业的规律，财富增长与经济发展、公司进化的逻辑完全吻合。富豪的财富挡不住时代洪流的冲击和涤荡，老牌大亨终将退出，富过三代的家族都是顺势而为的识时务者，今日若想在农业、工业领域通过辛勤劳作成为美国富豪已十分困难。从安德鲁·卡内基、约翰·洛克菲勒到比尔·盖茨、沃伦·巴菲特、埃隆·马斯克，美国的超级富豪都是大慈善家。从本质上来说，所有的富豪都是财富管理者而非拥有者，只有让财富流动起来，创造更多的财富，财富才具有意义。

在并不算漫长的全球商业史中，英国人长期主宰世界的工业、商业、金融和航运业，他们曾是真正的世界经济霸主。巅峰时期，英国在全球 GDP 中的占比超过 1/3。时至今日，作为国际金融中心的伦敦掌握着全球 30% 的外汇交易，英国拥有世界三大能源公司中的两家，"罗罗公司"（罗尔斯·罗伊斯公司）的航空发动机占据发动机市场的半壁江山，ARM 的芯片统治全球……昔日的"日不落帝国"依然光芒万丈，它所崇尚的冒险、创新精神永不过时。

"德国制造"的华丽蜕变以及德国品牌的全球声誉，并不是在短暂的二三十年中迅速实现的，这是一段以工业立国、品牌强国为核心的漫长而艰难的修炼之路。德国工业制造始终大而不倒、历久弥新，其背后正是德国工业文化和企业家精神的力量。德国提倡埋头苦干、专注踏实的工匠精神，对每件产品都精雕细琢、精益求精，追求完美和极致。德国人穷尽一生潜修技艺，视技术为艺术，既尊重客观规律，又敢于创新、拥抱变革，在自身擅长的领域成为专业精神的代表。

法国的企业家精神，从中国式智慧角度可将其总结为"外圣内王"。换句话说，就是外表优雅、内心霸道。溯本清源，霸道与优雅源自法国人对技艺、品质、创新的不懈追求，源自法国人的严谨务实、精益求精，是法国企业家对商业规律和客户需求的尊重，是国有企业与私人企业在市场竞争中持续创新的产物，也是家族企业日积月累沉淀的硬实力。往更深处说，则是"自由、平等、博爱"的法兰西精神在数百年间形成的商业基因。

韩国资源匮乏，是严重依赖外贸的外向型经济体。同时，国内政权更迭频繁，不确定因素往往成为决定企业生死的隐形炸弹。因此，韩国企业家都有很强的危机意识，随时做好力挽狂澜、东山再起的准备。三星、现代、LG、起亚、乐天等品牌家喻户晓，其决胜全球、基业长青的辉煌成就来之不易。而我们若想从韩国"小国大商"的逻辑中找到发展密码，仍需沉淀与修炼。

本丛书按照国别划分，在内容上各有千秋。商业史如长河浩荡，波涛滚滚向前。它既孕育新的繁荣，也埋葬昔日英豪，兴盛衰亡的故事每日都在上演。我们不仅关注国家与企业的关系，而且更关注企业家的价值。

"说来新鲜，我苦于没有英雄可写，尽管当今之世，英雄是层出不穷，年年有、月月有，报刊上连篇累牍，而后才又发现，他算不得真英雄。"

这是英国伟大诗人拜伦（Byron）在《唐璜》中的感慨。的确如此，因受视野和阅历之限，活跃于商业杂志上的企业家经常被读者奉若神明，却不知在喧嚣与浮华之外的故纸堆中，一群头戴礼帽、身着西装的"熟悉的陌生人"，正穿越几个世纪的烽烟与过往缓缓走来，其自信的笑容中透着不易被察觉的傲慢与威严。他们都是改变世界的商界巨子，是纵横天下的真英雄。

商业不应该是枯燥的规则与固化的面孔，数据和理论不过是速写式的轮廓勾勒，而对人物故事的渲染和描述会让画面更加生动鲜活。我们创作本丛书，就是希望呈现一场波澜壮阔且激荡人心的历史大戏：500年来与全球商业有关的人物和故事先后闪亮登场、各领风骚，读者将在宏大背景和细微故事中洞察人性、体味人心。

战争与危机是这套书贯穿始终的重要线索。有意思的是，几乎每次战争与危机都会引起行业洗牌与产业变革，一大批商界奇才横空出世，伟大的企业从此诞生。事实证明，内外因素的碰撞与融合，有时会让偶然成为必然，让小人物成为大英雄。大商人的精彩创业故事透露出深刻规律，通过对数百年来全球大公司基业长青之道的观察与研究，本丛书总结出全球大企业的发展变迁史，对时代变革、商业趋势和国家实力的沉浮起落作速写呈现。

纵观当今时势，全球商业进步的引擎依旧在美国，美国人始终以科技创新和商业变革掌控全球经济走向和财富命脉。与此同时，在20世纪80年代，有"亚洲四小龙"之称的韩国、新加坡、中国台湾、中国香港的经济腾飞震惊全球；中国以改革开放厚积薄发，与巴西、俄罗斯、印度等新兴经济体一起飞速成长。这时候，大量跨国企业诞生，经济全球化和互联网化打破时间和空间界限，万象更新。

共享与共赢成为新时代的商业主流，跨界融合不断增强，爆炸式增长成为常态。大公司以多元化和国际化做大做强的传统路径被颠覆，新型企业以并购换时间、以扩张换空间，其创业十年的规模和市值动辄超过老牌公司百年积累，行业巨头轰然坍塌的悲剧与日俱增，王者更替的频率越来越快,许多百年企业盛极而衰、亡也忽焉。

温斯顿·丘吉尔说:"你能看到多远的过去,就能看到多远的未来。"过去数百年是商业变革步伐和人类财富增长最快的一段历史时期,市场经济的电光石火让商业史五光十色、不可捉摸。在宏大叙事中追寻企业轨迹与商人命运,很难说清究竟是时代造就英雄还是英雄造就时代,时代洪流的巨大冲击与商业环境的瞬息万变使企业显得渺小而脆弱。

"欧元之父"、1999年诺贝尔经济学奖获得者罗伯特·蒙代尔(Robert Mundell)教授认为:"从历史上看,企业家至少和政治领袖同样重要。那些伟大的企业家们,曾经让欧洲变得强大、让美国变得强大,如今也正在让中国变得强大,他们是和政治领袖一样重要的人物。"这是历史规律,也是大势所趋,企业家在国家发展历程中扮演着越来越重要的角色,因为他们是改变世界的重要力量。

尽管我们离这个目标路途遥远,但仍应一往无前。于商业史作家而言,商业发展与公司成长轨迹始终纷繁复杂、模糊不清,任何探本溯源的追寻都注定艰辛漫长,且很可能无疾而终。但即便如此,我也愿意埋首于历史的故纸堆里,从曾经的光荣与梦想中囊萤成灯,哪怕只有一丝微光,也能让中小企业坎坷崎岖的道路不再昏暗,让大企业扬帆远航的身影不再孤寒。

全球商业变迁的历程就像一个巨大的试验场,人们干得热火朝天、豪情万丈。在各大国崛起的辉煌之路上,是数以万计创业者夜以继日拼搏奔波的身影,失败是这场伟大试验的正常结果。但正因为有这种喧嚣与宁静、挣扎与沉沦的镜头交替出现,商业史的故事才显得生动鲜活,这种向上、不屈的力量才激荡震撼、摄人心魄。

正是这股催人奋进的力量让我坚定了策划出版本丛书的信念,尽管过程极其艰苦、资料庞杂而凌乱,虽然全球局势一如过去那般动荡不安、瞬息万变,但我依然对未来充满希望。

陈润

> 序言

法国企业家的霸道与优雅

一

　　法国最有象征意义的建筑，不是埃菲尔铁塔、卢浮宫、凯旋门或者巴黎圣母院，而是先贤祠。这里安放着法国的灵魂，是法国民族精神的殿堂。

　　先贤祠坐落在巴黎市中心塞纳河左岸的拉丁区，建于1791年，1885年被正式确定为伟人安葬之处。包括伏尔泰、卢梭、雨果、居里夫人、大仲马等在内，共有70多位享誉全球的伟人长眠于此。法国人对进入先贤祠的荣耀秉承严苛而审慎的态度，若发现瑕疵，即便已然安葬也会被"请出去"，巴尔扎克、莫泊桑、缪塞、莫奈等呼声甚高的人物至今仍无资格。

　　在先贤祠正面的山墙上刻有"先贤祠，伟人在这里安息"，正殿廊柱上镌刻着"伟人们，祖国感念你们"，这是法国人对待历史和先贤的态度。对思想和文化的尊崇经世代流传，早已根深蒂固。"一个懂得尊重思想的民族,才会诞生伟大的思想。一个拥有伟大思想的国家,才能拥有不断前行的力量。"正如纪录片《大国崛起》评价所说,"正是在这一追寻理想的过程中,法国以它卓尔不群的气质走出了自己的道路。"

不过,从商业史研究的视角来看,法国所走过的"大国崛起"的道路,企业家的主导作用不容忽视。若说尊重历史、敬奉贤明,法国不仅要让有时代影响力的商业教父安葬于先贤祠,还应该修建一座"商业先贤祠",以纪念为法国作出重大贡献的已故企业家,并镌刻"祖国感念你们"的赞语以表敬意。

不只是法国,在世界任何一个国家,修建"商业先贤祠"都很有必要。一直以来,世界各国对企业家的价值都严重低估,对公司的力量认识不够。实际上,企业的多少、强弱不只反映了国家综合实力的指数,也是人类文明程度和进步速度的体现,跨国公司改变和影响世界的能力超乎想象。作为企业的主角——企业家,他们像改变世界的所有伟大人物一样,浑身上下充满创新、奉献、奋斗、勇敢等精神气质,这些精神经受历史的洗礼,结晶为思想文化和民族精神。

法国品牌享誉全球,却鲜有人知背后的商业教父姓甚名谁。要让人说出法国"商业先贤祠"中的人物并非易事,这些伟大的灵魂离异国的普通百姓其实很遥远,男人更关心标致或雷诺的新车性能如何,女人则热衷欧莱雅或香奈儿的护肤效果。不过,这也说明了公司或者品牌同样是一个国家的象征。

在世界工商业文明史上,法国无疑是举足轻重的国家。参照国际货币基金组织(IMF)的统计数据,法国以27840亿美元居2022年全球GDP排名第七位;在2023年的《财富》世界500强企业排行榜中,法国有24家企业上榜,排名世界第五。这两组衡量经济与商业水平的指标或许不够直观生动,对比才够震撼。法国占地55万平方公里,还不足重庆市(8.24万平方公里)与四川省(48.6万平方公里)的面积之和;截至2022年,法国人口数量为6800万人,比四川省的8374万人少近

20%。但是四川省 2022 年 GDP 为 56749.8 亿元，与法国相比可不只是货币计量单位的差别。

数据罗列虽枯燥无味，却是快速纵览法国商业图景的有效方式。法国历史源远流长，商业早慧，兴盛发达，很早就在欧洲舞台以大国威严发号施令。不过，本书并未从"混沌初开，乾坤始奠"起笔，而是以波旁王朝开国皇帝亨利四世的商业启蒙为开端，延展开来。

在亨利四世登上皇位之前，法国因宗教战争已分裂多年。亨利四世登基后颁布"南特赦令"，承认天主教为主教，同时给予新教信仰和行动自由，以宗教宽容的精神结束了长期分裂局面。进入和平时代，法国在亨利四世的治理下大力发展经济，短短几十年就从"战争的废墟"中重回欧洲强国行列。亨利四世对法国的拯救措施包括削减农民税收、发展农业等，但都不及他对工商业和贸易的启蒙重要，因为这影响了未来数百年的法国商脉。尽管亨利四世并没有让法国彻底迈入商业世界，但他在位期间，法国的农业、手工业、商业以及海外贸易都获得了长足的发展，重商主义由此萌芽。

1863 年 5 月，推进国内外企业家平等竞争的立法得以通过，商人获准成立完全有限责任的股份公司，注册资本上限为 2000 万法郎。4 年之后，金额限制被取消，只需一般许可就能成立股份有限公司。这两项"松绑"法案，为法国的商业发展和经济繁荣注入强大活力，在此后的 1870 年到 1913 年的 40 多年间，法国工业生产总值翻了一番，虽然与美国和德国相比有些缓慢、滞后，但是，这毕竟是在动荡和战乱中取得的成绩，难能可贵。

法国企业家以天性浪漫著称，却要在战火与危难中成长。在此后两百多年中，法国商业史如巨流一般激荡奔腾，浩瀚无际，令人难寻其中的分水岭。巨浪翻飞，暗流汹涌，我们溯流而上，试图梳理脉络，揭开谜团。

二

历史不仅为后人提供了一种可供借鉴参考的模式，还为人类发展进步增加了一种变量，从而影响更多的变量，让未来更加充满不确定性，当然也就意味着增加了无限可能性。我们希望尽可能准确清晰地再现波澜壮阔的法国商业史，因此，按照节点和特征将其划分为六个阶段。

第一阶段，从1589年到1814年的重商主义时期。由亨利四世所创立的东印度公司成立，标志着法国关于商业可以分配世界资源的认知觉醒。他的继任者路易十四则将海外贸易与国家强权联合到一起，使商品贸易在法国变得流行。而在商业与王权难以划分界限的时代，西印度公司虽然更像殖民地区的统治者角色，但在其带领下，法国掌握了美洲、西非等地的贸易垄断权，并间接促进法国本土制造业发展。17世纪后期，奢侈风气渐起，欧洲贵族们产生了新爱好，白兰地、刺绣等彰显地位的事物是贵族们的心头好，著名白兰地品牌人头马、奢华绣线品牌DMC应运而生。横跨16—18世纪，法国商业经历从萌芽到飞跃的变化，公司主义逐渐出圈。

第二阶段，从1815年到1914年的工业化时期。伴随着法国大革命结束，法国正式迈入现代化国家行列，开启工业化进程。这段百年商业史可以分为两大阶段，一是基建时期。施耐德公司成功研制了法国历史上第一台蒸汽机车，由此改变了法国的交通格局和人们的生活方式；雷赛布推动国际苏伊士运河公司成立，并主持修建苏伊士运河，以此促进法国航运事业以及各国间贸易的发展；里昂信贷银行的成立激发了商业活力，推动法国工商业体系的完善。二是19世纪70年代以后的汽车时代。随着自然科学知识的普及和发展，世界发明热潮兴起，推动了新技术的产生。汽车工业受益于时代红利，标致、雪铁龙等汽车品牌如雨后春笋般涌现，汽车工业的兴盛使得安德烈·米其林开启了轮胎新时代。

第三阶段，从 1915 年到 1944 年的经济危机与转机时期。历经第一次世界大战，法国经济遭到重创，工农业生产急剧衰退。国家出手加强经济干预，利用科学技术促进生产发展，从而迎来了 20 世纪 20 年代的繁荣时期。重工业发展势头空前强劲，化工企业罗纳普朗克、石油企业道达尔等都得到极大的发展空间。但好景不长，美国股市灾难引发全球经济危机，此后第二次世界大战爆发，连遭重创的法国再也无法容忍，一大批企业家开始寻求变革之路。在战争中，施耐德失去了家族根基——克鲁索工厂，从而甩掉"包袱"转型为电气企业，发展为全球著名的能效管理专家；雷诺汽车的半数厂房、设备都在轰炸中化为灰烬，但却从未放弃坚守汽车产业的初心，终于在战后续写辉煌；夏帕瑞丽虽然在战后落下帷幕，但其设计在经济危机时为人们的生活带来一抹亮色，成为法国商业史上闪耀的启明星之一。

第四阶段，从 1945 年到 1975 年的黄金 30 年。第二次世界大战结束后，法国倾尽全力恢复经济，重振民族自豪感，将石油化工、通信、汽车等工业部门作为发展重点。1958 年戴高乐总统上台后，法国进入超速发展期，戴高乐用强硬的政治手段和灵活的外交政策为法国工业建立发展基础，企业家们巧妙地运用政策打开商业发展的局面。由于法国人天性浪漫、追求时尚，一大批时尚企业逐渐享誉世界。1947 年，迪奥的"New Look"风靡纽约；50 年代，皮尔·卡丹开启大众成衣化先河；1953 年，香奈儿以 70 岁高龄迎来事业第二春。在 1959 年至 1975 年期间，法国经济狂飙突进，年均 GDP 远高于美国、英国等欧美国家。

第五阶段，从 1976 年到 1992 年的全球化时期。1960 年，家乐福开创大卖场业态，其独特的零售形式引来无数模仿者，但家乐福以持续创新的经营策略遥遥领先；地产商弗朗西斯·布依格另辟蹊径，他从中东破局、进入西非，避开欧美地区的激烈竞争；保罗·杜布吕和杰拉德·贝里松创办雅高集团，依靠"规模制胜"成为欧洲雄狮。在国际舞台上，法国企业家纵横捭阖、所向披靡，伯纳德·阿诺特收购 LVMH 集团，将其逐步打造成全球最大的奢侈品集团；资本"猎手"赛诺菲精准把握投资周期大举并购，与美国辉瑞、英国葛兰素史克并列为世界三大制药公司。

第六阶段，从 1993 到 2023 年的继承与改革时期。法国时尚产业在 20 世纪末密集进入交接班时期，弗朗索瓦·皮诺把 PPR 集团的控制权交到儿子弗朗索瓦·亨利·皮诺手中，PPR 集团进入亨利时代；欧莱雅继承人信奉创始人制定的职业经理人制度，弗朗索瓦丝·贝当古·梅耶尔继承母亲利利亚娜·贝当古的股份，稳坐大股东席位而不参与公司经营。此后，法国政府开启"国有化改革"，对与国民经济命脉有关的垄断企业进行调整，法国电力、法国电信由此脱胎换骨。在私人企业层面，家乐福"破茧成蝶"开展在线零售业务再度征战巴西市场，迪奥时隔 50 年后在伯纳德·阿诺特手中重新合二为一，雷诺汽车抢先拥抱纯电动化汽车市场。

在本书中，我们用相当多的篇幅记录了法国世界级企业的发展以及教父级企业家的成长，以期窥斑见豹、以小见大，呈现法国商业史的轨迹与企业家精神。他们是法国商业史的主角，也是改变法国、影响世界的重要力量。

三

企业家精神（entrepreneurship）一词源于法国，通常意味着创新意识和冒险精神，包含勇气、胆识、独立思考、开拓进取等特质。有趣的是，法国人心目中最具创业精神和经营头脑的人并非大企业老板，而是一些在全球范围没有名气的创业者，因为他们身上具有鲜明的法国特征。

正因为法国人对创业、经商抱有热忱，才会孕育出欧莱雅、香奈儿、迪奥、LVMH、爱马仕、皮尔·卡丹、标致、雷诺、雪铁龙、米其林、施耐德、家乐福、雅高集团、赛诺菲、空中客车、法国电力、达索工业、阿尔斯通等闻名全球的企业和品牌。"法国制造"已成为品质和时尚的代名词，是世人美好生活的重要组成部分，这四个字关乎法国企业家的理想。

法国企业家的理想主义很优雅，但现实主义更霸道。

霸道是法国企业的共同特征和整体风格。法国著名政治评论家、退休改革委员会主席拉贝尔在著作《法国民主101话》中指出：法国人偏好意识形态的对抗，缺乏谈判和妥协的文化。在强硬和固执的个性中，法国人的浪漫、优雅也会转化为任性、偏执甚至霸道。

香奈儿与夏帕瑞丽是两位同时代的法国时尚大师，她们经常光顾巴黎香榭丽舍大街的雷茨酒吧，却从来怒目而视，即便同时前往都会分门而进，孤傲的香奈儿经常调侃对手："我走正门，她却只能够走侧门。"酒吧的争锋只是讥讽，商场上的厮杀更是毫不留情、互不服输。法国首富、LVMH集团缔造者伯纳德·阿诺特更无优雅可言，在收购路易·威登、爱马仕、古驰、家乐福、巴黎春天百货等法国著名企业的过程中，他的手段和策略冷酷野蛮、狡黠狠辣。一步步蚕食、控制这些历史性品牌的过程，如猛虎吞绵羊，机锋尽现，霸气毕露。

伯纳德·阿诺特可谓法国商业教父级的典型代表，在他的思维中，合作通常意味着谋求控制权，因此合作伙伴往往是行业竞争对手，对手股价波动、经营不善、家族内讧等事件都可能成为"被合作"的机会。尽管法国公司崇尚放权，可一旦职业经理人无法完成任务或适应变革，就会被强制性驱逐，毫无人情味可言，而且大多数人都认同这种文化，可见"霸道"二字深入人心。

如此看来，霸道并非意味着贬斥或指责。法国孕育的跨国公司数量远多于其他欧洲国家，家乐福、施耐德、标致、米其林、皮尔·卡丹、LVMH、欧莱雅等家喻户晓的公司之所以纵横全球，就像当年拿破仑一样四处征战、摧城拔寨，既有领土小、人口少、市场局限的倒逼因素，又得益于法国高度国有化制度和家族企业积淀的软实力，更源于"霸道"

文化。市场经济的游戏规则就是自然界的竞争法则：弱肉强食，优胜劣汰，非霸道无以生存，非霸道无以成长。

法国的企业家精神，以中国智慧可总结为四个字：外圣内王。换句话说，就是外表优雅，内心霸道。溯本清源，霸道与优雅源自法国人对技艺、品质、创新的不懈追求，务求严谨务实，精益求精。

亚历山大·古斯塔夫·埃菲尔是埃菲尔铁塔的设计者与建造者，他具有工匠的严谨细致精神和艺术家的完美主义追求。他先后绘制了5300多张图纸，18038个零部件的加工误差都不超过1/10毫米，横梁安装误差保持在1/10毫米之内，塔墩从地面延伸到50多米高的第一平台，水平误差不超过2.5英寸。[①] 若论工业精神和品质追求，法国人可与德国人媲美。

优雅源于创新，也得益于每一个法国顶级时尚品牌背后，都是一个家族企业的兴衰流变与精神传承。每代人继承的不只是产业，更是优雅与文明；不只是财富，更是企业家精神。曾任卡地亚集团主席的阿兰·多米尼克·佩兰说，卡地亚的成功不只是勤劳肯干就行，最重要的是创造力。这种创造力不是说要成为艺术家，而是要有自己的观点、意见和自信。欧尚家族的维克多说，欧尚的家族史与其说是传承，不如说是创新，是欧尚家族成员和合作伙伴共同不断创新、再创新的历史。两位法国著名品牌的家族传承者分别提到创造力、创新，这并非巧合，而是共同基因。

优雅与霸道的根源是法国企业家对商业规律和客户需求的尊重，也是国有企业与私人企业在市场竞争中持续创新的产物，是家族企业日积月累沉淀的硬实力。往深处说，是"自由、平等、博爱"的法兰西精神数百年来形成的商业基因。

读懂这些，才能明白法国商业精神，理解法国公司的经营哲学与管

---

① 法国企业家精神:霸道与优雅[EB/OL]. (2014-06-19)[2023-11-18].http://news.cnhubei.com/xw/jj/201406/t2961598.shtml.

理之道。只有真正走进法国企业家的内心,才能明白法国家族企业长盛不衰的秘密,才能揭示法国跨国企业称霸全球的真相,从而理解几代人积累财富、守护信仰的初心。

目录

第1章
公司出圈的重商主义时代（1589—1814） / 1

东印度公司："逐梦"海外市场 / 3

西印度公司：开拓美洲、西非市场 / 8

人头马：重视品质加出色营销 / 11

DMC：坚持产品高标准 / 16

第2章
第一次工业化时期：国家基建（1815—1870） / 21

施耐德：铁路建设先行者 / 23

苏伊士运河公司：专注水路建设 / 27

拉法基：全世界第一袋商业水泥生产者 / 30

里昂信贷：昔日的法国银行巨头 / 34

第3章
第二次工业化时期：汽车时代（1871—1914） / 39

米其林：重视创新，辅以宣传 / 41

标致：潜心研究，专职制造 / 45

雷诺：锐意改革，出色营销 / 49

雪铁龙：审时度势，完成转型 / 53

第4章
20世纪20年代的繁荣（1915—1929） / 59

罗纳普朗克：法国最大化工公司 / 61

万喜：全球最大建筑承包商 / 64

达索：法国飞机制造公司巨头 / 68

道达尔：法国最大的石油企业 / 72

第5章
危机与转机（1930—1944） / 77

施耐德：穿越火线，开启电气时代 / 79

雷诺：迎来第二个大发展时期 / 83

路易威登：顺应环境，适时创新 / 87

夏帕瑞丽：引领巴黎时装界新风尚 / 90

第6章
战争结束，时尚风潮来袭（1945—1958） / 95

迪奥：10年成长起来的跨国公司 / 97

香奈儿：重启光辉岁月 / 101

皮尔·卡丹：普通民众的时尚衣橱 / 106

爱马仕：创意向左，执行向右 / 110

欧莱雅：研发主宰，广告破局 / 114

第7章
崛起，戴高乐式工业主义（1959—1972） / 119

阿尔斯通：制造最快的电力机车 / 121

达索：法兰西航空工业的骄傲 / 125

空客：世界商业航空的代表 / 129

法国电力：不能输的一战 / 135

第8章
后工业时代：创新有道（1973—1979） / 141

家乐福：持续创新的经营策略 / 143

雅高："规模制胜"法则 / 146

阿奈特：卖最适合顾客的产品 / 151

布依格：用逆向扩张打开市场 / 155

达能：从玻璃到食品，"天才"般的转型 / 159

第9章
全球化席卷，并购狂奔（1980—1992） / 163

LVMH：阿诺特"造就"的时尚霸主 / 165

维旺迪：法国传媒巨鳄 / 170

赛诺菲：资本"猎手" / 174

布依格：跨界收购造就的巨头 / 177

第10章
继承与传承（1993—2003） / 183

PPR：只专注于能带来高收益的

"剔除式"经营 / 185

欧莱雅：依靠职业经理人"守家" / 189

爱马仕：因为团结，品牌依旧在家族内传承 / 194

香奈儿：品牌拥有者"隐"在设计师身后 / 198

第11章
巨轮"告急"后，深入国有化改革（2004—2014） / 205

法国电信："轻装"征战世界 / 207

法国燃气："以小吞大"打造"冠军选手" / 211

法国电力：进行私有化改制 / 214

阿尔斯通：依靠法国政府"力挽狂澜" / 219

第12章
荣耀与挑战（2015—2023） / 225

家乐福：剑指在线销售 / 227

迪奥：重回奢侈品牌头部 / 232

雷诺：做新能源汽车的主角 / 236

空客：长空之王的"自我进化" / 240

致　谢 / 245

第1章

公司出圈的重商主义时代（1589—1814）

法国历来给人以浪漫优雅的印象，但它在商业上却极为"霸道"。最早提出企业家概念、最早构建企业家精神的人就来自法国，而不是最早进行民主革命和工业革命的英国。法国从出现重商主义萌芽的亨利四世时期到公司出圈的路易十四时期，走过了漫长的道路。

中世纪的大部分时期，法国始终处在领土整合和民族国家重建的过程中。到了10世纪卡佩王朝时期，封建割据，才逐渐有了货币经济和城市的兴起。到15世纪英法百年战争后的路易十一统治时期，法国才真正实现了王权的集中和领土的统一。这个时期的政策有明显的重商主义倾向，但并没有出现以发展制造业为核心的重商主义政策。直到波旁王朝的开国皇帝亨利四世统治开始，法国才有了真正的重商主义萌芽。

1589年，亨利四世执政，他上台后颁布了一系列积极的经济政策，大力扶持工商业，尤其是一些手工工场的建立，进一步促进了法国经济的发展。1604年，亨利四世建立东印度公司，旨在促进本国海外贸易的发展，但是出于种种原因以失败告终。直到路易十四时期，他的财政大臣柯尔伯重建东印度公司，海外贸易才有了飞速发展；同一时期建立的西印度公司带动了殖民地经济的发展，同时给了本国制造业机会。由此伊始，人头马酒庄、DMC等一大批日后著名的法国公司在这个时期集中出现。

东印度公司:"逐梦"海外市场

随着新航路的开辟,海洋优势成为国家竞争中越来越被看重的因素。法国在重视国内贸易发展的同时,也大力培育发展海外贸易。

亨利四世时期,宗教冲突得到了很大的缓和。1598年,亨利四世颁布"南特赦令",承认天主教为主教,同时给新教(胡格诺派)以信仰和行动自由。南特赦令对法国经济有非常积极的影响,因为工商业者多为新教教徒。

同时,亨利四世积极支持国际贸易,于1604年成立东印度公司,并在北美魁北克建立了殖民据点。[1]但和同时期的列强相比,法国对国际贸易的支持是远远落后的。就像很多研究者所说的那样,亨利四世"并没有为海外殖民地留下多少位置"[2]。

法国在海外贸易中的地位薄弱,有其历史原因。一方面是因为法国历来重视农业发展,其手工业、商业发展尚处于起步阶段;另一方面是因为法国对外扩张的政治策略,让其很难抽出专门的时间和精力发展海外贸易。法国需要的一些东方商品,基本都通过葡萄牙和西班牙这些国家作为中间商来获得。因为在15—16世纪,葡萄牙和西班牙掌握着东方贸易的特权。然而在16—17世纪的欧洲宗教战争以后,法国的邻居荷兰日渐强盛,与此形成鲜明对比的是,法国的海洋力量几乎被消耗殆尽。荷兰于1602年成立东印度公司,从此进入海外贸易活动的辉煌时期。作为新的海洋

---

[1] 王绳祖.国际关系史:第一卷[M].北京:世界知识出版社,1995:36.
[2] 威尔逊.剑桥欧洲经济史:第四卷[M].张锦冬,钟和,晏波,译.北京:经济科学出版社,2003:299.

强国，荷兰独占了以前由西班牙和葡萄牙占领的地盘，将海外贸易活动推进到世界上1/4的地区，他们有一半的船只在充当供应商，进而分配着世界市场的主要产品。[1] 面对这个昔日的蕞尔小国今日的成绩，法国政府深受刺激，追赶荷兰、发展海外贸易成为新的目标。

1661年，柯尔伯被路易十四任命为财政监督官，实际掌握国家财政大权。柯尔伯自上任以来，非常重视商业发展，他期望一个"大的法国殖民地和贸易帝国，被建立在一个强大的东印度公司的基础上"[2]。柯尔伯认真研究了荷兰东印度公司的财务报告以及统计数据，想要探究他们的成功秘诀。在柯尔伯的努力下，一个在法国建立东印度公司的计划正在形成。他秘密从荷兰得到东印度公司的章程，以此作为法国建立和运作东印度公司的蓝本。1664年3月的一天，柯尔伯组织商人们召开会议，具体讨论公司章程等相关事宜。8天以后，"太阳王"路易十四召见了会议的主要成员并为公司颁发了许可证。之后会议成员们又经过多次协商，最终在路易十四的亲自确认下，正式确定了公司章程。会议还选出了12名公司经理，并确定公司的名字为"东印度公司"。6月8日，"太阳王"路易十四正式发表声明赋予公司法律效力，至此，法国东印度公司正式成立。

和其他国家的东印度公司一样，除了经济上的追求，法国东印度公司还和政治有着密切联系。路易十四对东印度公司寄予厚望，希望它不仅能为法国在东印度地区开展国际贸易，还能通过宣传法兰西文明和天主教义，增强法国在远东的影响力。于是，路易十四采取了一系列扶植新生的东印度公司的政策。

---

[1] 康波. 法国东印度公司与中法贸易[J]. 学习与探索,2009(6):234-236.
[2] 康波. 法国东印度公司与中法贸易[J]. 学习与探索,2009(6):234-236.

第 1 章 公司出圈的重商主义时代（1589—1814）

为了争取让更多的资金流向公司，政府采取各种措施打消贵族的投资顾虑，增强其对公司的归属感。当时的社会，商人身份不高，法国贵族虽然热衷于财富，但并不屑于和商人为伍。针对这种情况，路易十四承诺任何想要加入公司的贵族，其身份不会受到损害。为了吸引那些想要实现社会阶层跃迁的富有商人投身其中，公司规章规定，出资2万利弗尔①以上的人有资格出任董事，出资6000利弗尔以上的人享有表决权，贡献卓越的人有机会加封贵族头衔。②这些奖励性的措施在一定程度上鼓舞了投资者的信心，但大多数人对远洋贸易仍持观望态度。

为了吸引大众投资东印度公司，国王路易十四亲自主持了首届股东大会。为了调动大家的积极性，路易十四宣布认购300万利弗尔，当作公司的启动资金，并承诺股金每增加40万利弗尔，自己就再拿出30万利弗尔。受到国王的"鼓励"，大批官员和贵族纷纷加入这场投资运动。为了讨国王的欢心，大家只得认购更多的股份。

在国王的扶持下，法国东印度公司在资金筹集和贸易活动开展方面获得了很大的便利。公司船只通常在每年的2月底或者3月初乘季风从法国海港出发，前往印度。从法国出口的货物主要有火炮、火药、铁锚及其他铁制品，另外还有珊瑚和一些纺织品，以及很大部分白银。抵达印度的交易点之后，有专门的人负责提取船上的货物和白银，用来交换或购买当地的货物。回程货物主要由大量的印度绸缎和棉布组成，除此以外，还有香料、药材、芦荟、蜡、漆器、檀木等土产。

---

① 利弗尔：法国旧货币单位，1795年被法郎替代后停止使用，1834年退出流通。
② 严锴,严昌洪.法国东印度公司的组建及对华贸易特权的转让[J].历史教学问题,2022(3):75-83+202.

法国东印度公司的高管由两名经验丰富的外籍人士马尔卡拉·阿洋辛兹和佛朗索瓦·卡宏担任，他们主要负责贸易点的建设。阿洋辛兹的父母在印度半岛拥有强大的人脉，他们与伊斯法罕宫廷的关系密切，法国东印度公司因此获得了在半岛设立多个贸易点的许可权。卡宏有过在荷兰东印度公司工作的经验，后来来到法国，抓住英国将贸易点从苏拉特转移的机会，于1668年设立了法国东印度公司在印度的第一个贸易点——苏拉特贸易点。虽然后来由于频繁战争的影响，公司的贸易点几经转移，但苏拉特贸易点作为首个活动中心仍对法国东印度公司的贸易活动产生了深远影响。

1669年，第一艘满载印度货物的航船成功返回，这标志着法国东印度贸易体系的正式建立。

法国东印度公司的组建离不开王权的支持，必然会受到王权的干预。由于从印度运来的棉布对法国纺织品造成了强烈的冲击，政府于1686年宣布禁止进口棉布，已经输入的印度棉布可以销售到次年年底，这一政策对东印度公司的经营造成了极大的影响。

作为法国对外扩张的工具，东印度公司还需要负担印度驻军的经费以及当地传教士的活动经费，而在战时，商船甚至要增备火炮与海军战舰一起执行任务。非商业性的活动损耗了公司大量资金，公司财政状况不佳。后来法国东印度公司被迫以举债的方式完成贸易活动。

1719年3月，约翰·劳在原来东印度公司的基础上合并了法国其他的殖民公司，成立了新的公司，简称"印度公司"。印度公司的特权范围和以前一样，但管理组织有所变化。国王路易十四成立了贸易委员会，任命12名经理人直接负责公司的贸易活动，并派专人汇报公司的财政状况。① 但好景不长，由于七年战争（1756—1763 年）的爆发，公司贸易被迫停滞。后来因为法国实施贸易保护政策，印度公司于 1769 年被撤销。

1780 年以后，法国市场上出现东方商品短缺的现象，而这时英国已经替代荷兰，成为世界贸易强国。为了应对英国独占东方市场的局面，法国决定出面参加东方贸易。1783 年 2 月，政府直接派遣 4 艘船只去中国贸易；1784 年 2 月，返回的第一批货物被运到洛里昂进行拍卖。② 至此，法国政府认识到成立新的东印度公司的必要性。1785 年，政府颁布法令，宣布重新成立东印度公司。它以贸易股份公司的形式创立，拥有资金 2000 万利弗尔，被授权垄断好望角地区以外的贸易。③ 法国大革命爆发后，东印度公司被国民议会解散。

法国东印度公司经历了成立，合并重建，被撤销，又重建的过程，直到法国大革命爆发，最后难逃被解散的命运。但东印度公司的存在仍为法国"逐梦"海外市场起到了至关重要的作用：法国第一次在印度设立贸易活动中心，法国第一艘满载印度货物的航船成功返回，甚至法国政府第一次派遣商船到中国进行贸易，这些"第一次"的突破都离不开法国东印度公司这个名字。

---

① MARTINEAU A. Dupleix et Inde francaise 1722—1741[M] .Paris: Librairie Ancienne Honore Champion.1920.
② NUSSBAUM F. The formation of the New East India Company of Calonne [J].The American Historical Review, 1933, 38(2).
③ NUSSBAUM F. The formation of the New East India Company of Calonne [J].The American Historical Review, 1933, 38(2).

西印度公司：开拓美洲、西非市场

与法国东印度公司同时成立的，还有法国西印度公司。不同于东印度公司聚焦于好望角以东的海外贸易活动，西印度公司在美洲、西非开拓市场并建立殖民地，掌握贸易垄断权，间接促进了法国本土制造业的发展。①

1664年以前，北美法属殖民地的贸易权归荷兰所有。到了1664年，受荷兰突然强大起来的刺激，以及法国发展海外贸易的需要，法国西印度公司成立，意欲夺回对北美法属殖民地的贸易权。和东印度公司的筹建模式类似，西印度公司筹建时，国王贵族也纷纷投入自己的财产，以期分得公司贸易的红利。5年时间里，西印度公司获得的所有投资中，国王路易十四投资占比54%。剩下的一半投资，大都来自政府官员而不是个体商人。所以，为了能让自己的投资获利，特权阶层纷纷策动国王给予西印度公司特权，也正因为此，西印度公司能够持续进行贸易活动而不破产。

这些特权包括：第一，给予西印度公司贸易垄断权。筹建西印度公司时，"太阳王"路易十四曾颁布过42条法令。其中第15条规定西印度公司有权垄断所有到西印度、美洲、非洲西海岸的贸易40年。第二，公司可以代表国王与当地的商人进行谈判或结盟，这无疑增加了法国贸易公司与其他欧洲国家在海外市场争夺中的竞争力。第三，也是最重要的一点，公司拥有其所在地固定财产的支配权，像河流、港口、土地等。这意味着公司获得了在

---

① 作为依靠殖民经济创收的法国西印度公司，对法国本土制造业的发展有积极影响，也是整理法国商业史绕不过去的一步。本文旨在梳理法国西印度公司的发展过程，作者认可殖民文化对殖民地政治、经济、文化存在负面影响，但不将其作为本部分讨论的重点内容。

殖民地发展的物质基础，对贸易活动的开展有不可或缺的作用。第四，海外贸易公司不仅会面临海盗的侵扰，还会受到法国殖民据点当地土著人的袭击，所以西印度公司有权拥有和装备自己的战舰。种种特权为西印度公司开拓市场、建立殖民地提供了便利。

在法国开拓的所有殖民地当中，最为出名的是加勒比地区的西印度群岛。加勒比地区有特殊的经济发展模式。国外商品的大量输入削弱了法国的经济实力，导致法国贫困。为了应对国内市场充斥着国外商品和法国制造业发展缓慢的现实，柯尔伯采取了一系列措施促进本国制造业的发展。他规定殖民地只能向法国出售原材料以及法国不能出产的货物，像蔗糖、棉花、可可、咖啡等，同时殖民地需要的全部制成品只能从法国购入。[1] 法国本地的制糖业和纺织业都受益于这种经济政策，有了一定程度的发展，尤其是制糖业。

加勒比地区的制糖工艺最早是由荷兰殖民者带来的。大约在1640年，荷兰人将甘蔗的种植方法以及制糖的工艺传授给当地的原住居民，并教会他们使用机器。甚至有学者指出，加勒比海岛上的糖厂，堪称历史上最早的工厂。[2] 然而在法国西印度公司时期的殖民地，不能自行生产蔗糖，只能出口原糖，且只能出口给法国，相对应地，殖民地所需的成糖，只能从法国工厂购买。这种经济政策对殖民地的发展是不利的，但却为法国制糖业的发展奠定了坚实的基础。[3] 从殖民地获取源源不断的生产原料，经过法国本土

---

[1] 谬拉. 科尔贝：法国重商主义之父[M]. 梅俊杰，译. 上海：上海远东出版社，2012：190.

[2] 彭慕兰·托皮克. 贸易打造的世界[M]. 黄中宪，译. 西安：陕西师范大学出版社，2008：266.

[3] 谬拉. 科尔贝：法国重商主义之父[M]. 梅俊杰，译. 上海：上海远东出版社，2012：150.

工厂加工之后，又将高附加值的产品卖给殖民地居民，法国制糖业就在这种"殖民地—法国—殖民地"的循环中发展起来。

依托当地的甘蔗种植业，发展制糖业成为西印度公司主要的商业活动之一。为了解决当地劳动力不足的问题，西印度公司还将自己的商业活动扩展到贩卖黑奴的贸易中去。和其他的奴隶贩子一样，他们带着武器和生活用品从法国出发，到达非洲西海岸，用这些物品与当地的奴隶主换取大量的黑奴，再把黑奴运回美洲卖掉或者换取美洲特产，最后返回法国。这趟航程也就半年左右，但其中获取的利润却颇为丰厚。

凭借甘蔗种植业和黑奴贸易，法国西印度公司获利颇丰。根据路易十四颁布的关于西印度公司筹建的相关法令，西印度公司有权垄断所有到非洲西海岸、美洲、西印度的贸易40年。垄断权给了西印度公司支持和发展的便利。

只是好景不长，依托王权建立的西印度公司也同样受到王权的制约。1674年，"太阳王"路易十四宣布撤销西印度公司，由自己直接任命地方行政长官，代替自己管辖殖民地。除了地方行政长官，殖民地还配有总督。总督掌握军事大权，主要的职责是维护地方安全。而地方行政长官则主管地方行政、财税事务。得益于欧洲城市发展模式的灵感，法国将这种发展模式复制到了美洲殖民地。在一些殖民地开始出现市镇，市镇里还设有市政会。作为一个专门的组织机构，市政会主管地方事务，比如市镇规划建设，以及组织人员维护市镇安全等。到了18世纪，各殖民地又有新的机构出现，如"农业委员会"和"高等委员会"，这些机构可以派代表向国王提出各种有利于自身发展的请求。在这个基础上，法国殖民地经济有了很大的发展。

法国殖民地经济和制糖业成为法国18世纪最重要的经济发展引擎。据统计，法国西印度群岛的贸易额占法国对外贸易额的六分之一,几乎满足了全世界所需糖和咖啡的供应。[①] 由此,法国糖打败英国糖,成功占据了欧洲市场。这种情况一直持续到七年战争爆发以前。

七年战争结束后,西印度群岛成为法国唯一重要的殖民地。持续到拿破仑帝国时期,西印度群岛的圣多明各宣布独立,法国的其他大部分殖民地被英国占领,法国的殖民地经济宣告破产,直到第二帝国时期才开始新的发展。

虽然法国西印度公司只存在了9年,但在法国轰轰烈烈的海外贸易活动中发挥了不可取代的作用。在美洲、西非开拓市场,对法国本土制造业的发展产生的作用不可小觑。

人头马:重视品质加出色营销

16—18世纪,一股奢侈之风弥漫于法国朝野。在这股奢靡风气的影响下,法国奢侈品消费规模不断扩大。白兰地的知名品牌——人头马作为具有划时代意义的奢侈品品牌,就是在这个时期出现的。

人头马的创始人是雷米·马丁,他出生于1695年。在雷米14岁那年,一场意外的霜冻毁坏了家里的大部分葡萄,家庭陷入困境。幸好家里存有一些白兰地酒,小雷米发现,这些白兰地酒存储时间越长,卖得就越好。原来,经过时间沉淀的白兰地酒不仅没有变质,还吸收了橡木的颜色和气味,由原来的无色变成美丽的琥珀色,香味也变得愈发浓郁。小雷米的意外发现不仅使家族度过

---

① 佩尔努.法国资产阶级史:近代[M].康新文,等译.上海:上海译文出版社,1991:197.

危机，还进一步完善了葡萄酒酿造工艺。从此，用橡木桶进行陈酿，就成了制作白兰地的重要工序。这种制作方法，也很快流传到世界上其他地方。

离雷米·马丁出生地不远的地方，有一个叫干邑的港湾，从雷米·马丁出生不久后就有成桶的烧酒从这里运往英国和北欧国家，由此带动了整个地区的经济发展。年少的雷米照料的葡萄主要用于陈酿白兰地。依靠便利的地理位置，他们将白兰地销往德国和英国。德国人将白兰地看作地位和身份的象征，通常在餐后饮用；英国人则更喜欢将白兰地当作调味料酒，不论是圣诞布丁，还是姜汁味饼干，他们都会往里面添加一些白兰地。如此一来，白兰地销量大增，马丁一家也迎来了事业上的发展。

年轻的雷米雄心勃勃，他认为小作坊式的生产已经远远不能满足当下的发展需要，成立更专业的公司才是长久之计。其实直到1673年，法国才颁布最早的公司设立制度——《商事条例》，距后来人头马公司正式成立不过才50余年。雷米·马丁从父亲那里学习葡萄种植与酿酒技术，并不断钻研经商的技巧。1724年，他登记注册了雷米·马丁公司，主营葡萄种植和白兰地酿造。至此，这个将酿造世界上最好的干邑作为自己全部梦想的天才，迈出了重要的一步。

世界四大白兰地品牌里，人头马是唯一一家自己种植葡萄的公司，而且也只有人头马是由干邑省本地人创建的，其他的品牌都是由外国商人创建的。酿造人头马所用的原料，都选自产于法国夏朗德科涅克地区的优质葡萄。该地区地表含沙量多，底层密度又高，可以适时调节输往葡萄植株里的水分；而且气候温暖，温差较小，能够保证葡萄缓慢生长，使果实更充分地发育和成熟。独特的地理环境为葡萄生长提供了得天独厚的条件，也为人头马可靠的原料保证打下了基础。①

除了确定的原料产地，雷米·马丁还追求科学的酿造工艺。采摘后的葡萄在去皮去籽、压榨、酿成葡萄酒后，为防止变质，必须经过两次蒸馏。第一次蒸馏后的酒在25度左右，第二次蒸馏后的酒在70度左右，经过两次蒸馏后的白兰地清澈透明，味道辛辣，但香味欠缺，所以还要放在橡木桶里陈酿一段时间。先装在新桶中，过一段时间再转入旧桶，不同酒龄的白兰地在调酒师高超的技术下，经过上百次的勾兑，才能成为独一无二的高档白兰地。装酒的木桶也要严格选取百年以上的橡树，并将橡树木板露天晾晒三年以上，再把木板烤弯，由箍桶师傅用白藤将木桶箍住，以保证不会漏水。整个制作工艺非常考究。

14年后，雷米的坚持终于有了回报，为了表彰人头马干邑的出色品质，法国国王路易十五特许雷米·马丁在新开垦的土地上种植用来酿酒的葡萄。雷米·马丁一方面踏实地扩大种植园的面积，另一方面也明白预藏干邑的重要性，所以他储存了大量经过蒸馏的白兰地让其陈酿。公司在雷米·马丁的带领下，打下了牢固的根基。到了19世纪初期，公司产量从原来的53万加仑增加到270万加仑。

1759年，雷米·马丁64岁，为公司辛苦工作了半生的他准备退休，将公司交给自己的儿子皮埃尔·马丁，但不幸的是，皮埃尔因病去世。顾不得在丧子之痛中难过太久，雷米·马丁又继续埋头于公司的工作。又过了15年，等到皮埃尔的儿子成年，雷米才放心把公司的接力棒交给年轻一代。

从祖父手中接过根基牢固的家族产业，雷米二世一腔热血要带领人头马公司再上新台阶。但不久后爆发的法国大革命以及由此带来的长期动荡并没有给公司的发展提供良好的外部条件。不

---

① "人头马"成功的奥秘[J]. 中外企业家,2000(1):63.

过幸运的是，雷米二世具有敏锐的政治嗅觉，在每次发生大的动荡时，他总能站在胜利者的一方，所以到第三代继承人时，公司并没有因为法国大革命以及战争动荡的影响遭受多少损失，第三代传人仍继承了丰厚的产业。

到了1810年，后人埃米尔·雷米·马丁成为家族产业的新一代继承者，他带领公司进入了一个新的发展阶段。埃米尔是个出色的演说家以及天文爱好者。他发挥自己的演说天赋，凭借极具感染力的营销，将干邑出口到英国，然后从欧洲出发，又将芳香馥郁的干邑引入美洲。除此之外，埃米尔还具有敏锐的市场嗅觉，在觉察到市场的需求后，除了继续以前的桶装酒生意外，也开始创新瓶装酒的销售。用瓶子装不仅能够使顾客更明显地观察到干邑的颜色和透明度，而且也更安全卫生，且方便存取。所以瓶装干邑一经推出，就受到了市场的广泛欢迎。

关于瓶装干邑，还有一个特别的故事。当时人们在雅尔那克附近——曾经是路易十三时代古战场的地方——捡到一只文艺复兴时期具有巴洛克风格的酒瓶，上面有皇家百合花饰纹，这标志着这只瓶子曾经隶属于皇室，身价不菲。埃米尔看中了这只瓶子的商业价值，果断将其买下来，并申请复制专利，将它命名为"路易十三"。后来"路易十三"成了专门盛装人头马顶级品质干邑的酒瓶，"路易十三"也成为人头马品牌发展历程中的一个里程碑。

除了创新瓶装酒的销售，埃米尔还正式确定了公司的商标。因为随着市场的不断扩大，贸易商掺假酒的不法行为也随之出现，极大地损害了人头马公司的品牌形象。本着提高市场辨识度的想法，埃米尔设计了公司的商标。因为爱好天文学，他设想把人马星座作为公司的标志。半人半马的形象也代表了人的两面：一面是智慧人性，一面是脚踏实地的动物性。这恰好代表了干邑酒的特性：醇厚质朴。1874年，带有贵族气质的人马星座图案正式被注册为公司的商标,也象征着公司的最高品质——优良的土壤、传统可信的方法和精湛的酿造工艺。①

作为法国著名的白兰地品牌,人头马的成功不仅在于其追求"高贵"的品质,依赖敏锐的市场嗅觉,还因为他们在扩大产品销量上下足了功夫。20 世纪 70 年代,随着中国市场的开放,人头马有了进军中国市场的计划。受当时的社会环境和消费能力限制,人头马将主要的消费群体定位在驻华外国人、中国先富起来的个体商人、私营业主等。② 在消费对象的选择上,这部分群体也在寻找能够彰显其身份的产品。人头马作为对品质生活追求的代表,自然成为这些人选择的对象。在广告宣传上,针对中国重视亲情和团圆的文化特色,人头马选用了符合中国消费者心理的广告语——"人头马一开,好运自然来",并利用电视进行地毯式的广告轰炸。在 1992 年到 1995 年的洋酒销售高峰期,人头马俨然成了酒类奢侈品的代名词。③

随着广告效应的结束,人头马马上转换思路,将广告费用投入渠道推广。因为人头马很清楚,无论进行怎样强有力的广告宣传,自己的有效客户还是那些有经济实力的消费者。人头马投入大量金钱到酒吧、宾馆等终端,还通过定期举办休闲商务活动展示其高雅的品位与内涵。

酒香也怕巷子深,公司要想出圈,只有适应不断变化的营销环境,及时调整自身的运营策略才能保持竞争优势。如果说出色的营销能够为公司发展锦上添花,那保持始终如一的高质量才是公司谋求长远发展的根本。但更多时候,重视品质与出色的营销

---

① 李源. 干邑之王:人头马[J]. 中国新时代,2005(1):125-126.
② 潘建富,唐文龙. 人头马:奢侈主义的二次东征[J]. 中国品牌,2009(6):92-97.
③ 潘建富,唐文龙. 人头马:奢侈主义的二次东征[J]. 中国品牌,2009(6):92-97.

是相辅相成的，对公司的发展来说，二者缺一不可。人头马作为世界上最为著名的干邑品牌之一，从名不见经传到成长为今天具有时代意义的奢侈品品牌，离不开其几百年如一日的品质追求，以及出色的营销策略。

DMC：坚持产品高标准

从 16 世纪晚期开始，大量由印度进口的印花棉布对法国传统的纺织业造成强烈的冲击，并造成国家资产外流。在这种情况下，国家决定颁布政策严禁棉纺织品的进口，但并没有取得实际效果。权衡之下，国家干脆改堵为疏，开始鼓励本国棉纺织业的发展。法国 DMC 公司就是在这一政策背景下发展起来的。

从巴黎向东 400 多公里的米卢斯，东部近德国边界，是法国莱茵省最大的城市。1746 年，年轻的艺术家多尔弗斯和他的两个企业家朋友开始在这里创业，他们将艺术与商业相结合，投资当时很流行也是多尔弗斯所擅长的印染布。事实证明，对于初创的企业来说，想要取得成功，自身的实力与恰当的机遇，缺一不可。多尔弗斯颇有运气，两者兼备。所以，在公司成立后不久，就成为当时欧洲第一家成功大规模生产手工印染布的纺织品企业。

尽管公司有了一些名气，但多尔弗斯并没有被眼前的成功冲昏头脑，停滞不前。这时候多尔弗斯的弟弟吉恩·多尔弗斯加入了公司，两人决定专注印染布生意的同时，进一步拓宽布料的销售渠道。法国本地有那么多的印染企业，加上还有从印度、中国进口的印染棉布，只把销售市场局限在法国本地，格局未免太小。在此也不得不称赞多尔弗斯两兄弟的超前眼光，早在全球化还没有今日盛行时，他们就具有国际化的视野，将布料出口到世界各地。

18世纪末，多尔弗斯的侄子丹尼尔成为公司新的掌门人。1800年春天，他娶了米尔家族的女儿安·玛利为妻，按照当时的习俗，妻子的姓氏要加到丈夫的姓氏里，合起来就是DOLLFUS—MIEG。同年，丹尼尔将公司的名字改成DOLLFUS—MIEG & Compagnie，也就是我们今天所熟知的DMC。

17—18世纪的巴洛克时期，随着越来越奢华的社会风潮，欧洲刺绣迎来发展的顶峰时期。法国国王路易十四就是刺绣的顶级爱好者，他用大量刺绣装饰自己的皇宫和袍子，甚至亲自为自己的女儿挑选美丽的刺绣图案。不同于东方人将丝线作为主要的绣材，欧洲的绣材样式更加多样，除了丝线，亚麻、棉线、毛线都是常见的绣材。毫无疑问，面对如此广阔的市场需求，谁能够生产出更有韧性、更高质量的棉线，谁就占据了发展的先机。

DMC的第三代传人，丹尼尔的儿子——吉恩·多尔弗斯就抓住了这样一个机会。他在英国学习期间，第一次接触到了化学家琼·麦司发明的"碱化"技术——将棉线经过碱性混合剂氢氧化钠的处理后，其性质就会发生改变：在提高韧性的同时，变得更有弹性，产生类似于丝线的手感和光泽。吉恩还给这种棉线取了专门的名字，就叫"阿尔萨斯线"。经过多尔弗斯家族几代人的努力，DMC逐渐发展为知名的绣线品牌。

随着DMC的知名度进一步提高，公司也在考虑如何增强自身的竞争力。DMC绣线现在共有400多种颜色，但其中最先染制的是321号红色。至于为什么首选红色，主要是因为米卢斯盛产茜草，茜草根可以当作红色染料，用来染动物或者植物性纤维。近水楼台先得月，红色作为第一种被染制的颜色也就不奇怪了。但是除了这个原因，红色还代表高贵，在当时非常受贵族们的喜爱。DMC作为世界上最负盛名的生产刺绣线的公司，当然不会放过任何潜在的销售机会。

把线染成相同的颜色，需要有经验的染色师傅手与眼相配合才能完成。为了保证绣线出众的品质和准确的色彩，DMC 工厂中一直保存着染色基准色卡。我们都知道，色卡是进行色彩比对的标准工具，对于纺织印染企业起着至关重要的作用。

DMC 公司的创新不仅体现在棉线的发明、绣线的颜色，还包括绣线的品种。DMC 绣线的品种不仅包括纯棉绣线，还包括彩虹绣线、钻石线、光亮金属线、金属刺绣线、金属珠光线、珠光线、珠光彩虹线、亮丝线等。以 DMC 彩虹线来看，首先它由 100% 的优质埃及长绒棉制成，要经过两次丝光处理，因此具有耀眼的光泽，可以做到不需要更换绣线就能获得颜色微妙变化的效果。而且其颜色种类不一，从"闪亮珠光"到"热带阳光"再到"热情火焰"，共有 36 种柔和的混合颜色。丰富的绣线品种满足了各类消费者不同的需求，DMC 的产品销量稳步提升。

到了 1846 年，也就是 DMC 公司成立 100 周年的时候，一位对 DMC 日后发展产生深远影响的人出生了，她就是著名的刺绣家苔丽丝·德·笛蒙。苔丽丝生活在维也纳的一个贵族家庭，从小就对刺绣有很大的兴趣，并表现出了极高的天赋。1878 年，成绩优异的她和大学校长一起参加了巴黎的世界博览会，并在那里结识了吉恩·多尔弗斯。两人志趣相投，相谈甚欢。与吉恩·多尔弗斯的友谊促使苔丽丝做出了一个决定，搬到邻近 DMC 工厂的小镇多纳赫（Dornach）生活。做出这样的决定并不是一时冲动，为了自己的事业发展，苔丽丝与 DMC 公司签订了契约，由 DMC 公司支持自己开办专门的刺绣学校。

刺绣学校的开办，相当于给 DMC 公司做了免费的广告宣传，迅速提高了 DMC 公司的知名度。苔丽丝在做好教学工作的同时，继续进行刺绣方面的研究。后来她将自己多年的研究成果汇编成书——《女性手工艺大全》，并在1884年出版。书中详细介绍了蕾丝、刺绣、抽纱绣、缝纫等各种各样的手工艺，共计273种技巧，并配以约1200幅图片进行了说明。[①] 图书一经出版就受到了人们的强烈喜爱，尤其是给当时的女性生活方式带来了深刻的影响。苔丽丝没有沉湎于眼前的"胜利"，她继续和学生一起制作了1500多幅刺绣图案的样品，这些样品都被收录到了DMC系列丛书《DMC图书馆》（*Bibliotheque DMC*）中。对一个品牌来说，DMC系列丛书的汇编有着非同寻常的意义，这不仅代表着企业对自身实力的信心，更体现了企业文化的深厚积淀以及向后人传承的信心。

现在，DMC作为一个国际化的纺织公司，产品热销近130个国家。从1746年成立至今，DMC始终坚持产品的高标准，就像多尔弗斯家族的企业精神："tenui filo magnum texitur opus."（艺术从一针一线里诞生。）对企业的成长和发展来说，这也是最好的注解。

16—18世纪，是路易十四统治时期，法国商业经历了从萌芽到飞跃的变化：在法国轰轰烈烈的海外贸易活动中，法国东印度公司逐渐出圈，为其"逐梦"海外市场发挥了至关重要的作用；西印度公司虽然存在时间较短，却为法国本土制造业的发展作出了贡献；人头马从名不见经传的小公司到成为法国奢侈品行业的领军品牌，为大家诠释了商业活动中"变"与"不变"的原则；而DMC作为法国纺织业的元老，向世界展示了法国商业活动中严谨认真的一面。

---

① 拜访DMC的故乡——法国刺绣线之城[EB/OL]. (2015-09-16)[2023-09-18]. https://mp.weixin.qq.com/s/KnL_PjtlZ-wLQ4126Om-nA.

第2章

第一次工业化时期：国家基建（1815—1870）

1789年法国大革命之后，法国在政治、经济、文化、社会等方面都出现了一些新的变化，为法国向资本主义全面发展以及资本主义现代化道路的开辟奠定了基础。在这之后，尽管王朝几次复辟，但轰轰烈烈的现代化进程已经不可逆转。在政局的不断动荡中，法国的工业化进程已经开启，法国正式迈入现代化国家的行列。

关于法国的工业化进程具体从什么时间开始，不同的经济史学家有不同的看法，但就大致的时间分期来说，他们又有一些共同观点：与英国的工业化相比，法国的工业化不存在明显的起步时期，1815—1914年是法国工业化的中速发展时期，其中1850年是法国工业化的鼎盛时期；到了19世纪末期，法国的工业化也基本结束。基于此，我们把法国第一次工业化时期界定在1815—1870年。

这个时期，法国工业化迅速发展，呈现出一些比较明显的特点：为了完善国内交通网络，法国铁路水路建设如火如荼地进行，施耐德兄弟创建施耐德公司，建造了法国历史上第一台蒸汽机车；雷赛布推动国际苏伊士运河股份有限公司成立，主持修建苏伊士运河，工程建设客观上给法国的建材行业和银行业的发展带来机遇，拉法基公司和里昂信贷银行就是在这样的时代背景下出现的。

施耐德：铁路建设先行者

就在凯旋门开始修建的1806年，欧仁·施耐德来到人世。大部分人可能对欧仁·施耐德并不熟悉，但谈到世界500强知名电子、电气设备公司——施耐德电气，相信大家都有所耳闻。施耐德电气的前身，就是欧仁·施耐德经营的克鲁索公司。

30岁这年，欧仁告别旧主，另起炉灶，与哥哥阿道夫·施耐德共同收购已破产的克鲁索铸造厂。1836年，手握重金的施耐德兄弟又买下克鲁索的煤矿、铁矿及其附属的工厂，在此基础上整合成施耐德-克鲁索公司，先后致力于发展钢铁工业、重型机械工业、轮船建造业。两兄弟分工合作，由欧仁任总经理，负责生产和开发；阿道夫则负责贸易和财务。

19世纪的前30年，法国虽然开始铺设铁路网络，但蒸汽机车主要依靠从英国进口。在民众中，建造本国自己的蒸汽机车的呼声也越来越高涨。也许正是这种声音激发了欧仁建造法国第一台国产火车车头的想法，施耐德公司冶炼和制造双头并进的发展定位初具雏形。

在工业革命时代，技术大部分来自发明家，施耐德兄弟大张旗鼓在世界各国招兵买马，无论是在法国本土还是在整个欧洲大陆，甚至在大西洋对岸的美洲大陆都有他们招贤纳士的布告。尤其是在美国，他们千辛万苦花费重金聘请了著名机械工程师弗朗西斯科·伯顿。虽然初到施耐德公司，在技术上无所成就，但是没过两年伯顿便为施耐德公司立下汗马功劳。他精心研制的庞然大物在施耐德的克鲁索工厂诞生，这就是欧仁梦寐以求的国产火车车头。这是法国历史上第一台蒸汽机车,施耐德公司靠在蒸汽机领域的创举脱颖而出,迅速登上报纸的头版头条,名噪一时。以此为契机,施耐德公司进入快速发展阶段。

法国蒸汽机车的出现,相应地刺激了铁路建设,各省都积极谋划本省与首都的铁路联系,而铁轨设施的强大需求给施耐德公司提供了快速发展的机会。欧仁随后宣布施耐德公司不仅生产蒸汽机车,同时生产铁轨与相关制件。全国各地的订单如雪片般飞来,克鲁索的工厂忙得不可开交。

毫无疑问,施耐德兄弟借这个机会改变了法国的交通格局和生活方式:以前事故频发、运行缓慢的机车头,已经被时速100千米的新式车头所取代。以前从首都巴黎到南方海岸需要乘坐公共马车,历时一个星期左右才能够到达,现在乘坐火车只需要16个小时,而且能够欣赏沿途的农家庄园风景。大量订单填补了施耐德公司初创期的利润亏空。在3年时间里,他们就收回了当初的投资,克鲁索工厂当仁不让地成为施耐德家族的"富矿"。

对新事物充满征服欲望的施耐德兄弟,并没有被蒸汽机车的大量订单遏制野心,欧仁又带着伯顿投入下一轮技术开发中。1842年,施耐德公司成功研发的蒸汽机船,可以沿着塞纳河逆流而上,出现在巴黎码头;接着研制出蒸汽锤,虽然蒸汽锤的工作原理由英国人在1841年率先提出,甚至建造出实验机械,但施耐德的克鲁索工厂后来居上,率先将蒸汽锤应用到工业领域中。

蒸汽锤使施耐德公司的工厂效率提高10倍之多,这让欧洲同行瞠目结舌,纷纷来克鲁索找施耐德兄弟购买这种新工具。此后,施耐德公司的克鲁索工厂全力生产蒸汽锤。据统计,在1843—1867年的20多年间,他们先后生产出110个蒸汽锤,除26个是自己工厂应用之外,其余84个全部卖给了欧洲各大制造厂,这是

第 2 章　第一次工业化时期：国家基建（1815—1870）

克鲁索工厂取得的最大成就。①

凭借欧仁的不断改革创新以及悉心经营，加上阿道夫的营销才华，施耐德公司稳步发展，这种局面一直持续到19世纪70年代。

1870年，普法战争爆发。战争第一个阶段，法国军队惨败，巴黎公社接管政权。巴黎公社的出现激发起全国各地的公社活动，无产阶级政权在各地风起云涌，他们在法国主要大城市进行革命运动，如在马赛、里昂、里摩日、圣太田、土鲁斯等地建立公社。

在施耐德兄弟工厂所在地克鲁索，工人暴动也频繁发生，人心思变。

此时阿道夫·施耐德已经去世，弟弟欧仁·施耐德年迈多病，掌管施耐德家族的是欧仁·施耐德的儿子亨利·施耐德。亨利所面临的困境并不比父辈轻松。法国在普法战争中惨败，拿破仑三世下台，在拿破仑身上押注大量心血的施耐德家族已六神无主。与此同时，达官贵族以及银行家纷纷逃亡国外，就算留下的当权人物也自身难保，就这样，施耐德家族所倚重的存在了几十年的关系网络瞬间崩塌。

亨利没有被眼前的惨状吓倒，混乱之中仍然坚信家族还有复兴的机会。亨利果断采取措施：一方面，下令严禁工厂停工，哪怕产生大量库存，也要求保持工厂正常运转。亨利相信战争的乌云终将过去，生活会回到从前，他们的钢铁制品在不久的将来一定会回到热销状态；另一方面，他仍然像父辈那样坚信，工人资源是施耐德的重要资源，是他们创造了家族的巨量利润。

在亨利看来，此时正是改善工人与工厂紧张关系的大好时机，他没有像其他厂矿那样压低工人工资，而是反其道而行之，将工

---

① 马伯庸. 话说施耐德[EB/OL]. (2021-11-06)[2024-06-06]. http://max.book118. com/html/2021/1105/8102004045004032.shtm.

资提高一倍，这对庞大的工人群体来说充满诱惑力。

然而，在动乱时期保持产能实在是赌博，家族内部一直有人反对，外界也充满质疑之声。至于工人工资不降反升，这又是一笔不小的开支。没有人相信亨利会力挽狂澜，拯救施耐德家族于水深火热之中，反而觉得他在主动将工厂推向破产的边缘。

在这两种措施之外，亨利又提出了一项叫作"托马斯炼钢法"的新工艺。所谓"托马斯炼钢法"，就是利用物理化学技术处理富含磷元素矿石的脱磷问题。这种方法一旦引入，将使储量丰富而价格低廉的高含磷矿石得到充分利用，既能够解决原材料问题，又能缓解高价采购无磷矿石带来的成本压力。

施耐德家族成员对亨利再次表达了不满，他们压抑已久的情绪急需一个出气口来宣泄。亨利的地位岌岌可危。在此危难时刻，孤军奋战的亨利急需一个强有力的支持者，重病缠身的欧仁站了出来，可以说他声望犹存，也可以说他倚老卖老——仗着过去的辉煌成就和对事实的独到见解，他力排众议，说服大家支持亨利的经营策略。

与此同时，法国局势也在发生变化，呼风唤雨的巴黎公社很快走向灭亡，取而代之的是梯也尔政府。不过，梯也尔在总统位置上屁股还没坐热，就像废弃的棋子一样被以麦克马洪为首的君主派势力撤走了。

虽然梯也尔在动乱结束初期仅仅执政两年，但是在恢复正常秩序方面的各种举措卓有成效。他在加强国防、整顿和改革国家机构、恢复和发展经济等方面做了大量工作，其中有一项内容成为施耐德工厂的救命稻草，这就是著名的弗雷西内计划，因由当时的政府公共工程部长夏尔德·弗雷西内提出而得名。这项计划旨在全力发展全国交通业，由政府出资完善法国以铁路网为主、航运为辅的综合运输体系。施耐德家族由此迎来复兴的机遇。

冒险也好,远见也罢,再加上一点运气,亨利获得了大量政府订单,施耐德公司逐步垄断了全国的冶金生产。战火硝烟中,法国大多数钢铁冶炼公司都处于停产状态,此时政府突然采购大量铁路设备,拥有大量库存且在钢铁、重工业、铁路与造船业等领域都极具竞争力的施耐德工厂一跃成为耀眼的明星。借此,施耐德公司在动荡时局中不仅存活下来,还发展良好,再一次证明了自己在法国商业史中作为标杆企业的实力。

苏伊士运河公司:专注水路建设

第一次工业化时期,铁路建设在施耐德公司的带领下轰轰烈烈地开展起来,与此同时,水路建设也在有条不紊地进行。国际苏伊士运河股份有限公司就是这个时期水路建设的典型代表。

国际苏伊士运河股份有限公司的成立,离不开和欧仁·施耐德同时代的另一位商业教父,他就是斐迪南·玛利·维孔特·德·雷赛布。

雷赛布1805年出生于法国马赛,20岁时,年轻的雷赛布进入外交部门,他的第一份工作是在里斯本任职副领事,3年后调任突尼斯副领事。1832年,法国远征军和阿尔及利亚的民族抵抗组织激战正酣,雷赛布被任命为驻亚历山大港的副领事,从此与埃及结下不解之缘,之后他生命中重要的时刻都在埃及度过。

1833年,雷赛布来到埃及开罗任职,由此结识了此生最重要的朋友赛义德。此时的赛义德还是个孩子,他的父亲穆罕默德·阿里邀请雷赛布担任儿子的家庭教师,两人在教学期间亦师亦友。这期间,雷赛布向赛义德提到开凿苏伊士运河的想法,虽然只是初步设想，但为后来赛义德同意雷赛布主持开凿苏伊士运河奠定了基础。

4年之后，雷赛布为了婚礼返回法国。在那之后，他分别任职于鹿特丹、马拉加、巴塞罗那，还担任过驻马德里大使，后因为参与教皇庇护九世马斯塔伊·费雷提事件，被迫赋闲，开凿运河的梦想也一直被搁置。不过，其间雷赛布与赛义德从未间断过联系。

年近五旬的雷赛布有机会重返埃及，他继续向接任总督的赛义德建议苏伊士运河的开凿工作。雷赛布劝说赛义德，运河开通不仅能够为埃及带来巨大的经济利益，还能够作为一道屏障与奥斯曼帝国隔开，有利于埃及的独立与安全。本来就对开凿运河抱有极大兴趣的赛义德被成功说服，同意由雷赛布主持开凿苏伊士运河。

主持运河开凿工作对于这位外交家来说，可不是一件简单的事情。因为他首先不得不面对英国，原因在于，之前法国和埃及先后两次修建苏伊士运河的努力都被英国挫败。

这一次，雷赛布又是乘兴而来、败兴而归，英国这堵墙似乎无法逾越。如果历史在这里出现停滞，那么雷赛布与苏伊士运河都将不为人知，所幸1857年印度爆发的民族大起义改写了这一切。为镇压起义运动，英国需从本土调集人力，但前提是，他们需要更加便捷的道路，否则英国将失去一块重要的财富之地。于是，英国对开凿运河的态度突然发生大逆转，口气不那么坚决了。

不过，光是海平面高度问题就能难倒一众人等，好在雷赛布对开凿运河的各项资料了如指掌，他知道开凿苏伊士运河曾有两个方案：4000年前，埃及中王国时代雄心勃勃的法老塞索斯特利斯一世曾试图开凿一条连接红海与尼罗河支流佩罗锡克河的人工运河，以便将埃及在东非获取的财富——黄金、象牙、香料，源源不断地运送到尼罗河三角洲。还有一个方案在穆罕默德·阿里

第 2 章 第一次工业化时期：国家基建（1815—1870）

时期就有两位法国工程师提出过将红海和地中海用一条商用水道连接。雷赛布组织人员对这两个方案进行了仔细研究和实地考察，形成开凿运河的最终方案：北起塞得港，经提姆萨湖、大苦湖、陶菲克注入红海，全长 162.5 千米，如果连同伸入地中海和红海的河段，运河总长将近 174 千米。这个方案能够同时实现欧洲与亚洲之间的南北双向水运。

修建如此巨大的工程，所需的资金可不是仅靠私人财团就能支撑得起来的，只有国家出面才能负担。以当时的局势看，只有埃及和法国可能掏钱。法国的拿破仑三世早已经有修建运河的打算，何况还有雷赛布的表妹从中斡旋。雷赛布的表妹正是欧洲的传奇才女、曾经三次摄政的——欧仁妮皇后。在皇后以及皇帝的支持下，国际苏伊士运河股份有限公司在法国成立，并于 1858 年获得资金，由此，雷赛布的个人愿望与法国的殖民利益已经完全融合到一起，这个公司以 500 法郎每股的价格发行了 40 万股股票，筹集了 2 亿法郎的资金。

这部分发行的股票，绝大部分被法国及埃及政府购买：其中法国控股数占比 52%，埃及控股数占比 44%。由于法国占比较多，运河开通后实际上是法国控制了苏伊士运河。随后，雷赛布的苏伊士运河公司与赛义德签订合同，合同规定具体的运河租让时间为 99 年，时间一到，运河即归埃及所有；此外，埃及政府还要免费提供运河开凿需要的土地，以及所需劳动力的 4/5，免税进口施工机械等等。

苏伊士运河股份有限公司获得足够的资金支持后，1859 年 4 月 25 日，在海岸古城佩鲁西的工地上，苏伊士运河工程正式动工。在浩瀚的沙漠中进行了 10 年的施工后，苏伊士运河终于在 1869 年 11 月 17 日正式通航，当天欧仁妮皇后也为苏伊士运河举行落成庆典。据统计，10 年间，埃及民工共挖土 7400 多万方，耗资 4

亿多法郎。①

运河修通之后，沿途的船闸装置被取消，整个航运进程加快，船只通过运河只需 48 小时，相比绕道英国控制的好望角，缩短了 5500～8000 千米的航程。再比如从英国的伦敦港或法国的马赛港去印度的孟买港，经由苏伊士运河可比以前的航线分别缩短 43% 和 56% 的航程。而地中海各国到印度洋的航程也大大缩短。苏伊士运河的修建，极大地促进了航运事业以及各国间贸易的发展，同时法国也从中获得几十亿法郎的通行税收入，从此苏伊士运河成为西方各国必争之地。

国际苏伊士运河股份有限公司的成立，推动了苏伊士运河工程的完成。苏伊士运河工程的开展，又为法国的航运事业以及法国同各国间的贸易提供了便利。虽然后来随着社会的发展，苏伊士运河公司被收归国有，并在 1958 年更名为苏伊士财务公司，但谁都不会忘记，它在 19 世纪五六十年代为法国航运事业所作出的卓越贡献。

拉法基：全世界第一袋商业水泥生产者

苏伊士运河的修建，不仅让人们记住了雷赛布，还推动了同时期一家水泥公司——拉法基的发展。

拉法基的历史，要从一家小型石灰厂说起。1833 年，克劳德·约瑟夫·奥古斯特·帕文·德·拉法基在法国阿尔代什省（Ardèche）勒泰伊（LeTeil）经营着一家石灰厂，他经常到位于勒泰伊和维维

---

① 苏伊士运河——巧夺天工的国际航道[EB/OL]. (2005-07-27)[2025-01-07]. https://news.sol.com.cn/html/2005-07-27/A7CE07F23E8107C1C.shtml.

耶尔（Viviers）之间圣维科托山（Mont Saint—Victo）的采石场开采石灰石生产石灰。因为该地的采石场不仅出产的石灰石质地优良，而且交通极为便利，开采的大量石灰石可以通过附近的罗纳河来运输。得益于优质的石灰石质量和良好的交通条件，石灰厂迅速发展，在1839年已经拥有了2座5米高的立窑，石灰石年产量达到3000吨。

1848年，克劳德的两个儿子莱昂·约瑟夫·加布里埃尔·德·帕文·德·拉法基和爱德华·德·帕文·德·拉法基接手了石灰厂，并在此基础上成立了拉法基公司。1848—1860年间，拉法基公司不断发展壮大。1864年，正值苏伊士运河修建的关键时期，工程亟须20万吨硬石灰，由埃及政府主持向全世界有能力的企业招标，莱昂和爱德华知道这是个能让拉法基公司"一战成名"的机会，而且不是所有企业都有在短时间内生产如此大体量的石灰的能力。莱昂和爱德华决定一试，参加苏伊士运河项目的竞标。说是运气也好，实力也罢，拉法基公司最终拿下了这个国际项目。"巨额订单"给成长中的拉法基公司带来了挑战，也带来了前所未有的发展机遇：让公司进一步专注生产，注重生产效率，提高生产能力；为公司带来巨大的经济效益的同时让公司有了资本可以进一步扩大再生产；公司的名声越来越响，世界各地的石灰订单纷至沓来，拉法基公司迅速发展壮大。

随着公司规模的扩大，莱昂和爱德华意识到，单纯依靠原料开采业务不是长久之计，他们开始思考能用什么新的方法加工采石场的石灰石和富含矿物质的黏土。1824年，英国雅斯普丁经过反复实验，将石灰石、黏土、矿渣等原料按比例混合烧制，发明了黏性极强的波兰特水泥，并申请了专利。莱昂和爱德华采用波兰特水泥的制造工艺，将石灰石和黏土在燃烧化石燃料的窑炉中加热到1450摄氏度，然后将窑中烧制的"熟料"加上石膏和其他材料，磨制成水泥。

1868年，拉法基公司开始生产水泥，并成功生产了全世界第一袋商业水泥。这一事件具有标志性的意义，不仅代表拉法基公司作为水泥巨头敢为人先的创新精神，而且展现了拉法基的创新能力，同时也意味着水泥作为一种新型建筑材料开始正式投入市场。对于19世纪的建筑业来说，水泥是必不可少的建筑材料，基于这庞大的市场需求，拉法基逐步发展成为著名的水泥制造商。当世界著名水泥集团之一德国迪克霍夫（Dyckerhoff）公司在1864年成立的时候，拉法基公司已经拿下了第一个重要国际合同——苏伊士运河项目。拉法基日后的强劲对手西麦斯集团也是到了1906年才成立的，并于1990年才发展成为墨西哥最大的水泥企业。

作为资深的水泥生产企业，拉法基公司开拓的决心仍在，创新的脚步也没有停止。公司在1887年成立第一家研发实验室，用高岭土代替黏土，生产出世界上最早的白色水泥。与以前的灰水泥相比，这种白色水泥更加美观，而且耐蚀程度并没有减弱。白水泥作为一种优良的装饰性建筑材料一经推出，就受到广泛的欢迎，为拉法基开拓了建筑装饰市场的新业务。1908年，拉法基研发室主任朱尔斯·比德成功研发出高铝水泥。这种水泥由石灰石和铝矾土混合制成，具有耐高温的特点，能够耐受恶劣的环境条件，不仅可以作为高性能的黏合剂，还可以作为化学反应剂，用途非常广泛。拉法基公司在水泥行业的两次创新，奠定了其作为法国第一大水泥制造商的地位。

在水泥业务的基础上，拉法基谋求多元化发展。1931年，拉法基进入石膏领域，并在1964年和国立石膏公司共同创建法国石膏公司,正式成立石膏建材分公司。① 石膏业务后来发展成为拉法基四大主要业务之一,其销售额占集团总收入的9%。1974年,拉法基开始涉足耐火材料、卫生配件设备、生化等新的业务领域,开始向多元化方向发展。②

拉法基不但重视自身业务发展,还很关注环保事业。它与世界自然基金会签订了协议,承诺为世界环境保护事业作出贡献。如果到位于法国里昂郊区的拉法基科研中心看一看,就会明白,拉法基正在用行动践行自己的诺言。科研中心占地25公顷,种着170多种树木。拉法基的科研中心不仅以环保形象深入人心,其科研方向也着实"有新意":如何减少采矿对环境的破坏。科研人员会根据对开采环境的模拟,得出开采对环境影响的具体结果,目的是选出对环境影响最小的开采方式。另外,在开采之前,拉法基公司还要向政府部门提交详细的环境报告,提出植被复原方案。③ 科研中心还设置了"新产品分析角",大家集思广益,分析新产品对环境的影响。如果新产品对环境不利,如对人体有隐性伤害,那么即使赢利,公司也不会生产。

水泥建筑行业从不缺乏注重自身业务发展的企业,大家也都在思考如何进一步扩大市场。但是像拉法基公司这样,能够百年如一日地保证公司产品质量,并且有持续创新的动力和活力,找到自身区别于同行业其他公司的竞争优势——注重可持续发展,

---

① 陈倩.世界六强水泥企业发展历程及现状解析[C]//中国建筑材料联合会,中国建材工业经济研究会,中国建材报社,中国建材杂志社.中国建材产业发展研究论文集.中国建筑材料工业规划研究院,2010:19.
② 陈倩.世界六强水泥企业发展历程及现状解析[C]//中国建筑材料联合会,中国建材工业经济研究会,中国建材报社,中国建材杂志社.中国建材产业发展研究论文集.中国建筑材料工业规划研究院,2010:19.
③ 郑园园.绿色"拉法基"[N].人民日报,2001-11-22(7).

推进环保事业的企业，少之又少。而拉法基公司的这些优势，或许也是这个诞生于 19 世纪的老企业仍能大踏步赶上新时代的成功秘诀。

里昂信贷：昔日的法国银行巨头

第二帝国时期，由于法国原有的金融体系和信贷框架无法满足实现"帝制下的繁荣"的需要，法国对其旧有的银行体系进行了大范围的改革和调整。拿破仑三世采用了以佩雷尔兄弟为代表的一批新型银行家的建议：设立信贷银行。作为一种银行的新型组织方式，信贷银行想方设法吸引广大民众储蓄，通过廉价信贷促进生产发展和经济繁荣。① 信贷银行推出了众多经营活动，不过最为引人瞩目的，还是在政府支持下大力投资铁路建设。当时法国通过信贷银行筹集大量资金，投资铁路、航运建设，促进了法国经济的发展。

随着经济发展对资金需求的增加，法国需要更多的信贷银行，由此放宽了对建立股份有限公司（银行）的限制。1863 年 5 月 23 日，拿破仑三世及其政府颁布法令，规定凡设立资本不满 2000 万法郎的公司不需要预先获得政府的批准。② 这一法令的颁布为一些新银行的开办提供了便利，这些新银行里就有法国银行界"三大马车"之称的里昂信贷银行。1863 年 7 月的一天，在主要创始人

---

① 应远马. 圣西门主义力行者：拿破仑三世和 19 世纪中叶法国社会经济发展探究[D]. 杭州：浙江大学, 2020.
② 应远马. 圣西门主义力行者：拿破仑三世和 19 世纪中叶法国社会经济发展探究[D]. 杭州：浙江大学, 2020.

阿尔勒·杜福尔的主持下，里昂信贷银行成立。里昂信贷银行成立时发行了 4 万股股票，每股 500 法郎。创始人之一的亨利·热尔曼以持有 2150 股而成为银行的最大股东，并担任里昂信贷银行的首任行长。①

亨利·热尔曼出生于里昂的富豪家庭，曾做过律师、股票经纪人、丝绸商人、矿业主，出任里昂信贷银行行长时已经 39 岁。后来他成功带领里昂信贷银行从一家名不见经传的小银行发展成为世界知名银行。

里昂信贷银行成立伊始，为了吸收小额存款，承诺 50 法郎就能免费开户。在这种举措的积极支持下，里昂信贷银行快速发展。只是接下来发生的一件事情，差点让里昂信贷遭遇信任危机。银行成立没几年，里昂一家染料厂的危机波及里昂信贷银行。里昂信贷银行发放了小额贷款给染料厂用于其建厂和后续生产，但出于经营不善等原因，染料厂成立没多久就破产，也无力偿还之前的银行贷款。由于之前银行承诺只要 50 法郎就能开户，吸引了一大批存款客户，现在随着染料厂的破产，银行借出去的资金收不回来，也就意味着一些存款客户的钱打了水漂。关键时刻，亨利出面，承诺银行会无条件偿付，这使银行信誉大增，业务数量大幅增长。

里昂信贷银行通过大量吸收社会上的小额储蓄汇集了充足的基金，开始广泛涉足具体的商业活动。在轰轰烈烈的大规模商业活动中，最为引人瞩目的就是它向一些工业部门提供贷款，其中包括里昂的纺织业，圣太田和卢瓦尔地区的冶金业以及罗纳河谷

---

① 姜建清.【姜建清专栏】一百年前的世界银行"巨无霸"——从法国里昂信贷银行的历史铜章看百年大行的兴衰[EB/OL]. (2017-05-05)[2023-09-18].https://mp.weixin.qq.com/s/xxnGwz2itNe2Fskb4T_xWg.

地区的化学染料业。[①] 毫无疑问，进行工业化建设，必须投入大量的资金，如果没有银行提供贷款，单纯依靠家庭成员筹集资金或者等待企业利润周转一圈再进行生产，商业活动是无法进行下去的。所以里昂信贷银行的成立有其积极意义，不仅为法国纺织业、冶金业和化学工业的发展提供了资金支持，而且激发了这些行业的发展活力，甚至对于法国整个工商业体系的完善都有促进作用。

里昂信贷银行不仅关注国内各工业部门的具体信贷业务，也大量放贷给外国企业。尤其到了19世纪70年代，亨利将眼光瞄准海外市场，在英国伦敦成立了第一家海外分行。5年后，又分别将分行开到了君士坦丁堡、亚历山大、日内瓦、马德里、维也纳、圣彼得堡及纽约。海外分行的成立一方面方便向外国大量放贷，如西班牙、土耳其、埃及等；另一方面，也对法国信贷业务的增长作出了突出贡献。从1870年开始，法国信贷业务的增长幅度超过了英国银行业。里昂信贷乘胜出击，不仅在俄罗斯发放贷款，还将业务开展到了非洲。到了20世纪初，里昂信贷银行的总资产已经超过了英国的劳埃德银行和德国的德意志银行，位居世界第一。要知道，劳埃德银行作为英国四大私营银行之一，声名在外；德意志银行，也被公认为是世界首要的金融机构之一。里昂信贷银行的资产规模能够超过这两家银行，实力实在不容小觑。里昂信贷银行的资产越丰厚，对法国国内商业活动的支持力度就越大，从而促进法国国内工商业的进一步发展。与此同时，新的贷款需求也随之增加。从长远来看，这是一个积极的循环。

1913年，里昂信贷银行在法国巴黎的新总部正式建成。大楼精美雅致、气势恢宏，从意大利大道的17号一直延伸到23号。

[①] 应远马. 圣西门主义力行者:拿破仑三世和19世纪中叶法国社会经济发展探究[D]. 杭州:浙江大学,2020.

工程从 1876 年开始,但直到 1913 年才结束,耗时如此长的宏伟建筑在巴黎确实少见,不过从另一方面看,豪华的银行大楼也象征着里昂信贷银行的实力。大楼里设置了欧洲最大的金库房,它由古斯塔夫·埃菲尔(Gustave Eiffel)在 1880 年建成,设有 7800 多个保险防盗库房,小到简单的抽屉,大到可以装下家具的空间。金库房建成以后,贵族、富商大贾、金融家和颇有身价的艺术家都纷纷在这里存取他们的财富。①

里昂信贷银行的影响"无处不在",曾在法国流亡的无产阶级革命家、著名的马克思主义者列宁就曾在里昂信贷银行开过存款账户。在很长的时间里,里昂信贷银行也走在银行业创新的前列。它在 1956 年就使用了 ATM,比世界公认的英国安装的第一台 ATM 机还早了 11 年。它还在 1967 年发行了信用卡,堪称银行业创新的先驱。而带领里昂信贷银行一路成长起来的行长亨利·热尔曼,则不仅是一位出色的实干家,也是一位优秀的理论创新者。他提出的亨利·热尔曼学说,堪称银行业审慎监管的鼻祖理论。他认为要将商业银行和投资银行区分开来,基于不同的资金特点,设立不同的监管方式。

可惜的是,里昂信贷银行的辉煌并没能持续下去,一战和二战的爆发,给了银行重创。到 1920 年,里昂信贷银行就失去了银行总资产世界第一的地位。1946 年,里昂信贷银行被国有化,法国政府取得银行的完全控制权。从那以后,里昂信贷银行虽然有过发展的黄金时期,但都达不到它曾经的辉煌成就。到了 1966 年,里昂信贷银行甚至失去了法国最大银行的地位。但是,在里昂信贷银行成立乃至其发展到顶峰时期,它对于法国纺织业、冶金业以及化学工业产生的作用是不能被抹杀的,甚至对法国后来整个

---

① 智子.桑多利雅,见证法国里昂信贷银行的历史兴衰[J]. 金融博览,2022(7):20-22.

工业体系的完善都具有积极影响。

　　1815—1870年间，法国从大革命的震荡中恢复，着手国家基础设施建设，由此开启了法国工商业史上的第一个繁荣时代：施耐德公司建造了法国历史上第一台蒸汽机车，改变了法国的交通格局和生活方式，展现了自己作为法国标杆企业的实力；国际苏伊士运河股份有限公司的成立，对法国航运事业的发展有着不可取代的意义；拉法基公司成功生产出全世界第一袋商业水泥，给世界流传下老企业如何大踏步赶上新时代的"商业秘诀"；里昂信贷银行，从它成立到发展至顶峰时期，为法国纺织业、冶金业和化学工业的发展作出了贡献，是名副其实促进法国工业体系完善的背后"推手"。

第3章
第二次工业化时期：汽车时代（1871—1914）

2023年9月28日—10月1日，世界拉力锦标赛（WRC）在智利举办。作为一场世界范围内的汽车长途比赛，速度与激情不断在赛场上演。最早的拉力赛始于1911年，在摩洛哥举行，而世界拉力锦标赛则始于1973年，是把之前各国单独举办的汽车拉力赛改以世界锦标赛的名称。每年有超过10亿观众通过电视转播或者媒体观看这场比赛，影响范围甚广。这场比赛堪称汽车界的盛大狂欢，而狂欢的起源，要追溯到1870年以后汽车的创新与发展。

1870年开始的第二次工业革命影响着整个资本主义世界。革命的最终成果，是在世界范围内建立资本主义制度，而资本主义的竞争逐步从生产规模转向生产效率。特别是自然科学知识的普及与发展，使得发明热潮在世界范围内一浪高过一浪。科学与技术的真正结合，很大程度上促进了生产效率的提高与生产技术的改进，而这又反过来推动新生技术与发明的涌现。其中表现最明显的是汽车行业的发展。汽车企业在这个时期如雨后春笋般出现，不仅诞生了标致、雪铁龙等汽车品牌，与汽车相关的米其林轮胎也开启了轮胎新时代。

米其林：重视创新，辅以宣传

安德烈·米其林是一名建筑工程师，1886年毕业于巴黎中央理工学院，33岁临危受命，接手外祖父陷入困境的橡胶工厂。米其林家族在1832年开办小型机械厂，专门用硫化橡胶制作橡皮球玩具、印章、橡皮带、气门、农业生产管道和马车制动块等。当安德烈接手时，他说服刚完成美术学院课程的弟弟爱德华·米其林一起创业。米其林两兄弟联手成立米其林公司，由爱德华任总经理，主要生产橡胶轮胎。

可充气橡胶轮胎的发明者是兽医邓禄普。1888年的一个下午，邓禄普正在花园浇花，儿子放学后推着自行车进门，兴奋地告诉他第二天要参加学校举行的自行车比赛。邓禄普瞅了一眼儿子的自行车轮胎，觉得不太好看，打算改进一下。当时他手里正握着浇花用的橡胶水管，于是灵机一动，按照自行车轮子的周长将橡胶水管截断，弯成圆环，两端用胶水粘住，然后在水管中充满空气。第二天，儿子回家后兴高采烈地告诉邓禄普，他在比赛中获得了胜利。这个偶然的发明开启了邓禄普的轮胎事业，不久之后他就获得"帘布保护层充气橡胶轮胎"的许可证——允许在自行车和三轮车上使用橡胶轮胎的专利。

当时法国的马车和自行车装配的都是一次性的可充气轮胎，但是，这种局面在爱德华手上得到了改观。1891年春天，一位顾客把爆胎的自行车送到米其林公司维修，这辆自行车的轮辋[①]由邓禄普公司制造。当时，轮胎是由橡胶轮胎牢牢黏合在木质轮辋上的，

---

① 轮辋：车轮周边安装轮胎的部件。

不可拆卸，而将损坏的橡胶轮胎撕下，再重新更换黏合，整个过程需要花费3个小时，而且工序十分烦琐，光修理手册就厚达60页，还要等6个小时橡胶胶水干了之后才能使用。

爱德华认为，自行车轮胎如果容易更换，那一定很好卖。经过兄弟二人潜心研究，1891年，米其林公司研制出可拆卸的自行车轮胎，拆卸时间缩减到15分钟之内，他们因此获得国家颁发的3项专利。

米其林兄弟不仅不断改进产品性能，在广告宣传方面的才华也得到了充分展示。当时能够利用比赛进行精妙宣传的厂家并不多，米其林兄弟雇佣34岁的运动员泰洪参加"巴黎—布雷斯特—巴黎"1200千米环城自行车赛。这位选手骑着装配米其林可拆卸轮胎的自行车，耗时71小时18分钟，以超过第二名将近9个小时的成绩获得冠军。在比赛现场，爱德华派技术人员现场表演1分55秒内完成自行车轮胎拆卸，这让现场观众惊呼不已。在比赛结束后，米其林兄弟连夜撰写出一则妙趣横生的广告，充分展示米其林轮胎的优越性。他们在结尾处描述道：

7月14日，路易十六从拉斐特那里得到巴士底狱的消息时。

路易十六："那么，这是一场暴乱。"

拉斐特侯爵："不，陛下，这是一场革命。"[1]

米其林兄弟的发明仍在继续，不过实验对象已从自行车转向马车。1894年，米其林在公共马车上装配橡胶轮胎取代铁质车轮，由此让乘客感受到了前所未有的舒适与安静——来自地面坑坑洼洼的颠簸感被橡胶的伸缩特性完美吸收，他们不用再为马头前面的小水坑提前做好屁股被颠簸的准备，也不必再切实感受屁股如同掉进水坑摔了一下的痛楚，更不用再忍受铁轮压在坚硬路面上

---

[1] 王玉波. 王者之剑[M]. 广州：暨南大学出版社，2005:372.

发出的吱吱刺耳声。爱德华兄弟的这两项发明，提升了自行车与马车在交通运输工具中的地位。这也为他们进军汽车轮胎行业提前做了准备，尽管当时他们并未意识到，他们的发明即将开创一个新时代。

汽车问世之后，大部分人还难以接受这个会自己行走的铁疙瘩——不仅汽车的价格贵得惊人，而且速度并不比自行车快多少，而乘坐感受简直就在延续之前坐马车的噩梦，铁制轮子使汽车颠簸不堪，而且很容易造成车身出现裂痕甚至断裂报废。

1894年，米其林公司参加了一场在巴黎举办的汽车比赛。比赛获胜者是一辆蒸汽旧式四轮车，它以每小时20千米的速度完成了110千米的赛程，但是结果显示，四轮车赛车手的速度最后仅比自行车赛车手快4千米每小时。安德烈看到这个结果，突然意识到，如果在汽车上安装充气轮胎，那么速度肯定会有飞跃。爱德华没有忘记，既然汽车是由马车不断改进而来的，那么一样可以尝试将汽车的轮子改进为可充气轮胎。

在那个发明家辈出的时代，大家都铆着劲推陈出新。新的发明只要和汽车挂上钩，就必须加快步伐。因为可能一项汽车的技术还处在试验阶段，别人就已经得到了国家颁发的专利证书，你的设想随时会成为他人的赚钱工具。米其林兄弟深谙此道，他们加快了对马车轮胎的技术更新，将它升级为可以安装在汽车上的橡胶轮胎，这种轮胎具有多种优点：可拆卸、有内胎和可充气。1895年，"巴黎—波尔多—巴黎"汽车大赛再次举行，米其林兄弟为了宣传这种轮胎的优点和价值，准备参加汽车比赛，而标致汽车的创始人阿尔芒也想通过此次比赛测试自己的新型发动机。此前阿尔芒的标致汽车一直配用戴姆勒发动机。而在这场汽车大赛中，阿尔芒采用装配新式水平对置发动机的标致汽车参赛，米其林公司则采用标致汽车车身、戴姆勒发动机以及自主研发的新式轮胎组装的新车参赛。米其林兄弟将其命名为"闪电",意指装配米其林轮胎的汽车快如闪电。但是,充气轮胎的路感与以往的车辆完全不同,而且这不比马车,一旦出事将损失惨重。处在最危险位置的赛车手们望而却步,无人敢驾驶,这反而激发了爱德华的斗志。爱德华本来就对赛车情有独钟,这次他亲自上阵,只是安排一名技师骑着自行车紧随其后,以便随时对轮胎进行更换。由于这种充气轮胎研制不久,其结构和材料都不够成熟,即使应用在马车上也不到一年时间,因此在比赛中每跑 150 千米就得换一次轮胎。最后结果差强人意,爱德华以第九名的成绩跑完全程。而第一名驾驶的是装配新式水平对置发动机的标致汽车。

这场比赛引起了巨大轰动,在法国汽车发展史上也具有特殊意义:首先,标致汽车证明了水平对置发动机并不亚于传统的戴姆勒发动机,而且他们这次改装大获成功,使公司彻底摆脱从进口商潘哈德和勒伐索处购买戴姆勒发动机的控制。同时,米其林公司证明了汽车自身的重量并不妨碍轮胎的旋转,验证了米其林充气轮胎在汽车上的适用性。比赛结束后,许多汽车厂家都争相与米其林公司合作,其中最积极的就是阿尔芒。

米其林兄弟凭借着他们孜孜不倦的创新精神,改良或发明了新式自行车轮胎、马车轮胎、汽车轮胎,开创了一个新的轮胎时代。除了创新,米其林公司还很注重广告宣传的作用,在汽车大赛中,米其林兄弟向大众展示了新的汽车轮胎的优点和价值,不仅提高了公司的名气和声誉,也为公司带来大量订单,为米其林公司的进一步发展奠定了基础。

标致：潜心研究，专职制造

标致家族从发展农业开始，先后经营了小磨坊、榨油坊和染坊，后来磨坊发展成铸造厂，标致家族才转向发展工业。1832 年，标致兄弟公司成立，到 1850 年已拥有 3 座新工厂，生产锯条、弹簧、伞架、咖啡磨等五金制品，后来涉足猎枪、收音机、缝纫机、钟表等精密产品，以及外科手术器械和耕种机械等设备。1871 年，阿尔芒·标致接手"标致兄弟公司"，将生产重心转向自行车，并在 1882 年生产出第一辆自行车。1886 年，带有"狮子"商标的"标致"自行车开始量产，并迅速风靡全法国。

阿尔芒·标致从小痴迷于机械制造，在正式迈入 40 岁之前，他决定带领标致公司进军汽车领域，蒸汽动力学专家莱昂·赛波莱是他心目中理想的合伙人选。1888 年的一天，阿尔芒来到赛波莱的住所，两人一见如故，相见恨晚，很多想法不谋而合，阿尔芒的第一个汽车研制计划就此正式提上日程。

1889 年，阿尔芒 40 岁，经过将近一年的研究实验，第一批 4 辆蒸汽三轮机动车终于研发成功，被命名为"标致 1 型"。这是法国汽车的雏形，在汽车史上具有标志性意义。"标致 1 型车"被送往 1889 年巴黎万国博览会，作为重要展品展出。在这次展会中，阿尔芒见到前来参展的戴姆勒燃油汽车。由于燃油发动机具有加速快、动力足等优势，他意识到这才是未来的发展趋势，于是果断放弃蒸汽机车。1890 年，第一批 4 辆装备燃油发动机的四轮标致汽车在瓦朗蒂涅诞生，车轮仿照戴姆勒，安装上了钢质轮圈。

但是，当时整个欧洲市场都将汽车与戴姆勒画上等号；标致亦步亦趋，很难脱颖而出。有一次在工厂进行性能测试时，阿尔芒突发灵感，打算将工厂内部的测试过程开放给公众，这不仅是展示汽车质量的大舞台，而且能改变有钱人对汽车的观望态度。

1891年，阿尔芒亲自驾驶标致3型汽车，以唯一汽车参赛者的身份，参加了在法国和俄国之间的自行车拉力赛。为了进一步刺激观众对汽车的好奇心，9月，阿尔芒邀请著名赛车手多里奥驾驶一辆以燃油为动力的四轮汽车，以平均14千米的时速进行了一次长达2200千米的行程测试。这次长途行车测试结束不到半年，阿尔芒就收到远在异国的突尼斯国王的订单。标致家族富有创造力的团队，为突尼斯国王打造出了一款独一无二的"标致4型车"。

这次测试活动的另外一个收获，就是里古莱和多里奥的驾驶感受。标致汽车装备的老式轮胎经不住长时间摩擦，损毁及变形现象时有发生，甚至会导致车辆失控。这些都会使车辆的驾驶感受大打折扣，而且会危及生命安全。阿尔芒立即意识到必须进行技术改进，恰好，当时米其林公司正在研发新式轮胎。他们对马车轮胎进行技术更新，将之升级为可以安装在汽车上的橡胶轮胎。

阿尔芒早就想在轮胎上面做文章，以此来扩大标致的销量和知名度，所以在引进米其林新型汽车轮胎这件事上跃跃欲试，两个制造业巨头就这样走到了一起。

潜心研究，专职制造，这是标致家族的基因。几百年来，标致家族从未质疑过这个基因对家族的庞大控制力和影响力。阿尔芒也很好地继承了家族基因。为了执着于自己的梦想，阿尔芒决定独自走完汽车之路。他似乎忘记了整个家族产业，生产汽车成了他一个人的事业。

1896年4月，阿尔芒脱离家族产业，在里尔成立标致汽车公司，专注于生产旅行汽车和卡车。此后，阿尔芒将家族传统产业留给他的侄子们经营，但是家族成员对汽车这个新生事物还心存怀疑，所以这次家族产业分离使阿尔芒失去了使用"立狮"这个家族图案的权利。

家族成员不允许他使用家族的"立狮"图案这件事让他破釜沉舟,决定独自上路。在1890—1905年生产的第一批标致汽车上没有使用狮子标识,他以"标致汽车"字样作为标识。

阿尔芒从未放弃过科学技术在标致产品上的应用,他对发动机急速转动时的状态特别入迷,新一轮的技术攻关又出现在工厂的实验车间。标致汽车公司成立的同年,水平双缸发动机在车间内被研制成功。翌年,他们将发动机投入生产,并开始更新产品。阿尔芒并没有因为产品更新而停止对发动机的研发脚步。几年后,公司又研发出四缸发动机,并且很快把四缸发动机装配在标致汽车上。

这次更换发动机的成功给标致汽车带来突飞猛进的发展,到1900年,标致汽车的年产量已经达到500辆。随着汽车工业的科技发展日新月异,消费者对汽车的购买欲望也逐步被激发起来,标致汽车的生产规模已经不能满足市场需求。

1898年,阿尔芒增加资本投资,追加发行1600股,每股1000法郎,于是,当年公司名义资本增加到240万法郎。1900年,阿尔芒在里尔接连建立两个新的汽车制造工厂。新工厂生产的标致"28型"汽车,时速能够达到35千米。

1900—1902年,阿尔芒的汽车公司出现大规模亏损。因为这时汽车技术革新的速度超乎想象,各家汽车公司都以新技术作为吸引客户的手段。而标致的技术则不具备优势。

危急时刻,更能彰显一位企业家的经营才干。阿尔芒发现问题症结后,立刻对公司进行战略调整。凭借技术上的积累,标致汽车公司放弃了全面进行汽车技术开发的思路,而开始专注于前置式车型的生产。没过多久,真的研制出了新款"36型"标致汽车,而且在市场上广受欢迎。借着这个契机,标致公司不再生产老款汽车。从此以后,标致汽车借安装有发动机和方向盘的新款汽车领先于世。

此前阿尔芒为了专注于汽车生产，将家族产业"标致兄弟之子"公司托付给侄子们，此时侄子们也感受到汽车时代的来临，开始跟随阿尔芒的脚步涉足汽车领域。"标致兄弟之子"公司主要生产大众化低端汽车，这在市场上与标致汽车并不形成直接竞争。也许是出于标致家族产业的完整性考虑，1910年，在家族的建议下，"标致兄弟之子"公司与标致汽车公司达成合并协议，分隔10多年的家族兄弟企业合并为一。这次合并不仅为阿尔芒的标致汽车带来了研发团队，更重要的是带来了可直接用于汽车生产的宝贵资源与资本。

两家公司的合并，标志着标致汽车开启了新的篇章。在阿尔芒的带领下，他们为了赶超汽车市场潮流，在新公司成立的次年就与著名跑车布加迪汽车的创始人埃托·布加迪达成合作，向研发大众型汽车方向发展。就像是福特汽车在美国掀起的福特T型车潮流一样，他们也准备在法国制造平民大众都能买得起的汽车。

1911年，布加迪设计的标致宝贝汽车开始投产，这款车共计生产了3095辆，一直到1916年才停产。取而代之的是标致公司研制的新型汽车，这是世界上第一款采用顶置四凸轮轴、每缸四气门发动机的汽车。正是靠着标致产品线的不断更新，从1911年至1913年，标致的产量大增，共生产9338辆汽车。[1]

在此后的第一次世界大战中，标致的民用汽车生产基本处在停滞状态。更令人遗憾的是，阿尔芒就在企业的危难关头溘然长逝——于1915年因病医治无效去世。他没能再次挽救企业，也再没机会看到标致汽车今日之辉煌。

标致品牌长期以来最独特的价值，就是把"激情"和"严谨"

---

[1] 魏杰. 标致一路走来[J]. 互联网周刊,2007(9):94—95.

融合在了一起。①就像标致汽车的标识"狮子"在百年间不断"进化"一样,标致汽车在做好传承的同时,也在谋求新的发展。

雷诺:锐意改革,出色营销

法国人对新兴技术一直都充满热情,当汽车出现之后,法国人希望本国也能够在这个领域居于世界前列。法国的汽车天才开始不断涌现,有的尝试整车的再创新,有的则只在某项技术上攻坚克难。其中就有一位汽车天才,名叫路易·雷诺——雷诺汽车创始人。

路易·雷诺1877年出生于巴黎,很小就对机械研究很感兴趣,他曾研究出一种高效蒸汽机,并获得发明专利。21岁的时候,路易将自己的德·迪翁牌机械三轮车改装成当时还很少见的小型四轮汽车。他邀请朋友前来参观,并且打赌说,这辆车能够爬上勒皮克街的陡坡。

路易将这辆车命名为"微型车",它的外形没有其他车型那样美观,在旁人看来甚至有些"丑陋",车身尺寸也比当时流行的戴姆勒和奔驰要小得多,自重仅250公斤,装配单缸迪地昂273毫升引擎发动机,动力输入仅有1.75英制马力,转速1500转/分。但是这些并不影响第一辆雷诺车的性能,这辆车的最快速度达到32千米/小时。雷诺开着这辆并不好看的微型汽车,沿着陡峭的勒皮克街前行,成功爬上巴黎的蒙马特高地,而后顺坡而下,来到艾尔德路参加一个朋友的圣诞夜聚会。

就当时的汽车工业技术水平来看,雷诺此举简直让人不敢相

---

① 标致汽车的传承与进化[J]. 21世纪商业评论,2011(5):78-79.

信,有着"弱小"身躯的雷诺汽车最后竟然会成功!这是因为汽车上装配了他的一项新发明——直接传动系统,这也是变速器的原型。雷诺汽车搭载直接排档变速装置,有三速前进档位。从此,汽车制造历史上第一次开始采用万向节和差动轴齿轮装置。对汽车充满兴趣的巴黎人并没有吝啬给雷诺的赞美,雷诺汽车的优异性能得到人们的肯定,当天就有12人下订单,而路易则以汽车发明家的身份迅速名满巴黎社交界。

1899年,路易·雷诺的两个哥哥马塞尔·雷诺及费尔南·雷诺在巴黎比扬古成立雷诺兄弟公司,一开始他们经营的主业并不是汽车,而是家族传统的纺织品和纽扣,但路易并未参与这些产业。当时两个哥哥并不看好汽车这个新生事物,只是承诺路易可以继续从事汽车研究,如果取得成果则给他一笔不小的报酬。当雷诺出名之后,两个哥哥发现这个副业前景广阔,于是兄弟三人将汽车制造调整为公司的主业。这也是雷诺汽车公司最初的标志是四个菱形徽章的原因,它代表三兄弟与汽车工业是一个整体,后来简化成现在的一个菱形。

雷诺兄弟三人中,两个哥哥负责公司经营,路易继续负责车辆制造和设计。凭借路易发明的传动系统,传统的链传动和嵌齿传动很快退出历史舞台,整个汽车工业进入一个新纪元。不久之后,路易又发明涡轮增压器。在公司初创期,工厂只雇用了6名工人生产最早的雷诺A型汽车,一年仅制造6辆。另外,雷诺很早就开始注重车辆的驾乘体验。1899年,路易研制出雷诺B型车,这种车型是早期汽车业界少数装置车篷的车种之一。雷诺B型车采用450毫升排气量的发动机,马力达到2.75英制马力,极限速度甚至能达到35千米/小时。

作为雷诺汽车公司的创办人之一,路易既是发明家,又是设计师。他设计的第一辆微型车似乎不太被大众所认可,但是当他设计到第三款车——C型车时，他的设计已经颇具美感。这款车型十分圆润，内部还增加了第三人座椅，这在当时绝对是个创举。凭借路易创意十足的出色设计，这款车一经面世就吸引了大量订单，总产量达到4000多辆。

如今回望，享誉全球的汽车品牌大多出自世纪之交的时间点，但当时汽车仍然属于奢侈品，普通工薪阶层还望尘莫及。拿雷诺最小型的汽车来说，当时售价3000法郎，而一般工人的年收入也不过300法郎，一辆雷诺车相当于他们10年的薪水总和。

在汽车仍然是奢侈品的时代，如何激发人们对汽车的热情，成为雷诺兄弟头疼的问题。但是，当时的一个现象引起了雷诺的注意：激情与浪漫的法国人在科技革命后疯狂执迷于赛车冒险运动。1887年4月20日，巴黎举办了世界上第一场赛车运动，自此之后，赛车运动在法国经久不衰。这一潮流给了雷诺灵感，他们发现可以借由赛车进行很好的宣传，以此提升品牌知名度。雷诺在法国举办的一次"城市到城市"车赛夺冠之后，名噪一时，声势浩大的宣传和营销活动让公司快速扩张。

出于广告宣传的需要，路易与马塞尔多次投身赛车运动，驾驶赛车参加各种比赛。1899—1903年，巴黎举行了多次汽车赛，路易和他的哥哥马塞尔几乎包揽了全部车赛的前两名。出色的赛车成绩也促使雷诺汽车的销量一路攀升，雷诺汽车所产的60多辆A型车早早被一抢而空。

但是在扩大生产、追求知名度的同时，他们也付出了惨痛的代价。

集危险性与冒险性于一身的赛车运动，在缺乏必要的安全赛道与保障措施的前提下，为了博取人们的喝彩声，是在拿生命作赌注。20世纪初，厄运开始袭击这3位富有才情和胆魄的创业兄弟。先是在1903年的巴黎—马德里城市公路赛上，马塞尔·雷诺不幸身故——这条赛道以险峻著称，在此前的比赛中已经吞噬了6位赛车手的生命，还有15人受伤，不久之后，相关国际组织就迅速取消了这条赛道上的比赛。3年之后，费尔南·雷诺因为身体状况不佳而退休，由年仅29岁的路易·雷诺完全接掌公司，他将面临角色变化带来的挑战。

马塞尔事故之后，虽然雷诺公司仍然积极参与赛车活动，但是路易不再亲自驾驶赛车。他将赛车事业交给公司的职业赛车手去做，自己则逐步将日常工作重点转向经营管理，特别是销售网络的建立。他不仅在国内建立起雷诺公司的销售网络，甚至将触角伸向英国、德国、西班牙以及美国等国家。靠着坚实的技术以及不断的市场培育，雷诺公司仅1903年一年就有9种型号的汽车上市，年销售量达到1600多辆——这个数字超过以前产量的总和。

1905年对于雷诺公司来说是关键的一年。这一年，巴黎市政部门决定组建出租车公司。虽然当时在人们的生活中，汽车只是有钱人的代步工具，但这恰好说明出租车有巨大的市场需求——出租车既能满足人们的虚荣心，又让人们不至于花费买车的庞大支出——这中间有着极大的利润空间。巴黎政府创造了这个市场机会，雷诺公司则顺应时势，推出了雷诺AG车型。凭借雷诺汽车的名望与质量，雷诺公司拿到了巴黎市政的一份大单——250辆出租车订单，这是雷诺公司的关键转折点。出租车业务成为雷诺公司迅速发展的经济增长点，此后，雷诺汽车累计供应法国出租车公司1600辆出租车。

两年之后，巴黎的故事又一次在伦敦上演，雷诺公司成功拿下伦敦的出租车生意。自此之后，无论是伦敦还是巴黎，几乎所有的出租车市场都被雷诺占据。而在美洲地区，雷诺的出租车甚至出口到美国的纽约和阿根廷的布宜诺斯艾利斯。

在拿下巴黎和伦敦的出租车市场后，军队作为法国最重要的部门,也没能"逃脱"雷诺汽车的"入侵"。

真正打动军方的,是雷诺公司自始至终致力于提升汽车的安全性、质量与驾驶舒适感。不断的技术更新证明了雷诺汽车的实力,雷诺汽车的超强品质没有辜负军方的信任,雷诺军车在战场上表现不俗。正是与部队这样的大客户的稳定合作,使雷诺公司迅速坐上法国汽车业的头把交椅。

雷诺汽车的生产规模迅速扩大,1912年雷诺汽车的年产量达到5318辆,第二年这个数字已超过1万辆,公司雇员达到5000人。无论是从公司规模还是员工数量上来说,雷诺公司都继续保持法国最大的汽车制造商地位。和其他新生事物一样,从公司成立以来,雷诺汽车既经历过发展高峰,也跌入过低谷,但最终还是以科学严谨的态度,大胆改革,勇于创新,一步步朝着目标向胜利迈进,跻身欧洲主要汽车制造商行列。

雪铁龙:审时度势,完成转型

雪铁龙公司创始人安德烈·雪铁龙出生于1878年2月5日,此时距"现代科学幻想主义之父"儒勒·凡尔纳所著的《奇异的旅行》才刚出版几年时间,安德烈小时候就对这些科幻书籍充满兴趣。也正是受到这些奇幻思维的启发,他从小立志当一名工程师,想要投身科学事业。后来在巴黎综合理工学院读书期间,他仍然对科学充满奇思妙想,因此被同学们称为"先锋派科幻大王"。

成年之后,安德烈的兴趣开始转向机械制造,达到近乎痴迷的地步。

1900年的一天,22岁的安德烈陪同母亲前往波兰探望外祖母一家。在回家的路上,安德烈偶然看到一家小型齿轮作坊正在加工人字形齿轮，这让他立刻意识到是齿轮技术的重大创新，于是他从这家工厂主手中买下生产人字形齿轮的专利。1903 年，安德烈正式开始创业，他凭借已买下的专利开办了一家小型齿轮工厂，专门生产改造后的人字形齿轮，这也是此后雪铁龙汽车商标的起源。

安德烈的人字形齿轮有着诸多优势，很快在市场上引起不错的反响，成为世界齿轮界的一匹黑马，产品畅销海内外。正当安德烈在齿轮制造方面风生水起时，他偶然接触到汽车制造行业。安德烈有一位名叫莫尔斯的好友，他经营着一家汽车制造厂。但是由于经营不善，加上汽车制造技术的突飞猛进，莫尔斯的汽车厂陷入困境，他邀请安德烈前来帮忙，希望能渡过难关。

安德烈的管理才能在莫尔斯的汽车厂得到充分发挥，他一上任就大力调整产品结构。安德烈深知，汽车市场竞争的关键因素是汽车技术，有了先进的技术发明才能够带动汽车销售，实现企业的良性发展。安德烈重新订立企业发展战略，将汽车技术作为公司的根本，大力投入研发，没过多久，莫尔斯汽车厂便扭亏为盈。

1912 年，安德烈在第一次参观美国的福特汽车公司后，对未来的事业方向就更加明晰了。他预测，法国汽车的未来不会完全依赖像莫尔斯公司那样昂贵的手工制造方式，而是要生产每个家庭都有能力购买的汽车。汽车不应该是奢侈品，而应该是大众都负担得起的日常交通工具。安德烈将流水线生产方式引入法国自己的工厂，这让他的齿轮工厂不仅生产齿轮，也涉足汽车生产。不过，当时工厂的规模并不大，只有 1 名绘图人员和 10 名工人。

转机意外到来，第一次世界大战的爆发为这位齿轮制造商打开了另外一条道路。

在战争期间，36 岁的安德烈应征入伍，逐步升任至炮兵队长，具体负责重组军队的邮政业务。战争期间，家书抵万金，上至军官，

第3章 第二次工业化时期：汽车时代（1871—1914）

下至普通士兵，书信成为与家人信息往来的重要手段。保障前线与后方的通信畅通，既能够解决前线士兵的后顾之忧，强化战斗力，也能够安抚军属，使后方民众更加支持军队建设。但是当时的邮政网络远不像现在这样高效、畅通，发错、丢失信件或者找不到收件人的情况属于家常便饭，而上级长官对这项业务也深感忧虑。安德烈随即提出改革建议：将邮政网络分设为一定的邮政管理区，大家负责自己邮政区内的事务；同时将各区标定不同的颜色，信封也分为不同的颜色，士兵寄发信件的时候选择相对应的信封即可。这样就能使邮政工作更加高效。建议被采纳后，军队的邮政工作果然出现明显起色。

战争越来越激烈，安德烈发现法军在重炮炮弹方面供应不足。特别是在凡尔登和索姆河战役期间，交战双方损失惨重，而不定时的炮轰成为每天的必然程序，双方都希望用堆积如山的炮弹粉碎对方的心理防线——持续不断的爆炸声将震慑对方官兵的心理，让他们明白自我防御终将于事无补。安德烈敏锐地意识到转型的时机已经到来，他主动提出建立日产2万发炮弹的工厂，而军方正求之不得，很快就批准他的退役申请，答应他开办炮弹工厂的请求。安德烈在塞纳河南岸购买了30英亩（约合12公顷）的土地，成立了一家军工厂，专门生产炮弹。前线对炮弹的需求被战略物资部转到雪铁龙的军工厂，订单如雪片般飞来，工人们每天要生产4万~6万发炮弹，安德烈由此大发战争财。

第一次世界大战结束后，雪铁龙公司也像大多数战时为军队服务的企业一样，面临转产的问题，因为在和平时期卖炮弹就如同在香榭丽舍大道卖坦克一样，不合时宜。当时法国汽车行业的竞争异常激烈，汽车技术发展迅速，而且对资本门槛要求较高，不是每一家进入的企业都能盈利。安德烈凭借在人字形齿轮与炮弹生产中积累下来的资本，以及帮助莫尔斯管理汽车公司积攒下的经验，毅然决定将军工厂转型为汽车制造厂。

1919年，雪铁龙将加维尔沿河路的军工厂改造成汽车制造厂，并组建优秀的设计团队。首席工程师安德烈·勒菲弗曾经在偏心轮航空制造业工作过，对汽车的驱动方式有着独到的见解，主张汽车设计应该采用前置式引擎以及前轮驱动。他的理由是："当你抛出去一把锤子的时候，是锤子的头部先飞出去而不是手柄。"靠着这样的理论，雪铁龙公司推出中级车——开路先锋，它有着优异的抓地力以及耐用性。在生产工艺上，雪铁龙公司也朝着生产平价汽车这个目标而努力。同时，安德烈·雪铁龙成功说服巴黎银行家支持他采用流水线生产方式，从福特引进流水线生产理念，迅速推出物美价廉的雪铁龙 A 型汽车。这款汽车号称欧洲第一大量产平价车，价格只有雷诺车的一半。在 1920 年法国勒芒举行的一次车展上，雪铁龙 A 型车获得"省油冠军"的称号，雪铁龙公司从此威名远扬，销售量也随之大增。

1923年，安德烈再次参观福特汽车工厂。在看到福特工厂流水线的生产方式以及新颖的组织结构后，他十分钦佩，产生了将流水线生产方式扩大化，并应用到自己的汽车工厂的想法。同年，雪铁龙公司汽车的日产量已达 200 辆，1924 年增加到 300 辆，成为欧洲著名的汽车制造厂之一。1924 年 7 月 28 日，雪铁龙汽车公司正式挂牌成立，专门从事汽车生产。

很多时候，公司能否适应社会环境的发展变化，是衡量一个企业能否长期走下去的关键。从军工厂到汽车制造厂，雪铁龙公司走出了属于自己的转型之路。这不仅源于对社会大环境的"审时度势"，更是基于对自身的清醒认知。

在 1870 年开始的第二次工业革命中，法国的发明家以及各项发明不断涌现，尤以汽车领域的影响力为甚。米其林公司通过发明创新开创了轮胎新时代；标致汽车公司将研究和发明的习惯刻在了基因里，向世界展示法国企业的传承与发展；雷诺汽车公司从小小的家族产业发展到跻身欧洲主要汽车制造商行列，树立了法国企业锐意改革、勇于创新的正面形象；雪铁龙公司从军工厂到汽车制造厂，给世界留下了企业适应社会环境变化的"宝贵一课"。

第4章

20世纪20年代的繁荣(1915—1929)

第一次世界大战以后,法国经济遭到重创。据统计,在大战中,法国的经济损失达2000亿法郎,工农业生产急剧衰退,国际贸易也停滞不前。在这种情况下,法国政府采取了一系列措施着手重建并恢复经济:包括但不限于国家加强经济干预,利用科学技术促进生产发展。由此,迎来了20世纪20年代法国经济的繁荣时代。

20世纪20年代,法国经济出现了一些新的特点,主要表现在两个方面:一方面是经济发展速度加快,不仅超过20年代之前的发展速度,甚至超过同时代几个主要的资本主义国家;另一方面是工业生产热情空前高涨,尤其是重工业取得了快速发展。重工业的发展主要集中在几个主要的行业,像化学工业、航空、汽车行业等;另外,机械制造、冶金、石油、建筑行业等传统工业部门也获得了相当程度的发展。

这个时期的企业发展呈现一些共同点,比如都注重创新,其发展都伴随着兼并重组,国家也进行了一定程度的干预。但总的来说,这些企业的发展既脱胎于当时的整个社会环境,又离不开企业自身的独特性,而最终这些企业的成功,除了归功于个体,很大程度上得益于法国20世纪20年代经济的繁荣。

罗纳普朗克：法国最大化工公司

罗纳普朗克集团是 20 世纪法国最大的化工集团，也是欧洲和世界重要的化学集团之一。公司的发展得益于法国 20 世纪 20 年代工业的繁荣。

法国化学家克劳德·贝托莱于 1785 年发现了氯气的漂白作用，这一发现使得染料厂摆脱了传统的通过暴晒进行漂白的办法，大大提高生产效率。同时，这一新发现也给广大染料厂带来了发展机遇，所以在 18 世纪末到 19 世纪初这段时间内，法国染料厂的数量大大增加。1801 年，当时的吉列家族就搭上这一发展的顺风车，以染料起家，建立了一家染色商行。经过近一个世纪的发展，经历了第一次和第二次工业化时期，到了 19 世纪末期，这家小小的染色商行已成长为一家大型化工公司。1895 年，其正式改名为罗纳化工公司，这也是罗纳普朗克集团的前身。

到了 1928 年，受当时工业高速发展和垄断组织兼并的影响，罗纳化工公司和普朗克兄弟公司正式合并，成立了罗纳普朗克公司。前者是成立于里昂由染色商行成长起来的大型化工公司，后者是在巴黎以发展制药为专长的化学制药公司。两家公司合并以后，增强了公司竞争力，扩大了公司经营范围。公司不仅设立财务部、秘书部、研发部、基建工程部、情报资料部、联络培训部和经营部等 10 个部门，具体经营方向也被划分为五大部分，分别是卫生医药、农业化学、薄膜、国内纺织和通信系统等。[1] 公司合并不仅增强了竞争优势，明确了经营方向，完善了经营品类，也

---

[1] 思屏.法国最大化工公司——罗纳普朗克公司[J].上海化工,1992(4):29-31.

降低了运营成本，有利于资源的重组和优化，为罗纳普朗克进一步发展为法国知名化工集团奠定了基础。

20世纪50年代，是罗纳普朗克公司专注创新发展的时期。1950年，罗纳普朗克公司在研究抗组胺类药物时合成了氯丙嗪，氯丙嗪在当时被称作精神治疗领域的"青霉素"。氯丙嗪被发明之前，精神疾病患者的治疗方法主要经历了几个时期：在中世纪，由于人们认知能力的缺乏，通常把精神类疾病的发作看成是被魔鬼附身，所以主要的治疗方法集中在驱魔治疗；进入20世纪以后，随着电的广泛使用和新的药物的发现，对精神类疾病的诊治分别使用了发热疗法、精神外科治疗法，以及电击休克治疗法和胰岛素治疗法。但遗憾的是，这些治疗方法所取得的成效并不显著。

直到1950年，罗纳普朗克公司在研究一些抗组胺类的新产品时，将其中一种产品命名为"异丙嗪"，作为药品出售。巧合的是，异丙嗪被巴黎的一名外科医生亨利·拉伯里特得到，当时这位医生正在做关于抗组胺类药物作用于精神病患者能否减轻其休克症状的实验，结果发现，异丙嗪的使用大大减轻了患者的焦虑、紧张情绪，使其放松下来。于是，这位医生写了一篇没有实验数据的临床观察报告，叙述异丙嗪对于精神疾病患者的良好治疗效果。这篇报告正好又被罗纳普朗克公司看到，公司迅速做出反应，将研究方向转向作用于中枢神经系统的药物。1952年12月，氯丙嗪在法国上市，取名"氯普马嗪"，寓意为"有多种作用"。罗纳普朗克公司发明了氯丙嗪，是精神疾病治疗史上取得的重大突破，堪称精神病医学史上的革命。

除了医药领域，罗纳普朗克集团的创新还体现在纤维领域。1953年，罗纳普朗克公司到美国开拓市场，发明了赛璐玢。赛璐玢是一种纤维素薄膜，无色，具有良好的透明度和光泽，一般用于药品、食品、香烟和纺织品等商品的包装。这种包装纸是由瑞士一个叫雅克·布兰登伯格的化学家在 1910 年首创的，在香烟产品包装界产生了巨大的影响。1927 年，第一个纤维纸雪茄包装在佛罗里达州诞生，其他地区紧随其后。由于其较高的生产成本，基本只应用在雪茄领域。而罗纳普朗克公司发明的纤维素薄膜，以棉浆、木浆等天然纤维作为原料，经压制、粉碎等过程得到碱纤维素，再加入化学试剂制成纤维素黏胶，最后在拉膜机中批量生产。不仅可应用在烟草领域，还可扩展到食品、纺织、化妆品、精密仪器等多个行业，同时开辟了美国市场，进一步扩大了公司的市场份额，巩固了其全球性的地位。

　　罗纳普朗克公司还十分重视研究开发工作，公司的领导层认为，科学技术就是金钱，研究开发的成果是企业获利的最好手段。公司不仅在各个业务部门所属的工厂设有专门的研发机构，公司总部还设有专业的研发中心。公司的员工中有 1/3 在国外从事科学研究工作。除了人员配置，公司还很重视科研经费的投入，每年的科研投入大概占一年营业额的 5%。上文提到的氯丙嗪以及纤维素薄膜的发明，都是公司强大科研能力的佐证。作为以化学产品为根本立足点的化工公司，研究开发工作是公司发展中最不容忽视的一部分，只有抓好研究工作，不断开发创新的高质量产品，才能提高公司的竞争力，保持竞争优势，使公司在时间的不断洗礼中立于不败之地。

　　罗纳普朗克公司的发展壮大还得益于它一系列的兼并活动。1969 年罗纳普朗克公司和普里赛尔公司合并，6 年以后，它又吞并了普鲁吉尔公司，在这个基础上，公司迅速发展壮大。进入 80 年代中期，公司进入发展的快车道，实现了 400 亿法郎的企业兼并，实力实现了大幅度跃升。1990 年的营业额是 1986 年的 2 倍，公司排名也位居世界前列。在这种情况下，公司的业务部门开始重组，最后确定下来发展稳定且具有良好竞争优势的几个方向：纤维和聚合物，卫生保健和农业化学。

20世纪20年代工业生产热情高涨，一些工业部门抓住了发展机遇，顺势而为，进入发展的黄金时期，其中就包括以罗纳化工公司为代表的法国化工企业。罗纳普朗克公司的创立与最初的成长离不开法国当时的社会环境：国家加强对经济的干预和引导，重视科学技术对生产力的巨大推动作用。除了积极有利的社会环境，罗纳普朗克集团的发展也离不开自身的努力：抓住机会兼并重组，以创新为本，重视研究开发工作。虽然到了20世纪80年代，罗纳普朗克公司作为法国政府国有化的一部分，被收归国有，但在它产生和发展的初期，仍闪耀着创新和躬身入局全球化的光辉。

万喜：全球最大建筑承包商

20世纪20年代，法国工业生产热情空前高涨，一批重工业部门得到快速发展，其中就包括法国电力和汽车行业。电力和汽车行业的兴盛给日后著名的建筑巨头——万喜集团的发展带来机遇。

万喜集团的起源最早要追溯到法国著名的通用水务公司，受当时法国大力建设铁路公路的影响，该公司在1872年开始涉足建筑领域。得益于当时整个庞大的市场纷至沓来的订单，通用水务公司获得了快速发展。1888年，通用水务公司被合并到当时历史悠久的建筑集团SGE旗下。SGE集团由两名毕业于巴黎综合理工学院的工程师亚历山大·吉罗斯和路易斯·卢谢尔成立。公司开始的定位是一家民用工程公司，包括建筑业务、建筑装饰业务、安全工程等多个经营方向。

到了20世纪20年代，由于法国电力和铁路建设市场的飞速发展，SGE公司开始涉足市政工程领域，积累了从事电气装置、发电等相关业务的经验。得益于这个时期业务数量的增多和经验的积累，SGE 公司获得了大量资本，并快速成长起来，到了 20 世纪 40 年代已经发展成为本领域的第二大公司。

20 世纪 40 年代以后，万喜集团的前身 SGE 不断进行并购、重组。在这个过程当中，公司的业务数量越来越多，经营方向也更加多元，涉及隧道、大桥、高速公路的建设，以及收费公路等特许经营业务。特许经营业务除了路桥建设，还包括能源和建筑两大细分板块，不仅包括火灾防护、能源运输、城市照明，还有水利工程、市政、工商业设施的规划等。特许经营业务成为后来万喜集团着重发展的业务之一，和建筑业务齐头并进成为公司发展的主引擎。

20 世纪 90 年代后，万喜集团的前身 SGE 通过频繁的并购活动确立了它在欧洲的地位，1997 年，它将自己的家庭污水处理业务和自来水业务转让出去，换取维旺迪（法国电信及娱乐巨头）公司的电子工程业务。这样，SGE 就确定了包括特许经营、电子工程、公路工程和土木工程在内的 4 项主营业务。到了 2000 年，维旺迪公司退出，SGE 成为独立的公司，并正式更名为万喜。到 2000 年的下半年，万喜收购了 GTM 建筑公司，一跃发展成为世界顶级的工程承包公司。

通过并购活动，万喜集团在纵向发展战略上颇有建树，确立了以特许经营和建筑为代表的两大核心业务。值得一提的是，万喜集团不仅注重这两大核心业务现阶段的发展状态，还在思考如何能够更进一步，推动其向高附加值方向发展。比如，在建筑业务领域，万喜集团的战略是提供国际化和高技术含量兼备的运营与服务综合解决方案。在特许经营业务领域，万喜则把眼光放到了投资少、附加值高的服务业领域，也就是提供长时期的建筑运营和维修服务。逆水行舟，不进则退，对于公司发展来说也是这样，在竞争如此激烈的时代，如何保持自己的竞争优势，并且始终保持自己的竞争优势，需要公司对自身有清晰的定位以及不断向上攀登的意志。

除了纵向发展战略，万喜集团还充分扩展其横向战略。在多元化经营方面，集团依旧有不俗的表现，除了上文提到的两大核心业务，万喜还将发展触角伸到了能源业务和道路业务领域。万喜的能源业务包括电力、照明、建筑设备的安装与后续维护。这部分业务为公司创造了超过20%的利润。而道路业务则相对多一些，平时承包高速公路的维修可以为集团带来将近30%的利润。当然利润的大头还是来自特许经营业务，虽然其是公司最小的业务部门，但因为其提供了高附加值的服务，所以创造了超过一半的营业利润。由此可见，不同业务部门数量的累积和核心业务部门的存在同样重要，像哲学上讲要注重重点论和两点论的统一，也是同样的含义。多元的业务部门有利于公司分散风险，毕竟鸡蛋最好不要放在同一个篮子里；但是聚焦核心业务，找到关键和重点，持续发力，才是公司在激烈的国际竞争中脱颖而出的制胜法宝。

发展战略，作为一个公司发展的大方向，不亚于航线上的航标灯。毕竟，如果一开始的商业方向就错了，很可能是发展得越快，衰败得也越快。所以，制定什么样的发展战略是关乎公司生死存亡的大事。万喜集团得益于之前业务的发展，制定了清晰的战略任务：主攻建筑和特许经营两大核心业务，平衡其他业务。正因如此，公司才能谋求长远发展，在商业风浪中屹立不倒。

除了独特的战略优势，万喜集团还有颇具特色的"获客渠道"。这种特殊的"获客渠道"就是深入挖掘老客户的潜在需求。因为万喜集团始终坚信一个原则，"增加现有客户的购买，比寻求新客户更可取"。这可以从万喜聚焦法国国内60%以上的市场份额，而国外市场的拓展相对缓慢中窥见一二。万喜集团深入挖掘老客户的需求，不是在空谈口号，而是真的落到了实处。公司搭建了专门的平台，客户可以在上面反馈意见。公司通过收集分析客户的反馈信息，针对具体问题做有针对性的解决，提高服务质量。客户享受到优质的产品和服务，以及颇具特色的人文关怀，自然愿意考虑进行下一次的合作。公司在一次交易完成以后，如果再往前多做一步，就有可能促成下一次交易，增加业务数量，这不比从头开始寻找新的客户—获得客户的信任—促成交易的工作流程更有效率吗？

深入挖掘老客户的潜力是万喜集团的独特战术，除了战略战术，万喜集团还有独特的可持续发展诊断工具。建筑业务是万喜集团的核心业务，而每一个建筑活动的实施，都要思考在为人类带来便利的同时，又为人类带来了多少粉尘。所以作为一个以建筑为核心业务之一的企业来讲，如何提高可持续发展能力，在保证人们安居乐业的同时不破坏自然环境，是万喜集团避不开的社会议题。让人欣慰的是，万喜集团在可持续发展这个方面做得很好，甚至研发了专门的可持续发展分析诊断工具。依靠这个工具，万喜集团完成了自己在15个可持续发展领域中的自我评估，形成了一个具体的模型，以此来指导自身的具体经营行为。资本的本质是逐利，企业作为资本的具体表现形式，也是逐利的。但是在现代社会中，衡量一个公司或者企业是否能走得长远，社会责任感也是其中一个必不可少的衡量标准。

万喜成立至今已有100多年的历史，在这100多年里，公司栉风沐雨，经过了兼并重组再兼并重组，才最终确立了建筑和特许经营这两大核心业务，明确了公司的竞争优势。不仅如此，公司还注重"两条腿走路"，在聚焦核心业务、核心竞争优势的同时谋求多元化发展，将能源业务和公路业务经营得有声有色。除了颇具特色的经营战略，万喜还创造出了独特的战术——深入挖掘老客户的潜力，以及积极主动承担作为一个大型企业的社会责任：注重可持续发展。经营有道的万喜，为法国乃至世界上的其他公司提供了宝贵的商业经验和商业思想。

达索：法国飞机制造公司巨头

法国20世纪20年代的繁荣，还体现在飞机行业的迅速崛起。谈到法国的飞机行业，绕不过去的一个公司就是达索飞机制造公司。

第一次世界大战期间，飞机已经开始投入军事应用，雷诺公司就因生产航空发动机而成为法国最著名的飞机引擎制造商。而发动机成功应用于飞机，还少不了飞机设计师的参与，马塞尔航空设计公司是第一次世界大战中著名的航空设计机构，为法国在战争中的胜利作出了不小的贡献，后来逐渐发展成为全球著名的达索飞机制造公司。这间设计室的创办人，就是有"法国航空业之父"美誉的马塞尔·达索，他原名叫马塞尔·布洛克，在第二次世界大战之后改名马塞尔·达索。

马塞尔·布洛克于1892年出生于法国巴黎一个犹太人家庭，父亲是一位小有名气的医生，家境还算富裕。马塞尔从小动手能力就很强，最喜欢的课程是科技实验课，对于枯燥乏味的理论研究提不起兴趣。作为医生的后代，马塞尔理应子承父业做一名好医生，但是他志不在此。

20世纪初，飞机制造还只停留在研究人员的实验室里，天空中除了飞鸟，就是悠悠白云。人们认为翱翔蓝天简直是天方夜谭，没有翅膀想上天，注定要掉下来摔个稀巴烂。在第一次世界大战之前，历次战争中都没有飞机的身影，人们认为飞机研究没有前途。但是，马塞尔没有被世俗看法所改变，他坚持理想，成功说服通情达理的父母，前往巴黎布勒盖学院求学。这所学校以机械制造见长，既有机床操作又有工业设计专业。

法兰西民族对征服天空有着强烈的欲望，早在1852年，法国工程师吉法德就展开了对能飞的气球——飞艇的研究，他首次试飞就取得成功。在德国，齐柏林首次设计制造出硬式飞艇，成功飞越康斯坦茨湖。后来，法国的勒博迪兄弟制造出世界上第一艘能使用的飞艇，这艘飞艇创造了一次性飞行61千米的纪录。此后，飞艇在法国得到迅速发展，在第一次世界大战中甚至组建了专门的飞艇部队。

飞艇进入鼎盛时期之后，人们关注的焦点又转移到更加方便和快速的飞机的研究之中。1903年12月17日，一件日后将影响人类生活方式的标志性事件在北卡罗来纳州的基蒂霍克海滩发生。在刺骨的寒风中，威尔伯·莱特和奥维尔·莱特兄弟轮流将一架造型简陋，后来被称作"飞机"的怪物开到天上去了，那天他们努力尝试了4次，最高纪录也只是在空中坚持了59秒，飞奔出255米，这个速度甚至还赶不上一名普通中学生百米跑的成绩。可是，它却意味着地球引力从此失灵，人类翱翔宇宙的历史正式开始书写，难怪在场的见证者都激动得热泪盈眶、欣喜若狂。

此后几年，莱特兄弟继续飞行实验，并进行空中拍照，但是他们拒绝展出照片作品，因为担心发明创造被别人抄袭，此时给航空器申请专利还没有人开先河。而当他们致函法国政府表示希望出售飞机的时候，法国政府不能接受先签订合同后进行公开试飞的苛刻条件。但是，事情后来出现了转机，1907年，有法国公司与其签订协议，莱特兄弟也答应了公开试飞成功等附加条件。随后，哥哥威尔伯·莱特在法国勒芒郊外的汉努狄耶斯赛马场进行首次飞行表演就大获成功，之后又飞行多次，这进一步点燃了法国人的飞行热情。

1909年的一天，马塞尔在操场散步时，看到莱特兄弟的一架飞机在空中盘旋。这架飞机从学校操场上空掠过，围绕埃菲尔铁塔飞行。毫无疑问，莱特兄弟的冒险精神感染了所有对梦想永不放弃的坚持者，亲眼见证的马塞尔也是其中之一，他更加坚定了投身航空事业的决心，并发誓要造好飞机。

马塞尔对飞行的痴迷态度经常让与他对话的人不知所措，甚至觉得莫名其妙。不过，父母依然坚定地支持他对飞机制造技术的独立研究。1909年8月，法国航空俱乐部在兰斯主办了一次飞行盛会，各国飞行员在这里创造了多项飞行纪录，特别是法国本土飞行员路易·布莱里奥，他驾驶飞机成功飞越英吉利海峡，降落到英国。这场盛会鼓舞了马塞尔，也给他提供了研究飞机的直接机会，盛会期间，他经常跑到机场去看各种各样的飞机。

1910年，法国飞机设计师和直升机制造的先驱——路易斯·查尔斯·布雷盖亲自授予马塞尔毕业证书。富有戏剧性的是，多年后，两人的公司合并为新的公司——达索飞机制造公司。为了继续在飞机领域进行深造，马塞尔在20岁这年进入航空学与机械制造高等学院学习，这里是欧洲航空设计师的摇篮。苏联的著名航空设计师格列维奇与他成为同班同学，格列维奇后来返回苏联创立米格局，研制了一系列米格战斗机。

在航空学院刻苦学习两年之后，马塞尔进入庞阿尔公司当学徒工人，随着经验日渐丰富，慢慢开始参与螺旋桨的设计工作。

第一次世界大战给了马塞尔出头的机会。战争初期，毕业不久的马塞尔投笔从戎，进入法国军方的"墨东航空实验室"，这个实验室主要从事飞机研发工作。马塞尔在这里结识了著名的飞机制造商亨利·波泰，后者在两次世界大战中为法国制造了不少的航空器。在亨利·波泰的帮助下，马塞尔成功地研制出第一款木质螺旋桨。

因为当时飞机虽然能飞起来，但是如何能飞得远、飞得快还是一个问题，而要解决这个问题的关键就在于设计出材质可靠的螺旋桨。为了完成这个目标，马塞尔付出了很多的努力。比如要有专门的地方建自己的航空实验室，马塞尔首先想到了岳父的家具厂，这里的木料多种多样，可以用来制作螺旋桨的样品。说干就干，设计图纸，绘制草稿，制造同比例大小的螺旋桨样品，装上发动机在地面试车……马塞尔整日蓬头垢面，丝毫没有时间整理自己，每天埋头于可用螺旋桨的发明实验中。经过不断的实验、推翻、再实验、再推翻，他终于设计出了可用的螺旋桨样品。

螺旋桨设计出来了，但选择什么样的材料来制作能同时满足低成本和高性能的要求，又成为摆在马塞尔面前的新问题。看马塞尔整日为这个问题忧心忡忡，木匠出身的岳父给了马塞尔一个建议，能不能尝试用薄木板。马塞尔受到启发，马上着手实验，将几片薄木板粘起来，达到一定的厚度，使之能够满足螺旋桨的轮廓要求，再继续修整成型。这样，随处可见的薄木板也可以用来制造螺旋桨了。马塞尔给这款螺旋桨命名为"闪电"。值得一提的是，在"闪电"被正式发明出来的前一个月，法国空军王牌飞行员乔治·基尼莫还向航空部门提议："我希望新的飞机要飞得更快，或许应该在螺旋桨上下点功夫。"在"闪电"正式诞生后，基尼莫驾驶着改装了"闪电"螺旋机的战机参加空战，取得了极佳的战绩。

有了螺旋桨的发明做基础，马塞尔在1916年成立马塞尔航空设计公司——这就是达索飞机制造公司的前身。

1917年，马塞尔将高德龙G.Ⅲ侦察机改为SEA4双座战斗机。这款战斗机拥有375马力，可以执行多种任务，集战斗机、轰炸机、特种侦察机的功能于一身。这种独创的战斗机在试飞过程中深受法国装备部的喜爱，随后装备部向其订购了1000架，准备在战争中一展雄风。这份大额订单让斗志昂扬的马塞尔喜出望外，但是，他并未洞察到背后隐忧。毕竟，战争终有句点。1918年11月，第一次世界大战结束，军方突然宣布取消生产计划，马塞尔的飞机设计公司只好关门歇业，航空飞机的研发也陷入停滞。他转而与岳父共同从事家具和房地产生意。

法国20世纪20年代的繁荣给达索公司带来了发展的机遇，但时代的大幕轻轻落下，受第一次世界大战的影响，达索公司刚起步就被命运的大手狠狠覆下。一个公司的命运，在整个大时代的面前或许真的微不足道。但幸运的是，阴影总会过去，在经历了两次世界大战后，达索公司又继续站起来重新续写了属于它的辉煌。

道达尔：法国最大的石油企业

法国20世纪20年代的繁荣，也体现在石油工业的发展上。法国最大的石油企业，当属道达尔公司。但是很多人不知道的是，道达尔的前身是法国石油公司。听到法国石油公司这个名字，大家的第一反应可能是认为这应该是一家国营企业，其实不然，法国石油公司不仅不是国营企业，甚至不是法国国家石油公司，它的出现和法国的殖民历史息息相关。

法国的殖民历史悠久，但本国的石油工业却发展缓慢，一个直接的表现是19世纪30年代以前，法国都没有自己本土的公司开采本国的石油。与之形成鲜明对比的是，英国著名石油公司壳牌早已参与世界石油资源和市场的分配，美国的石油公司埃克森也紧随其后。所以，同为老牌资本主义国家，法国的石油工业在20年代以前不但算不上发达，甚至可以说是落后。

但否极泰来，很多时候运气就是这么奇妙。第一次世界大战结束后，法国作为战胜国，就得到了这么一个发展石油工业的机会。第一次世界大战中，法国作为英国的协约国，成为战胜国一方，而德国作为战败国，法国有权瓜分德国的权益。20世纪20年代，法国和英国签订协议：英国同意法国取得土耳其公司的权益，这个权益本来属于德国。英国之所以同意法国来接受原本属于德国的权益，不仅单纯因为法国是英国在一战中的盟友，还因为英国不想美国涉足中东地区的势力范围。

土耳其石油公司成立于1911年，由亚美尼亚的一个富豪联合壳牌公司和德意志银行成立。德意志银行和壳牌公司各占1/4股份；土耳其银行占大部分股份，超过35%；剩下的部分股份属于富豪古尔本基安。但这里有一个有意思的插曲，英国不满自己被排除在外，于是使用了一些政策干预，使土耳其银行主动退出。所以最后，英国石油公司的股权占比超过40%，取得了对土耳其石油公司的绝对控制权。德意志银行的25%股权保持不变，不过经过前文提到的协议，德国的这1/4股权就被转让给了法国。法国为了接手这一权益，成立了专门的石油公司，就叫法国石油公司。

作为战争权益博弈的产物，法国石油公司的成立有其偶然性，但从另一个角度看，它的出现也客观上促进了法国石油工业的发展。因为在它成立伊始，法国政府就规定：法国石油公司应努力发展在法国控制下的石油生产，组织经营由法国国家持有或者将来持有的石油资源的所有权益，参与与石油相关的一切经营活动，经营和开采在法国和法国殖民地发现的一切石油资源。这就意味着法国石油公司在成立伊始，就承担着发展法国本国石油工业的重任，而且公司取得的利润，还要拿出其中的10%到35%上缴给法国政府。①

由于英国公司在土耳其石油公司中所占股份最多，法国石油公司经常担心土耳其公司会被英国所控制，所以就想方设法增加自己的股份占比数额。法国石油公司和富豪古尔本基安商定，买下他手里的5%的石油份额。这样，法国石油公司的股份占比就增加了5%。

1927年，在美索不达米亚地区发现了本地区第一个大油田，经探测储量高达27亿吨。法国石油公司不费吹灰之力就按自己所属的份额分得了可观数量的石油。但是有了如此数量的石油，该如何加工它，这是摆在法国石油公司面前的一个问题。1923年，法国石油公司决定在本国着手建设自己的炼油厂。但是由于资金不足，只能向法国政府求助。法国政府答应注资，开出的条件是取得法国石油公司25%的股份。法国石油公司进退两难，但为了公司的下一步发展只能答应。法国政府为了进一步增强对这家非国营企业的控制，提出要在公司下设的炼油子工厂里占有10%的股份。由此可以看出，法国石油公司虽然是个私营企业，但从成立伊始就和国家、政府有着千丝万缕的联系，直到后来稍微发展壮大，也没能摆脱这种联系产生的影响，它一方面依靠政府的资金扩大自己的生产规模，另一方面它的发展又受到政府的控制。

由于石油开采量的增加，法国石油公司有了石油运输的需要。所以，1931年，法国石油公司下设的子公司——石油海运公司应运而生。石油海运公司在6年后买下了当时世界上最大的一条油轮，次年又订购了3条大型油轮，公司注册资本也从100万法郎直接跃升到3000万法郎。在公司发展的关键阶段，能不吝惜暂时的成本投入，花大价钱买最好的运输工具，这大概就是法国石油海运

---

① 王才良.靠瓜分利益起家的道达尔公司[J].石油管理干部学院学报,2000(2):41-43.

公司能取得成功的"战略战术"。

至此,法国石油公司的资本也大幅增加,从最开始的 2000 法郎跃升到 1933 年的 4 亿法郎,并且它在 1937 年第一次向政府上缴了 500 万法郎的利润。这时候,法国石油公司已经成为法国最大的石油企业,它的发展壮大打破了国外一些石油企业对法国石油市场的常年垄断,展示了法国本土石油企业的实力,展现了法国本土企业发展的决心——成为世界大石油公司的一分子。

作为道达尔公司的前身,法国石油公司的创立发展为道达尔公司的发展奠定了坚实的基础。虽然法国石油公司脱胎于各国利益之间的博弈,其初创和发展也与政府有着密切的联系,但不可否认,受到政府限制的法国石油公司,其发展也在一定程度上依靠了政府。所以事情没有绝对的好坏,很多都是一体两面的。对于公司的发展来说,增强自身竞争优势,提高自身竞争力,增强自身话语权才是发展的根本。

1915—1929 年,法国经历了第一次世界大战的重创,但很快就从战争中恢复,迎来发展的黄金时期。法国最大的化工公司——罗纳普朗克的发展,就得益于 20 世纪 20 年代法国政府促进企业发展的新政策,公司由最开始的一家染色商行成长为一家化工公司,再到 20 年代末期发展为国际知名化学集团,一路栉风沐雨;万喜集团经过反复兼并重组,最终确立了自己的竞争优势,在其中期扩张阶段(1940—1999 年)成为全球最大承包商,为其他企业的发展留下宝贵的商业思想和商业经验;达索作为法国制造飞机的龙头企业,它的命运和法国历史紧紧相连;道达尔公司的前身——法国石油公司脱胎于法国殖民的历史,但它后来凭借实力走出了属于自己的道路。对于企业来说,从来没有一套行之有效的发展"标准式",立足自身,顺"时"而为,走出舒适圈,才是发展壮大的根本。

第5章

危机与转机（1930—1944）

很快，20世纪20年代的繁荣成了明日黄花。到了30年代，经济危机的困境像萦绕在法国上空的乌云，挥之不去。大部分资本主义国家在1929年就遭受经济的沉重打击，但法国因为一战后的重建工作取得了实际效果以及国内高关税贸易壁垒的保护，国内经济危机开始的时间比其他国家要晚一年，到1930年才经历经济危机。在这次危机中，法国有上万家企业倒闭，几百万人失去工作。1934年大部分资本主义国家经济复苏时，法国经济也经历了短暂的恢复，但好景不长，到了1937年，随着资本主义经济危机的卷土重来，法国又陷入了新的经济危机。

第二次世界大战的爆发，让遭遇亡国危机的法国再也无法容忍，开始进行变革。1943年，法国通过了重建国家经济计划；1944年上半年，具体制订经济国有化计划，将资金投入基础设施建设方面，如煤炭和电力。施耐德公司从钢铁领域转向电气领域，成立施耐德电气公司；雷诺汽车公司则进入了它的第二个发展时期。同时，动荡的危机也孕育了一些新的机遇，如时尚行业的路易威登和夏帕瑞利主动出击，大胆创新，走出了属于自己的辉煌之路。

施耐德：穿越火线，开启电气时代

美国在第一次世界大战中大发横财，这让美国经济进入了长达 10 年的柯立芝繁荣时期。经济的繁荣促进股市发展，手有闲钱的人们疯狂涌入交易所，股市里都是价格高涨的股票。处处欣欣向荣，却引起经验丰富的投资者的警惕，他们觉察到风险或许即将到来，于是开始抛售手中的股票，准备撤资离场。没想到，投资者大规模的恐慌性抛售加剧了市场波动，一场大灾难一触即发。

1929 年，美国股市发生令人恐慌的暴跌，数以万计的企业因此破产，而银行也因为收不回贷款而破产。随后美国从欧洲抽回资金，于是破产的连锁反应继续在欧洲上演。1931 年，受到波及的法国银行家们为了自救，陆续收回在世界各地的贷款，但仍然杯水车薪，与银行渊源颇深的施耐德公司因此深受其害。

施耐德公司原本就是从银行业起家的，后来又陆续涉及军火、铁路等领域。在第一次世界大战中因为收到大量法军以及其他协作国家的军火订单，公司赚取了丰厚的利润。战争结束后，施耐德公司看中百废待兴的国家对电力和水泥的需求，又将业务拓展到这两个领域，因此战后依旧发展得一帆风顺。但在这场突发的经济危机中，施耐德公司的银行业务以及和银行有深度往来的军火、钢铁等业务均遭到打击，公司财务状况受到致命性的影响。

还未等施耐德公司缓过气来，新一轮的危机接踵而来。1936 年法国左翼政府组成联盟"人民阵线"在选举中获胜，开始第一次国有化改革运动。"人民阵线"反对法西斯主义，主张提高工人工资，并提出将军工企业收归国有，施耐德公司首当其冲。当时政府不仅要对施耐德公司征收超高税金，甚至计划把施耐德公司最重要的冶炼和制造工厂——克鲁索归为国家所有。事实上，1836年，施耐德兄弟正是从克鲁索工厂起步，创造了施耐德的工业辉煌。这里既是施耐德家族从事军工和钢铁生意的大本营，也是施耐德公司的生命之源。

为了避免百年心血付诸东流，施耐德公司的高管不断游说政府，希望他们能够放弃国有化施耐德公司的想法。另外，施耐德公司清楚遭到施压的不止自己一家，于是联合起所有大公司反过来对抗政府。尽管"人民阵线"有着美好愿景，但并没有获得所有人支持。在重重压力之下，轰轰烈烈的改革运动仅持续近两年时间就结束了，国有化也随之中止。但在此期间，连续的打击已经使得施耐德公司的经营深受影响，直到"人民阵线"分裂，施耐德公司失去了近1/4的市值。

正当施耐德公司以为苦尽甘来，铆足劲准备恢复公司的生产力时，真正的危险降临了。1939年，第二次世界大战爆发。纳粹以闪电般的速度占领波兰首都华沙，彼时华沙是施耐德公司部署在东欧的重要销售网点，公司在当地雇用了大量犹太人员工。随着华沙失守，施耐德公司只能被迫放弃东欧市场，将业务收缩回北美和西欧市场。

或许是由于前期的发展太过顺利，施耐德公司的管理者们并没有意识到风险。收缩东欧的市场后便急脉缓收、偃旗息鼓，在克鲁索小镇上安心进行生产制造。因此，当纳粹越过马其诺防线，横渡塞纳河，来到克鲁索小镇时，施耐德工厂的搬迁计划才刚刚开始实施，其结局就是施耐德工厂几乎被德军完全虏获。能够占领施耐德工厂让德国军队喜出望外，当时的施耐德公司和德国克虏伯一样，是欧洲大名鼎鼎的军火生产商，德国尤为需要它在钢铁方面的生产能力。

第 5 章　危机与转机（1930—1944）

经历了上百年的发展之后，这一次，施耐德公司来到最关键的商业阶段。这一次，它面对的选择与发展无关，而是如何在战争中生存下去。

当施耐德公司思考着如何在战争中生存下去的时候，德国法西斯想的却是如何让施耐德公司为自己所用。德国占领了欧洲许多企业的工厂，其目的就是借助这些工厂的生产能力，为德国军费提供源源不断的经济支撑。希特勒尤其重视法国，他认为法国先进的工业和巨大的工人力量将帮助德国赢得战争。在一开始蛮横无理的掠夺引起反抗之后，德国学会使用温和的手段，他们接管法国的工厂，允许工人留在原有岗位，然后向这些工厂订购产品。因而在战争中，施耐德公司也有生意可做，它最大的客户就是德国军队。

但这并不等同于施耐德公司拥有自主权，德国掌握着工厂的一切动向，他们派驻军队密切监视工厂生产，甚至通过原材料定量配给制来控制工厂。当采购量超过 5000 马克时，工厂就必须向德国的订货局汇报，不然将得不到原材料。与此同时，纳粹开出的商品价格远低于市场价格，并且经常赊账。对于施耐德公司来说，这无疑是难以忍受的，但为了生存和保住就业，施耐德公司不得不开发和生产为德国军队服务的产品。

不过，施耐德公司并没有就此屈服。通过英国分公司，施耐德公司和戴高乐的自由法国组织取得了联系，并暗中提供大量资金帮助军队进行反抗活动，同时，施耐德公司还在工厂悄悄建立地下组织搜集情报。但这些行为很快被纳粹发现，他们当即破坏了地下组织，逮捕 10 名工人。幸运的是，德军对施耐德公司转移资金的举动没有察觉，以为只是奸细潜入火炮厂，便加强了部队巡查力度，但施耐德公司与戴高乐组织的联系被迫中断了。

1943 年开始，二战中的同盟国开辟第二战场。美国和英国空军主力作为先导，对德国以及德国占领区的重要军事战略设施进行轰炸，试图损坏德国军事工业的制造力量以及行动能力，以施耐德工厂为首的军工企业成为盟军关注的焦点。1943年10月17日，94架兰开斯特轰炸机在没有战斗机护航的前提下直赴德军火炮基地克鲁索。夜幕刚刚降临，第一批轰炸机编队就按计划到达巴黎东南270千米的施耐德工厂。

施耐德工厂员工对突如其来的轰鸣声浑然不觉，因此也没有躲避。轰炸机携带的对地炸弹犹如倾盆大雨倾泻而下，克鲁索工厂瞬间变成人间地狱，凄惨的叫喊声撕心裂肺，厂区变成一片火海，映红了在轰炸机上庆祝成功的飞行员的脸庞。时值夜间加班，德国士兵以及法国工人死伤无数，所有的厂房、设施还有工程师全都毁于一旦，施耐德公司的百年工厂就这样湮灭在火海之中。

盟军在军事层面获得胜利，德国战斗实力遭到重创，随后法国军队顺利登陆诺曼底，法国得到解放，新一轮的家园重建开启。

由于施耐德公司的根基几乎消弭在战争中，在大多数人看来，施耐德公司将会成为历史书中的一页，但轻易认输从来不是施耐德家族的传统，施耐德公司在战争年代锻炼了韧性——必须学会生存。1943年深夜里的轰炸虽摧毁了施耐德公司的大楼，但也让施耐德公司的掌门人觉醒，要为公司寻找新的发展出路。

施耐德公司多年来的危机完全爆发，惊醒了掌门人查尔斯·施耐德，他找到戴高乐总统，为施耐德家族在法国解放事业中作出的贡献正名。而后，查尔斯决定甩掉过往的包袱，重建施耐德公司。他回到公司召开大会，参加者有股东、家庭成员以及普通工人，查尔斯号召所有人一起投入重建的工作。在会上，查尔斯宣布出于战争损毁以及和平时代到来等原因，施耐德公司将放弃军火生产，并着手对公司整体业务架构进行调整，除了公司的王牌业务钢铁业务外，公司还将开展建筑以及电气业务。

把发展方向转向电气业务，并不是查尔斯一拍脑袋的激情决定。施耐德公司早在1891年就进军电力市场,并将业务拓展到东欧地区;之后又通过与美国西屋合作,将业务拓展到制造发电站、电气设备和电力机车等方面。彼时的施耐德公司虽然在电气行业的地位称不上遥遥领先,但在电力业务方面已有相当的经验积累。原有基础让施耐德公司很快有了重建的信心。

在确定了电气业务方向后,施耐德公司的业务不断发展壮大。1975年,施耐德公司收购了配电设备领域的佼佼者——梅兰日兰的部分股权,这是公司发展史上具有特别意义的转折点。对梅兰日兰的收购,极大地提高了公司在电气行业的竞争力,为后期公司战略重点全面向电气行业倾斜奠定了基础。之后公司分别对TE电器和实快电力进行战略并购,借此进驻工业客户市场。1999年施耐德公司再次通过收购欧洲配电业第二大巨头Lexel确立了在超终端领域的地位。到了1999年5月,施耐德公司正式改名为施耐德电气,从此深耕电气能源领域,成为世界级电气巨头。

雷诺:迎来第二个大发展时期

雷诺汽车公司经过前期的发展,经受住了一战和经济危机的洗礼,并在二战后受国家国有化政策的影响,迎来自己的第二个大发展时期。

一战时期,雷诺汽车公司涉足军火生产,其生产的雷诺系列轻型化坦克被认为是世界军事史上第一种严格意义上的坦克。通过坦克生意,雷诺汽车公司不仅收获了巨额利润,而且赢得了良好信誉,此后法国政府购买军火便偏向雷诺公司,后者也借此机会将战略重点转向更为精密的飞机制造。可以说,正是因为雷诺公司的军火供应，在很大程度上改变了一战中欧洲大陆的战况和结局。一战结束之后，路易·雷诺被授予法国荣誉军团勋章，雷诺汽车公司也一举成为法国最大的私人企业。

不过，由于法国经济在一战中遭受重创，政府为了增加财政收入，恢复国内经济，将汽车作为奢侈品征收高额税费，这在一定程度上严重阻碍了汽车产业的发展。而且根据政府的要求，雷诺汽车公司还要为它在战争中获得的丰厚利润缴纳重税。路易·雷诺仔细思考之后，决定重组企业。

当时各大汽车公司都在推行大众化汽车制造，雷诺于1922年提出独立大规模经营的理念。这是一种自给自足的经营模式，与今天汽车制造采用的分散化的经营方式正好相反。在新的经营方针下，雷诺公司的业务扩展到很多方面，既生产各种带有发动机的机械，包括轿车、货车、公交车、卡车、轻型商务用车等，又生产高精密的发动机，如铁路机车和航空发动机等，真正实现产业帝国的扩张。这种"垂直集中"的管理模式虽然在成本控制上没有优势，但后期却帮助雷诺公司安然度过1929—1933年的经济危机。

1929—1933年经济危机之后，紧接着就是二战的轰鸣炮火。在德国占领法国期间，雷诺为了保住他的汽车公司，重新拾起自己的老本行，替德军生产了大量的军事用品，像飞机、坦克和军车等。但也正是这个原因，让雷诺的工厂成为盟军的空袭目标。在经过盟军的三次空袭后，雷诺超过半数的厂房和设备在轰炸中化为灰烬。但每一次，雷诺都努力把工厂重建起来，期盼着有朝一日，公司能继续为广大民众生产汽车。可惜的是，这件事最终成了雷诺的未竟之志——1944年9月23日，在二战快结束的时候，路易·雷诺向法院自首；10月24日，还没等到审判的时间，雷诺就去世了。当时恰逢雷诺汽车公司创立45周年，属于路易·雷诺的故事结束了,但他一手创办的雷诺汽车公司还在,并在战后重新续写了属于它的辉煌。

路易·雷诺虽然去世了,但二战时期法国国内的经济政策却已经为雷诺公司的发展埋下了伏笔。二战期间,对法国经济现代化的看法主要有两种观点:一方是新自由主义派主张对经济进行较少的管控;另一方是统治经济论者主张对经济实行严格的管控。1944年上半年,管控经济派的力量占了上风,所以法国政府在煤炭、电力、保险等行业实施了大规模的国有化。在国有化政策的影响下,法国的许多企业被收归国有,其中就包括雷诺汽车公司。该公司在1945年11月6日被正式收归国有,更名为雷诺国营公司,也是当时世界上最大的一家国营汽车公司。

国有化之后,依靠政府的支持,雷诺汽车公司很快得到恢复和发展。当时任雷诺汽车公司总裁的是皮埃尔·福希尔。作为法国抵抗运动的英雄人物,他在雷诺汽车公司的后续发展中起到了关键作用。坐上总裁的位置后,他主要做了两件事:一是安抚幸存的雷诺汽车公司员工,并向这些员工保证,他会秉持50年来雷诺汽车公司的优良传统,完成路易·雷诺先生的未竟之志;二是着手开发新的产品,也就是推出了雷诺4CV。在1946年的巴黎车展上,雷诺4CV第一次在世人面前公开展出。虽然是小型车,但从外观设计来看,其漂亮的流线车身和那个年代主流的"前脸萌"造型毫不逊色于当年的豪华车,可谓相当精致小巧。在那个小型车备受瞩目的黄金年代,雷诺4CV一经问世就受到了广泛认可,成为当时市场上最畅销的车型之一。

1947年,4CV的四门式版本问世,公司计划日产300辆。但有人认为,在战前公司发展最好的时候,同时有十几款车型在生产,其产量也不过才日产250辆,现在定下日产300辆的计划,是不是太过盲目。但事实证明,日产300辆的计划不仅没有夸大,在庞大的市场需求面前，这个数字还远远不够。因为不单是国内市场，还有广阔的国外市场。雷诺汽车公司 7 年之内生产了 50 万辆 4CV 汽车。据统计，直到 1961 年这款车型停产，雷诺共生产了超过 115 万辆 4CV，是法国第一辆销量过百万的车型，4CV 还获得了"汽车皇后"的美誉。[①] 雷诺 4CV 的成功，重振了雷诺汽车公司的信心，也展现了老牌汽车工业的实力，甚至给整个欧洲工业界战后恢复树立了光辉榜样。

雷诺汽车公司在 1956 年投入批量生产的 109 型车是另一个成功的代表。109 型车一经上市，就受到广泛好评，甚至被取了名字"德芬"，即太子妃。这款车型深受雷诺汽车公司新任总裁波埃尔·德雷菲斯的喜爱，他认为德芬汽车代表了纯正的法国风格。当时，雷诺汽车公司已在多个国家开设分厂，其中英国分厂组装了一辆粉蓝色德芬汽车，作为礼物献给了英国女王伊丽莎白二世。由此，雷诺汽车公司的战后重建工作取得了显著成就，4CV 和 109 型车的成功推出为公司赢取了大量订单，而且不仅在国内，雷诺汽车公司在国际上的影响力也逐渐增强。作为法国老牌汽车工业的代表，它在二战后恢复重建的表现，堪称商业教科书。

虽然经历了一战、经济危机、二战，但雷诺公司发展的脚步从没有停止。1982 年，雷诺汽车公司成为欧洲第一、世界第六汽车公司，它为法国的就业率作出了突出贡献，其雇用的劳动力占法国劳动力的 30%。随着公司规模的扩大，其经营的业务也更加多元化，除了汽车生产的核心业务之外，它还涉足一些工业产品生产，像机床、自动化设备、拖拉机和农业机械、工业橡胶、塑料，甚至包括一些电子产品等。

总的来说，雷诺汽车公司的命运一直随着整个时代的变化而

---

① 王宇峰. 雷诺公司的里程碑[J]. 汽车与驾驶维修, 1994(12):8.

起起伏伏。尽管道路坎坷,雷诺汽车公司的"掌舵者们"却从未轻言放弃。公司的创始人路易·雷诺在公司经历二战盟军轰炸的最艰难时刻,心里还始终留存着一丝希望,并不断进行重建的尝试。或许,只要有这种不断尝试、永不放弃的精神火种存在,不论雷诺汽车公司经历什么样的困厄,都始终能在危机中寻得一线转机。

路易威登:顺应环境,适时创新

路易威登,经过了大半个世纪的发展,在一战以前已经成为国际上著名的箱包生产品牌。后来,受第一次世界大战影响,以及经济危机、第二次世界大战的连续打击,路易威登难逃企业凋敝的命运。只是在这个过程中,路易威登也努力在时代的夹缝中求生存,在危机中寻找属于自己的转机。

路易威登公司的创始人路易·威登,1817年出生于法国小村庄安切的木匠家庭。14岁这年,他只身前往巴黎闯荡,后来成为一名学徒,主要帮助要出远门的富人打包行李。路易·威登聪明努力,深受老板娘喜欢,因为木工技术娴熟,懂得如何将皮箱做得结实牢固,花了10年时间,他就成了一名箱包专家。他凭借自己高超的包装技术,深受当时皇后和女爵们的喜爱,所以积累了一批客户。1854年,路易·威登开了属于自己的第一家店铺,主营箱包设计制造。

经过近半个世纪的发展,路易威登成为法国知名箱包品牌。尤其是路易·威登的儿子乔治·威登接管公司之后,致力于将品牌推向世界。在宣传上,他最擅长的是借助博览会进行推销。1893年,他在美国芝加哥世界博览会上将产品推向美国,之后又多次游历纽约、费城和芝加哥等大城市，推广路易威登品牌。1900年巴黎世界博览会期间，乔治被授权组织和设计世博会的"旅行用品及皮具"板块，这无疑是大力宣传路易威登的好机会。1904年，乔治担任圣路易斯世界博览会主席，在接连几年的博览会上出尽风头。

到了20世纪初期，公司的发展遇到了问题。随着一战的爆发，公司经历了艰难的"求生存"阶段。一战期间，市场的需求变了，相比于精致豪华的箱包，简单结实的军用箱包更符合人们的需要。不仅是军用箱包，为了维持生意，乔治·威登还生产与救护车搭配使用的折叠担架。1918年，到了战争的尾声，德国进攻到距巴黎城仅60公里的地方，面对这种情况，乔治·威登要同时面对城市被包围后原材料不足的困境和战火随时蔓延情况下如何稳定工人心思的难题。幸运的是，极端情况并没有持续很久，战争很快就彻底结束了。战后一段时间，路易威登工厂生产得最多的是陈列柜，这种陈列柜主要给销售员使用。

战后经济恢复时期，路易威登公司接到了很多特殊订单，其中就包括来自时尚先锋可可·香奈儿、美国早期电影明星玛丽·碧克馥，还有法兰西共和国总统，甚至第一个尝试单人跨大西洋飞行的"飞人"查尔斯·林白的订单。这些特殊订单为路易威登公司的业务恢复作出了贡献，而且由于消费群体的特殊性，也为路易威登后期向奢侈品品牌方向发展埋下了"伏笔"。

经过了短暂的战后恢复期，全球经济又开始恶化，法国也从1930年开始出现经济危机。这时候，乔治·威登认为不能坐以待毙，必须主动提高公司的效率和盈利能力，才能占据主动。说干就干，他成立了一家广告公司和一家设计办公室，目的是让客户先看到详细的设计图样。这样一来，公司不会盲目生产，避免了生产相对过剩的危机，这样，公司在危机时期还能拥有相对稳定的客单量。

第5章　危机与转机（1930—1944）

1936年，路易威登第二代掌门人乔治·威登去世，这时候公司的"特殊订单"数量已经大幅下降，公司的销量主要依靠的是目录上的产品。而且法国经济虽然在恢复，但要恢复到战前的光景，着实有些困难。面对这种情况，路易威登公司只能在丰富商品种类上下功夫，设计生产出尽可能多的实用箱包产品，比如打字机箱、收音机箱、书箱，还有酒箱等。实用箱包的生产满足了当时市场的需求，为路易威登公司业务的恢复发挥了积极作用。

但好景不长，到第二次世界大战期间，路易威登公司再次遭受巨大挫折。公司的海外合同被终止，在连续的战火影响下，公司的工厂被迫关停，路易威登公司正面临着前所未有的严峻考验。就在大家都以为这个著名企业就要"香消玉殒"的时候，路易威登公司还是在这场生存游戏中找到了活下来的方法。第二次世界大战中，乔治·威登的儿子贾斯通·路易·威登接管帅印。贾斯通带领公司为部队制造军用皮箱，这种皮箱可以在需要的时候折叠起来当成担架使用。军用皮箱的生产为公司获得了大量订单，既满足了战时需要，也进一步提高了公司的生产能力。

第二次世界大战结束后，法国经济乃至世界经济都经历了一段不短的萧条期，分布于法国各地的手工作坊陆续关门倒闭，而其中恰恰隐居着很多技艺高超的手工艺人，贾斯通敏锐地发现了这个招纳人才的机会，将这些人招至公司门下。进行系统培训后，大部分工匠都成为公司的忠实雇员，此举不仅扩大了公司的生产能力，而且提升了质量水平，路易威登因此成为世界上最具加工实力和拥有顶级生产水准的奢侈品牌。

为了复苏家族品牌，贾斯通在营销方面下足了功夫。1951年，法国总统奥里奥尔准备访问美国，当时美国经济呈井喷式发展，消费需求异常旺盛，社会上流阶层对奢侈品有着强劲的需求。虽然乔治·威登已经在美国纽约建立分公司，但是贾斯通认为路易威登在美国的品牌影响力还有待挖掘。因此,当贾斯通得知这个消息之后,立即通过各种渠道积极公关。一直以来,凭借路易威登的品牌号召力,贾斯通与政界人物保持着良好的联系。最后,路易威登公司为法国总统奥里奥尔的美国之行提供了全部旅行物品。借助法国总统的高贵品质与优雅生活态度,路易威登在美国牢固树立起优雅高贵的品牌特征,市场也迅速打开。

1959—1965年的7年间,贾斯通推出的产品种类甚至超过父亲,他每年都推出25类总计175款新产品。与此同时,路易威登的国际化步伐也在推进。作为第二次世界大战的战败国,日本经济虽然遭受毁灭性打击,但是战后却迅速复苏,到1965年已经进入快速上升期。此时日本国内的消费形势与50年代初期的美国极为相似,贾斯通便在东京开设分公司,为路易威登规划出发展方向,就是通过迅速进入经济高速发展的国家,实现路易威登品牌的全球扩张。

商业史浩浩荡荡,众多企业兴也勃焉,亡也忽焉。路易威登公司的成长发展期,经历了第一次世界大战、经济危机、第二次世界大战,历经数不清的困难与磨砺,但公司每次都能在危机中新生,这离不开企业永不放弃最后一丝希望的坚持和顺应环境变化的创新能力。

夏帕瑞丽:引领巴黎时装界新风尚

夏帕瑞丽,如它的名字一样,在经济危机时期给沉闷的法国带来了一抹亮色。

20世纪30年代,巴黎时装界出现了一个新人,连当时的"时装女王"香奈儿也不得不对她刮目相看,因为在之后很长一段时间里,她都是香奈儿最强劲的对手。她就是夏帕瑞丽时装屋的主人——艾尔莎·夏帕瑞丽。夏帕瑞丽出生于1890年的意大利罗马,与香奈儿年龄相仿,只是与香奈儿出生于贫民院的悲惨身世完全不同,夏帕瑞丽的家境显赫。她的父亲是一个出色的东方语言学者和古币收藏家,叔父是著名的天文学家。富裕的家境给了夏帕瑞丽良好的教育支撑,宽松民主氛围里成长起来的她从小就对音乐、诗歌、哲学、绘画和雕塑感兴趣,这也为她后来进入服装设计领域打下坚实的基础。

第一次世界大战之前,夏帕瑞丽游历了欧洲各国,最远还去到了美国以及非洲的突尼斯。1917年她在伦敦与一名美国籍男子结婚,婚后跟随丈夫移居美国。但是婚姻生活给夏帕瑞丽带来了痛楚,没过几年便和丈夫离婚。为了生计,夏帕瑞丽离婚后带着两个女儿返回欧洲,几经周折在巴黎开始做服装生意。

夏帕瑞丽闯入时装界是在1927年。当时,香奈儿已经成为这个领域的霸主。最开始,夏帕瑞丽只是为一小群女性朋友设计服装,这些女性朋友从来没有专门宣传过她的设计才能,只是纷纷以拥有这位才女的设计作品为荣——就像是在大白天捡到了一颗珍珠,她们只想保留在自己的口袋里。但是夏帕瑞丽的设计才能还是被敏感的巴黎时装界捕捉到,她设计的毛绒衫别具一格。1927年,《时尚》杂志将她设计的毛绒衫选为"本年度的毛绒衫"。这份杂志的推荐使命运多舛的夏帕瑞丽广为人知,此后,她便开设服装店专职从事服装设计。

1933年以前,香奈儿在众多设计师中独占鳌头,巴黎时尚界由她独霸天下,但是夏帕瑞丽在20世纪30年代设计的时装为上层女士创造了高雅的新风格,这逐步威胁到香奈儿的霸主地位。尤其是1934年夏帕瑞丽开设了高级时装店,这是为少数特权阶层服务的时髦店。如何满足贵妇淑女们在服装领域的"挑剔"口味,是个困扰夏帕瑞丽的问题。不过，难得的是，夏帕瑞丽一向喜欢冒险，热衷创新。她尝试将拉链运用到时装上。其实，拉链已经出现多年，但早期的拉链比较粗糙、笨重，甚至在当时给人们一种印象：这是大兵们才会用的东西。夏帕瑞丽对拉链进行了改良创新，成为将拉链运用到时装上的第一人。这种新奇的设计也征服了当时的贵妇，夏帕瑞丽时装店从此声名远播。

从 1935 年开始，夏帕瑞丽除了设计毛绒衫外还设计运动装，不久又推出西服和礼服作品，法国舆论界对她的评价是：具有马蒂斯的风格。

20 世纪 30 年代的法国深陷经济危机，全世界都笼罩在即将到来的战争阴云之下，生活变得乏味单调，夏帕瑞丽大胆新奇的设计给人们带来一种强烈的视觉刺激，给单调的服装界带来生机。她巧妙地运用粉色等艳丽色彩，使得香奈儿引以为豪的平直黑色系服装受到更为女性化产品的挑战。同时，香奈儿的市场地位也受到了严峻挑战，此时夏帕瑞丽的利润已经达到 12 亿法郎，拥有 26 个工厂和 2000 个雇员。不仅如此，让香奈儿备感压力的是，夏帕瑞丽也在服装领域站稳脚跟后转向香水领域。夏帕瑞丽推出的香水被命名为"惊人"，以此来吸引那些沉醉在香奈儿 5 号里的时尚丽人们的关注。

30 年代后期，夏帕瑞丽的设计风格再次创新并流行，她开始将目光从以前受女士们推崇的腰线转移到肩部，通过垫肩加宽女装肩部。这种风格有点像男士宽耸的肩膀，但是更加夸张。这种充满男性魅力的夸张大胆的设计风格成为法国女装的主流，直至第二次世界大战爆发时仍独领风骚。

第二次世界大战爆发后，法国陷入战火危机，夏帕瑞丽移居美国。直到 1944 年 8 月法国光复后，她才重回法国重振时装业。次年，她向市场推出新的时装系列——黑色礼服。但这时候整个法国的经济还处在战后恢复重建的疲软状态，政府将更多的关注点放在国家基础设施建设上，而且人们在经过战后的震荡后还没有恢复多少对消费的信心。所以相比战前的辉煌，夏帕瑞丽时装店就此落寞了下去。1954年，也是香奈儿铆足了劲光辉复出的那一年，夏帕瑞丽关闭了她的时装店。至此，在20世纪30年代有过璀璨历程的夏帕瑞丽时装屋正式落下帷幕。

夏帕瑞丽时装屋的结局不免让人唏嘘，它犹如一颗流星划过，在绽放过最美好的瞬间后最终还是消逝了。不过，让人欣慰的是，夏帕瑞丽在它战前发展最辉煌的时期，仍在法国时尚行业留下了浓墨重彩的一笔。而且，夏帕瑞丽勇于创新的性格特质，为她在商业市场上开辟了一方新天地。当整个法国被经济危机笼罩在阴云之下时，夏帕瑞丽的设计不仅给人们的生活带来一抹亮色，她在商业上的成功也给当时法国疲软的经济注入了一针强心剂。

1930—1944年，法国连续遭遇经济危机和第二次世界大战的重创，国内经济发展速度一降再降，甚至有学者指出法国现代化进程也在这个时期停滞了。不过，值得欣慰的是，人是最具主观能动性的个体，不论经历了什么样的危机，总能设法找到转机。法国政府着手恢复经济，给一批企业带来发展机遇：施耐德公司成功转型，由原来的军火生产转到专门聚焦电气行业，最终成长为全球著名的能效管理专家；雷诺汽车公司在二战后被收归国有，迎来自己的第二个大发展时期，给商业史留下永不放弃、坚持尝试的精神火种；路易威登经历了近一个世纪的发展，能在经济危机和战争摧残下平稳度过，也离不开企业百年如一日的坚持与创新；夏帕瑞丽虽然最终没能成长为百年名企，但她在法国商业史上也曾是一颗最闪耀的新星。

第6章

战争结束,时尚风潮来袭(1945—1958)

经过第二次世界大战的炮火肆虐之后，世界经济处于崩溃边缘，作为主战场之一，欧洲大陆大部分国家都在参战过程中损失严重。尤其是1948年的法国，经济水平只相当于1900年的水平。严重倒退的经济让法国看起来无比萧条，整个巴黎街道，连车辆都少得可怜，更不要说信号灯、交通标志这些基础建设。史学家直言："法国还没有从实质上进入20世纪。"

正是在如此严峻的形势下，法国政府将恢复经济、追逐大国地位作为这个阶段的主要目标，首先在资金方面进行调整，接受美国"马歇尔经济计划"的援助，同时改变战前资本大量输出的局面，将资本主要集中在国内的基础设施建设上。其次，法国政府还加大对工业的扶持，并将投资延伸到农业、制造业和建筑业。

虽然时尚业并不在法国重点帮扶的名单当中，但迫切恢复经济的环境中也出现了对时尚企业有利的商业环节。随着生活变得稳定，人们对美、对时尚的追求并不亚于战前。于是，时尚公司迎着战后女权主义的复苏风潮，高调前进。

迪奥：10年成长起来的跨国公司

迪奥还未成年前，曾被水晶球预言："你会遭受贫困。"一语成谶，24岁那年迪奥从贵族少爷的生活跌落谷底。贫穷磨炼了迪奥的生存技能，还意外激发了他的设计才华。正是因此，世界上多了一位时尚界的翘楚。这也似乎应验了吉卜赛人为迪奥占卜的后半句："女人们因你而幸运，你也因她们而获得钱财。"

1905年，迪奥父母在滨海城市格兰维尔买下一座带花园的粉色建筑，房子的走廊上嵌满玫瑰花样式的罗盘。迪奥在这里出生，并度过无忧无虑的童年。

在那个年代，迪奥的家族背景在当地绝对是数一数二的显赫。父亲是一名富有的商人，母亲玛德琳也来自家境优渥的家庭，而迪奥从小就有私人保姆照顾。无须被家庭琐事牵绊住的玛德琳有更多的时间打理自家的花园，她倾注心血打造自己的园艺事业，迪奥也自小参与其中。母亲的"伊甸园"滋养了迪奥，他后来的设计灵感大多来源于此。

迪奥5岁时，全家搬到巴黎。这里的艺术气息深深吸引着迪奥，但父母却不希望他成为放浪不羁的作画者。他们理想中的迪奥应该成为一位外交官，因此在高中毕业后他就被送到巴黎政治学院学习。作为补偿，父母答应迪奥在课外时间可以学习艺术课程。巴黎的学习时光是迪奥一生中为数不多的轻松与自由的时刻，从音乐、文学到美术，他完完全全沉浸在艺术作品中。

但噩梦很快来临。从1929年起，资本主义世界爆发经济危机，迪奥的父亲投资生意失败，他最爱的母亲和哥哥也相继离世，家道中落的迪奥被迫结束公子哥生活，他需要靠自己的双手去赚取收入。

贫困的生活持续了数年,1931年,迪奥在时装设计师朋友的建议下,开始画时装画谋生,他强烈的创作欲望在此时被大大激发,于是走上了服装设计的道路。从1937年开始,迪奥先后在时装大师罗伯特·皮戈纳和卢西恩·勒隆的公司里工作,他由此获得了更多对服装的理解。在这期间,迪奥还遭遇了第二次世界大战。为了躲避战争,他不得不来到法国南部的诺曼底,和父亲生活在一起。当战争临近结束时他重返巴黎,却发现巴黎服装设计界早已不是战争爆发之前的模样,香奈儿与夏帕瑞丽因为战争都风光不再,他的内心开始蠢蠢欲动。

战争结束后,社会生活逐步稳定,经济也在有序恢复中。1944年的一天,迪奥在勒隆公司工作时来了一位神秘顾客——战后赫赫有名的企业家马赛·博萨克,他正在为巴黎时装节物色设计师人选。马赛冲着迪奥而来,希望他能在女装设计室担纲主理人。迪奥对此感到非常高兴,但他也表示,自己志不在复兴老品牌,而是要创立以本人名义命名的品牌。迪奥坚定的眼神打动了马赛。1946年在马赛支持下,迪奥拜别恩师勒隆,在蒙田路30号开设自己的高级时装屋。

1947年是迪奥值得庆贺的一年,他的个人时装作品发布会拉开帷幕。90个模特列队依次登台亮相,她们上身穿着收腰外套,下身搭配宽身长裙,所有裙子都离地露出脚踝,再加上超级宽大的帽檐——迪奥描绘了摆脱女兵形象而如花朵一般绽放的女性形象,这些设计不仅恰好击中了战后人们向往和追求美好生活的心理,更完美体现了与以往不同的优雅女性魅力。迪奥时装因此一炮而红。而这也是迪奥的设计哲学——女人如花,应当不遗余力地表现。他在设计时会尤其关注服装的肩部、胸部和臀部,并在此下了大量功夫。这些以女性特点为主的构思成为经典,至今仍是设计师创作语言的惯用表达。

迪奥的首秀震撼了巴黎时装界，上流社会的太太们完全为之疯狂。美国《时尚芭莎》杂志的主编卡梅尔·斯诺给迪奥的风格取了个十分贴切的名字："新风貌"（New Look）。它赶走了战后法国人的阴霾，让优雅重归巴黎。新造型为迪奥赢得美国的尼曼·马科斯奖，这是这个奖项首次颁发给法国人，意味着美国认同巴黎在时装界的领先。

与此同时，迪奥还推出以妹妹为原型命名的香水"迪奥小姐"（Miss Dior）。迪奥是这么理解他的香水事业的："我所打扮的每一位女性都散发出朦胧诱人的雅性，香水是女性个性不可或缺的补充，只有它才能点缀我的衣裳，让它更加完美，它和时装一起使得女人们风情万种。"① 所以迪奥在发布会之后，马上就成立了香水公司。比起价格高昂的时装，香水"迪奥小姐"的价格更加贴近大众消费水平，因此在法国大获成功。

迪奥不仅对于如何裁剪一件衣服了然于胸，在商业上的才能也同样不可多得。1948年，迪奥着手建立全球销售网络。

迪奥清楚，声誉稍纵即逝。趁着"新风貌"在美国时尚界还有热度，迪奥顺势将生意扩张到纽约。他在纽约成立了一家高级时装店，迪奥香水的分公司也同时成立。消息很快在纽约传开，但美国人对初来乍到的迪奥并不友好，美国人不时就会对迪奥进行讽刺，比如问他："迪奥先生，你的下一个系列是更新的吗？"但这些都没有影响迪奥的决定，因为他深知纽约是时尚地标，是所有奢侈品牌走向世界的必经之地。

为了建立起在美国的商业网络，迪奥每年都要往返纽约两次，

---

① 刘国华. 迪奥：挽救巴黎的全球奢侈品之王[EB/OL]. (2019-05-09)[2023-10-01]. https://baijiahao.baidu.com/s?id=1633015295678195693&wfr=spider&for=pc.

这在交通不便的年代并不容易做到。正因如此，决心要在美国扩大生意版图的迪奥还在探索一种更有效率的方式。

迪奥首先根据美国时装业的特点，对公司进行了一些必要的调整，包括成本结构、工作习惯等。然后把设计图纸卖给美国百货公司和生产商，让他们按照图纸并配合美国的标准尺码进行生产。这样一来，迪奥公司就不用再负责生产、销售以及管理等冗杂和成本极高的流程，只需要收取专利使用费就行了。

但直接售卖图纸多少有点风险，这很有可能会导致假货横飞，对迪奥并不牢固的市场造成打击。所以迪奥尝试了一种联系更紧密的方式——和美国袜业公司合作，签订合同授权该企业生产迪奥丝袜。迪奥的做法相当于特许使用费制度，这在当时全球范围内都没有时尚公司使用过。通过精品店和授权模式并行，迪奥的产品在美国卖得非常好。

1950年，迪奥再升级授权模式：将迪奥品牌的名字"Christian Dior"授权印在奢侈品上，包括时装、帽子、手袋以及珠宝等各个品类。尽管法国高级定制时装会认为迪奥的做法有损高端形象，并进行了强烈谴责。但嗅到利益气息的商人们并没有将此放在眼里，迪奥的这一创举，在未来几十年里被各大高级时装品牌运用得炉火纯青。迪奥由此意识到品牌标识的重要性，便把原来的品牌"Christian Dior"缩写为"Dior"，最后又简写为"CD"。凭借简单好记的名字，迪奥品牌被更多人所熟知。

到了1951年，迪奥公司的收入中已经有一半以上来自美国。这也意味着美国市场的路线完全走通；以此为参考，迪奥在全球快速扩张。

1952年，迪奥模特公司在英国伦敦成立，在巴黎和纽约风靡的造型也被带到伦敦进行展示。1954年，迪奥在英国的首家高级时装店在康迪特开业，法式高雅在大不列颠岛上盛行。随后迪奥的特许授权形式蔓延到墨西哥、澳大利亚、加拿大等地,迪奥高级时尚品牌的标识在五大洲传播,迪奥也成为一个彻底的跨国公司,一个时尚帝国。

1957年,迪奥公司成立11周年,在这11年里,迪奥始终在服装线条上做文章,他的每个系列都被服装界公认为权威。为了表彰他在战后为法国高级时装复兴所作的贡献,法国政府甚至授予他最高荣誉"荣誉军团奖"。然而,正是在迪奥公司成立11周年之际,迪奥因心脏病发与世长辞。迪奥离世的消息让那一天的巴黎星光黯淡,无数人为之叹息。也许媒体人赫柏·多西的语言可以很好地总结法国人对迪奥的情感——"当你在出租车司机面前提及克里斯蒂安·迪奥先生时,他的名字就如同法国国歌《马赛曲》一样如雷贯耳"。在百废待兴的时代,迪奥用卓越的设计和商业才能,帮助法国夺得无与伦比的声望,他亦赢得了法国人的尊重。

香奈儿:重启光辉岁月

当香奈儿决定在71岁回归时装界时,全世界哗然。这位20世纪20年代的时尚霸主,因为战争失去了所有的辉煌。而在战争结束后,巴黎明显已经是迪奥的天下,她在此时归来,除了自取其辱外还能做什么?但香奈儿从不缺乏勇气,她选择用结果告诉众人答案。

香奈儿和迪奥的人生是截然相反的。她来自法国乡村的贫困家庭,童年生活并不幸福。母亲离世后,她就被父亲抛弃了,以至于她在成名后对这段经历总是闪烁其词,采访时也极力掩饰。但从22岁开始,香奈儿就顺利走上了成功之路。

1905年，嘉柏丽尔·香奈儿白天在巴黎的裁缝店里打工，晚上就到咖啡厅驻唱，在那里她化身为可可·香奈儿，并收获了两份爱情——也许说是两位贵族情人的身份更合适。虽然香奈儿一生风流韵事不断，但她绝不是沉浸在爱情里的人。相反，那些情人都成了香奈儿奢侈品生意的养分。

因为在情人那里感受到身份差距，香奈儿内心生出反抗华丽世界的意识。恰逢欧洲处于艺术变革时期，女性对从文艺复兴时期沿袭下来的烦琐美学感到厌倦。香奈儿从中看到女性挣脱束缚的渴望，决定以极简实用的风格开创新纪元。1910年，香奈儿先是在情人的帮助下开了一家女装帽子店，而后又进军高级时装领域开出两家店，香奈儿时装品牌自此正式成立。

香奈儿的作品全部抛弃紧腰束身的设计，提倡直腰宽松。她接连推出针织水手裙、黑色迷你裙等，还在女性只穿裙子的20年代推出了裤子。在20世纪前半叶，应该说香奈儿的反抗暗合了时代潮流，种种大胆创作如同时装革命，成为人们讨论的焦点话题，香奈儿的生意也因此节节攀升。很快，香奈儿就买下康朋大街31号的整幢建筑当作精品总店，并创设了现代精品店的概念。这里后来也成为香奈儿总部所在地。

香奈儿的最终目标是要建立起时尚王国，在时装之后，她又陆续开拓香水、珠宝等产品线，并且以"香奈儿5号"香水热卖为契机，结识了韦特海默家族——她真正意义上的事业伙伴。

韦特海默家族时任掌门人皮埃尔·韦特海默和香奈儿，以及老佛爷百货创始人巴德共同成立了香奈儿香水公司，其中韦特海默家族占公司大部分份额。"香奈儿5号"在公司运作下畅销全世界。但由于香奈儿认为她只能从中获得10%的收益分配并不公平，便向法院提起了诉讼。不过，还没等诉讼结束，第二次世界大战就爆发了。

第 6 章　战争结束，时尚风潮来袭（1945—1958）

韦特海默家族因为其犹太人身份，不得不远赴纽约避难。在这之前，为了避免资产被德国纳粹侵占，皮埃尔将香奈儿香水公司转到法国籍商人菲力克斯·埃米尔特名下。而香奈儿则继续留在法国，希望凭借她的籍贯和德国人对她产品的好感，拿回香水公司控制权。但碍于皮埃尔提前布局，香奈儿的愿望最终落空。

1944 年，法国战场的战争结束。香奈儿由于在战争期间和德国纳粹密切来往，而且还有一位叫汉斯·丁克拉格的情人是德国国防军上校，遭到"战争罪"的诉讼，被流放至瑞士。

香奈儿在瑞士一待就是 10 年。在此期间，她和韦特海默家族间的纠纷仍在继续。不过皮埃尔是个聪明的商人，他明白"香奈儿"品牌的长期价值远比眼前利益重要。所以他拿回香水公司后的第一件事，就是寻求和香奈儿的和解。1947 年，经过谈判，皮埃尔同意将"香奈儿 5 号"的战时利润全部转给香奈儿，而且，未来在所有地方销售的"香奈儿"产品，香奈儿都可以从中获得 2% 的分红，由此香奈儿的年收入将达到 2500 万美元以上，成为当时全球极富有的女性之一。

流亡者与富翁的双重角色，足以让香奈儿在瑞士过着舒适的生活，但背井离乡的日子总是让人心中充满忐忑。尽管家乡的同胞还在因为她与纳粹的往来而谴责唾骂，但厌倦漂泊生涯的时尚女神仍旧决定重返巴黎。

1953 年，在迪奥推出郁金香造型以及圆顶造型之时，香奈儿悄然回到巴黎重操旧业。但是整个欧洲高级服装市场已经被迪奥的新造型占领，香奈儿的赶超空间十分有限。尽管如此，她还是没有放弃在服装设计事业上的拼搏，在皮埃尔·韦特海默的支持下，香奈儿再次开启她的高级时装屋。

作为给予香奈儿开店资金的条件之一，韦特海默家族得到香奈儿时装以及其他业务的所有权。同时，皮埃尔答应包揽香奈儿的所有账单,包括安排司机、住房等,直到她离世。也是从那时开始,香奈儿品牌形成设计师和所有者完全隔离的局面,并一直沿袭至今。

重新合作的双方摈弃过往嫌隙,全心全意实现香奈儿品牌的复兴。但彼时香奈儿已经是 71 岁高龄,外界不免担心她是否还理解时尚,而另一些人则对她的复出表示期待。香奈儿对此全部充耳不闻,集中精力准备她的春季发布会。

然而,当她带着一贯简约流畅的时装亮相秀场时,人们却纷纷离席了。原来一直以来,香奈儿都对迪奥富有女人味的曲线设计嗤之以鼻。她认为迪奥只会装扮,却根本不懂女人。如果从内核意义来解答二者的设计思想,香奈儿也许要更高一筹。但现实是,当时的女人们根本不会考虑这些,她们爱极了迪奥花朵般的裙子,曲线美完全替代了直线美,香奈儿在巴黎的复出时装秀宣告失败。

早就准备好攻击香奈儿的英、法媒体大肆渲染,称"这是 1925 年的发布会""大败笔"。严厉的抨击导致香奈儿公司订单不断流失,对公司经营造成巨大影响。眼看着香奈儿时装品牌就要退出法国市场,但香奈儿本人没有放弃,皮埃尔也对他的合作伙伴保持信任,他们仍在努力想办法拯救香奈儿。

转机出现在美国市场。作为女性意识觉醒更彻底的时尚中心,香奈儿本人以高龄回归秀场就是最好的广告招牌,而她设计的不随波逐流的服装更是保持了女性的个性与独立特征,美国人对此大为赞赏。

先是拥有大量读者的美国《生活》杂志用四页纸给予香奈儿高度评价。与此同时,香奈儿的人脉关系也发挥了作用,她的好友贝蒂娜·巴拉德是时尚杂志《Vogue》美国版主编,早前两人合作过多次。巴拉德说服杂志总编辑,用满满三大页内容报道香奈儿的故事和设计。而后在接下来的六个月里,香奈儿的套装和连

第 6 章 战争结束，时尚风潮来袭（1945—1958）

衣裙连续出现在《Vogue》杂志上——由名模玛丽·赫琳娜穿着进行展示。

得益于媒体的广告宣传，香奈儿时装在美国大受欢迎，大量美国订单涌向香奈儿公司，挽救了岌岌可危的香奈儿时装品牌。香奈儿知道机会来之不易，于是乘胜追击举行秋季发布会，这一次《生活》杂志同样不吝赞美之词，宣称高龄的香奈儿创造了时尚革命。美国对于时尚的观点很快席卷全球，曾经批评香奈儿的英、法时尚界也悄悄转变了风向，香奈儿产品重新在全球流行起来。

香奈儿并没有忘记自己关于时尚王国的梦想，除了时装，她仍想将品牌继续推向更高的山峰。在一次活动中，她意识到新时代贵族女性的思想已经发生了天翻地覆的变化，她们不再只做丈夫出席宴会时的"花瓶"，或者在家相夫教子，她们在很多行业都有着出色的表现。当她们成为职场女性，原来为贵妇打造的手拿包就显得相当鸡肋。

1955 年 2 月，香奈儿设计出命名为"香奈儿 2.55"的背带包。她在菱格纹包上加了一条金属链条形成环形，这样女性就可以把包背在肩膀上，从而解放双手。这是奢侈品行业首次出现女性肩带包，要知道，肩带包在那时是工人阶级的用品，贵妇们根本不屑使用。但香奈儿再次用实用性和美观的外表，获得了独立女性的喜爱。紧接着，滚边斜纹软呢套装、双色高跟鞋等经典产品被连续推出，香奈儿品牌彻底赢回了战前的时尚地位，而香奈儿本人也在 1957 年获得"20 世纪最具影响力设计师"大奖。

20 世纪 60 年代后，香奈儿产品几乎已经成为最受世界名流喜爱的奢侈品牌，诸多好莱坞明星经常穿着香奈儿时装出席各种场合。名利场的认可无疑是香奈儿品牌的最佳广告，它在奢侈品界迎来了闪耀的光辉岁月。

1971 年，香奈儿在长期居住的丽兹饭店离世，一代大师就此谢幕。尽管她身上总有说不完的争议，但无论是非对错，香奈儿对世界时尚历史的影响力都不可否认，连法国前文化部部长安德列·马尔罗都说："戴高乐、毕加索和香奈儿是20世纪法国永存的3个名字。"香奈儿的人生走到了终点，但是香奈儿品牌的故事没有停止，以香奈儿女士所创造的"自由永不过时"的设计哲学为内核，香奈儿产品至今仍然让女人们梦寐以求。

皮尔·卡丹：普通民众的时尚衣橱

　　1953年的法国还没有摆脱战争的困扰，社会经济生活起伏不定。即使在动荡环境中，法国人对时尚依旧拥有不懈的追求，接连诞生众多世界级时装设计师。在迪奥、香奈儿之后，设计师皮尔·卡丹也踌躇满志。他顶住两位大师在巴黎引起的轰动，在破旧小店里推出个人第一次时装展。没想到，展览引起极大轰动，所有衣服都被抢购一空，没有买到的客户亲自跑到皮尔·卡丹公司要求订货，更有赏识卡丹设计才能的达官贵人找到他要求定做。与媒体对香奈儿时装发布会反应平平不同，记者们非常看好卡丹的品位，卡丹的名字出现在报纸的显要位置。

　　卡丹并非横空出世。1947年，迪奥的"New Look"风靡全世界时，他就在迪奥公司里担任大衣和西服部负责人，那些流行到世界各地的迪奥时装，也有卡丹的心血。他对时装的热爱和天赋不亚于迪奥，那时他已经因为给《美女与野兽》电影设计服装而在巴黎时装界小有名气。在迪奥的"New Look"之后，他正在等待机会创造自己的事业。

　　皮尔·卡丹的商业帝国建立于1950年，这是他在巴黎闯荡的第11个年头。这一年，他离开迪奥，并把所有积蓄花光，在巴黎里什庞斯街买下"帕斯科"缝纫工厂,又租了个店面,开启自己的时装创业之旅。迪奥先生对学徒的出走没有表现出半分不满,相反,他还为卡丹提供了小部分的资金支持,并送去玫瑰表示鼓励。因为他坚信,皮尔·卡丹是高级时装的未来。

正是在里什庞斯街,卡丹成了真正的服装设计巨匠。他一开始只展示了自己设计的舞台戏服和面具,人们认为那简直就是能工巧匠的神作,引起不小的轰动。

直到1953年的发布会,精心准备的卡丹才拿出进入高级时装界的作品,创新、美丽的产品让卡丹一炮而红,成为巴黎高级定制工会的成员。一年后,卡丹第一家女装时装店"夏娃"正式成立,同年他又推出"爆款单品"泡状裙,从此真正跻身时装上流社会。美国总统夫人杰奎琳·肯尼迪、影视明星伊丽莎白·泰勒等名人都成为他的忠实客户。

与此同时,卡丹的商业头脑开始显现。他深知,穷孩子要打天下,尤其是要在已经划定好势力范围的情况下冲出重围,只能出奇制胜。因此就在所有人都等着看他如何与迪奥、香奈儿瓜分高级时装界的江山时,卡丹突然做出十分"叛逆"的举动,宣布进军普通民众的衣橱,喊出"成衣大众化"的口号。

当时时装被定位为高级服饰,时装界也只服务于特定的人群,特别是王公贵族或者显赫明星,所以一个产品通常需要耗费大量时间,而且产出的数量往往也只有单品或极少量。但是在卡丹看来,服装消费的主体应该是寻常百姓,时装的高级定位显然让平民大众遥不可及,服务群体的局限势必会限制时装界的发展趋势。

另一个让他痛下决心的原因是法国日益增强的女性消费市场。第二次世界大战结束之后,全新的世界秩序得以建立,法国经济复苏,大量普通家庭妇女走出家庭,融入社会生活,这已经成为法国消费增长的巨大潜力。

卡丹首次从设计师视角关注到普通女性的需求。法国是热爱浪漫的国度，也是注重时尚的国度，法国女性一直对时装钟爱有加。稳定的生活使得大批女性开始注重自身装扮，时装自然成为她们的首选之物，但消费能力却限制了她们对高级时装的需求。卡丹从商业视角觉察到，这里有一个未经开发的蓝海市场，容量是高级时装的数倍以上。卡丹立刻决定改变经营策略，将设计重点从个人定制上转移，破天荒地提出"成衣大众化"的口号。这既是经营妙计，也是对整个服装行业的颠覆。时尚服装从此走下神坛，进入普通民众的衣橱。

不过，要让民众都穿上有设计感的服饰还从未有过先例，在多位时装大师手底下打工的经历为卡丹打开了思路。在夏帕瑞丽时装店时，卡丹曾设计过一套大衣，并卖给美国梅西百货。后来大衣被批量制造，然后以美国中产阶级的消费水平为标准出售，在美国卖得非常好。卡丹从中受到启发，1955年，卡丹开始推出一系列品质优良、价格适中的成衣。物美价廉的卡丹服饰在法国掀起购买热潮，顾客络绎不绝地拜访他的服装店。而同行却依旧门可罗雀，生意清淡。

20世纪50年代，仍然是服装定制与高级时装一统天下的年代。保守的同行们认为卡丹离经叛道，他们设计的时装是为高级人士服务的，街上普通的家庭主妇没有资格来享受，卡丹有辱设计师的威名，更重要的是严重影响了他们的生意。于是，同行们联起手来将卡丹排挤出巴黎女装辛迪加。这是法国本土的资本主义垄断组织形式，参加辛迪加的企业通过签订协议共同销售产品和采购原材料而获取高额利润，一个企业退出辛迪加就意味着不得不建立自己的销售网络。

但卡丹从未将此放在眼里，正如他所说的："我已被人骂惯了。

第 6 章　战争结束，时尚风潮来袭（1945—1958）

我的每一次创新，都被人们抨击得体无完肤。"[1] 他十分清楚，只有掌握市场主动权，才能真正实现梦想。作为对阻碍者的回应，卡丹再次掀起颠覆风潮，大胆推出男性时装。

如果说卡丹的大众成衣让服装从 T 台走入民众，确定时尚与普通女人的联系的话，那么接下来的举动则是开天辟地地把男性引入时尚潮流，掀起男性时装旋风。卡丹惊奇地发现，法国时装在过去几百年里，几乎没有男人的"位置"，人们从骨子里就不认为男性与时尚有任何关系，可以说，这又是一块空白市场。

嗅到商业前景的卡丹毫不犹豫，当即就推出男装系列。而且卡丹所设计的男装不是仅为了填补市场，而是从设计师角度真正解放了 20 世纪 50 年代的男性装束，例如无领夹克衫、哥萨克领带等，因而很快受到大众欢迎。但由于被驱逐出辛迪加，卡丹必须依靠自己的力量来销售男装，所以他又开出一间男性时装专卖店"亚当"。系列男装的成功，让皮尔·卡丹公司营收翻倍，从此男装在卡丹的设计中占据主导地位，是公司六成的营收来源。

紧接着，卡丹又将童装与时尚挂钩。他所设计的童装完全打破了传统儿童服饰的单调和平淡，以衣服为载体，展现儿童那些光怪陆离的童话梦想。他设计的系列童装一经面世，就迅速占领了欧洲市场。

一连串拍案叫绝的市场反应过后，卡丹彻底让对手叹服，他们纷纷效仿起卡丹的作品。1962 年，辛迪加在所有成员的强烈要求下，重新将卡丹请回来，并邀请他出任协会主席。

在迪奥时装店工作时，卡丹曾经暗暗发誓，不仅要让温莎公爵夫人穿上他的衣服，甚至要连她的门房都可以买得起皮尔·卡

---

[1] 周元. 中国时尚的启蒙人皮尔·卡丹,用剪裁改变世界的面貌[EB/OL]. (2021-01-05)[2023-10-05]. https://baijiahao.baidu.com/s?id=1688028941888728.

丹的服饰。卡丹的愿望实现了，20世纪50年代，从名流到民众，无一不是他的顾客。"神来之笔"固然帮助卡丹引领风潮，但让卡丹服饰变得深入人心的，是常伴随设计思想的经营之术。虽然看起来卡丹都是出奇制胜，但实际重点却并非"奇"，而是先知先觉、符合市场规律的奇特之道。从这一点来看，迪奥或许看错了——卡丹不是高级时装的未来，而是商业的未来。

爱马仕：创意向左，执行向右

自1837年蒂埃利·爱马仕在巴黎创办"爱马仕马具工作坊"算起，历经第一次、第二次世界大战的爱马仕公司已经走过百年征程。在战火纷飞的年代，爱马仕家族的掌舵者们始终引领时代潮流，在变幻莫测的商业环境中，将爱马仕从单一的马具品牌发展为产品种类繁多的奢侈品牌。

19世纪初期，拿破仑三世为了让法兰西胸甲骑兵团能够在战场上专心杀敌，从民间找了几位匠人专门制作马具，蒂埃利·爱马仕就是其中一员。蒂埃利·爱马仕在军队中练就的对待产品的严苛标准，使得他后来在开设马具店时制作的产品相当精美。他所采用的"马鞍双针法"更是大大提高了马具的安全性，因而广受贵族喜爱，马具店的生意十分红火。

当他的儿子查尔斯·爱马仕接过大权后，便直接将马具店搬到巴黎福宝路24号。这里的隔壁就是拿破仑三世的皇家花园，而且一条街上住着的都是贵族。于是，世界各地皇室成员的目光都被这家小小的马具店吸引住了，查尔斯趁机将生意向全球扩张。

然而随着汽车工业的兴起，马车出行渐渐被淘汰，爱马仕家

第6章 战争结束，时尚风潮来袭（1945—1958）

族的马具生意自然也受到了影响，这时候掌管家族生意的已经是蒂埃利·爱马仕的孙子埃米尔·莫里斯·爱马仕。他很清楚爷爷对马具的热爱，也清楚家族品牌到了生死存亡的关键时刻。

他决定采取多元化策略，一边转型生产箱包皮具，一边将家族高超的手工技艺运用到皮具缝制上，使得传统可以保存。1920年，莫里斯还从加拿大购买了拉链专利，让拉链和爱马仕的皮革制品进行融合。莫里斯的大胆创新使得爱马仕的市场得到进一步稳固。

生意的逐渐扩大，也让爱马仕公司开始意识到建立品牌的重要性。1945年，爱马仕公司正式注册"马车"商标，它的灵感来自法国画家阿尔弗雷德·德勒的一幅画：《马车与马童》，而后爱马仕又将橙色指定为产品包装颜色。其实当时橙色并非主流颜色，但在第二次世界大战期间，物资奇缺，爱马仕的工厂只剩下橙色卡纸可以用。而且，爱马仕公司意外发现，橙色与爱马仕马具的颜色十分相衬。战争结束后，橙色就被爱马仕家族认可了。从此爱马仕的所有产品，都打上了马车商标，配上了橙色包装盒，醒目的标识使得人们对爱马仕品牌印象深刻。

这些都是由第四代接班人罗伯特·杜马斯完成的。在20世纪30年末，杜马斯已经接管大部分的爱马仕业务，也是在他的管理下，爱马仕真正进入奢侈品行业。

杜马斯的制胜武器不是马具，也并非皮具，而是更具时尚气息的丝巾和手袋。杜马斯是莫里斯的女婿，同时也是一位出色的丝巾设计师。所以，他选择以丝巾来打开爱马仕的产品格局。此前杜马斯为纪念爱马仕成立100周年，设计了第一条爱马仕丝巾"女士与巴士"。小小一块几十平方厘米的丝巾，在杜马斯手中成为爱马仕家族艺术与时尚的完美结合，而爱马仕家族精益求精、尊重艺术的精神也被完美注入丝巾的制作过程中。

从设计到完成，爱马仕丝巾需要经过7道工序，接着又面临着复杂的验收流程，通常一条丝巾从设计到达到摆上柜台的标准需要花费18个月。除此之外，每条丝巾都要运用12～36种颜色，而且每种颜色都必须均匀地扫在丝巾上，超高的标准使得爱马仕坚持用手工来完成一切。

经过严谨复杂的制作工序之后，爱马仕丝巾看上去就像一幅精美的相框画，但又不失丝巾的柔顺感。因此，爱马仕丝巾迅速掳获了巴黎女士的心。自推出首款丝巾开始，爱马仕丝巾就迅速风靡巴黎时尚界，成为人们追捧的时尚玩物。在女性华丽典雅的装扮之下，多一条爱马仕丝巾瞬间会增添几分女人味。

杜马斯深知物以稀为贵的销售之道，所以每年仅推出两个系列的产品，每个系列共12种款式，这12种款式中有6种是以前款式的完善，比如色彩的重新组合等，另外6种是新产品。而且，杜马斯深知品牌营销的重要性，所以他们为每一款丝巾都赋予了美丽的故事。在爱马仕家族看来，他们的丝巾既是装饰品，也是一件艺术品。

得益于深入人心的营销，大量追求艺术生活的优雅女性对爱马仕丝巾爱不释手。譬如英国女王伊丽莎白就是爱马仕丝巾的忠实客户，她系着爱马仕丝巾的照片更是被印在英国邮票上，成为爱马仕最佳的广告宣传方式。

丝巾的成功吸引了时尚界的目光，他们惊讶地发现原来爱马仕除了丝巾，还有很多产品都具有浓厚的艺术气息。

真正奠定爱马仕被时尚界追捧、成为大众拥戴的奢侈品牌地位的，是杜马斯推出的"凯莉手袋"，其名字来源于当时好莱坞巨星格蕾丝·凯莉。当年凯莉作为当红电影女主角嫁给摩纳哥王子，一时间成了媒体跟踪的头条，而在媒体"持之以恒"的报道下，凯莉的穿搭也成为大众的模仿对象。1956年，凯莉被拍到一张用爱马仕手袋掩盖小腹的照片。坊间传闻，凯莉当时已经怀有身孕，她是在用手袋遮挡因怀孕而变形的身材。这张照片被刊登在《生活》杂志上,成为经典瞬间,人们感兴趣的除了这条娱乐新闻外,还有凯莉手中的这款爱马仕手袋,纷纷跑到爱马仕商店去购买同款。

实际上,爱马仕1930年就在销售这款手袋,但从未迎来过如此高的关注度。杜马斯敏锐地发现,这是一个迅速扩大手袋销量以及爱马仕知名度的大好时机。于是,杜马斯再次发挥天才般的营销思路——将手袋冠名为"凯莉"。此前还没有哪一个时尚品牌以皇亲国戚的名字命名,显然这并不容易做到。不过,杜马斯已经打定主意,他联系了摩纳哥王室。一直到1977年,王室才同意爱马仕用"凯莉"的名字命名手袋。自此以后,"凯莉手袋"就成了爱马仕最经典的产品之一,而且长销不衰。后来,英国戴安娜王妃也钟情"凯莉手袋",并一直等了许久才拿到专属的天蓝色鸵鸟皮"凯莉手袋"。众多王室成员的青睐,成为爱马仕的骄傲,也让爱马仕的品牌价值更上一层楼。

当年爱马仕从中获得商标灵感的那幅图,其画面中有一驾马车,由高大的骏马牵引,马童位于车旁,而车座虚位以待。爱马仕对此的解读是:"爱马仕提供的虽然是一流的商品,但是如何显现出商品的特色,需要消费者自己的理解和驾驭。"[①] 爱马仕家族这个载体或许就是消费者最好的样本,不管传承多少代,掌舵者始终坚持爱马仕创意决策和严格执行的原则。在此之外,掌舵者又都在演绎着各自独特的风格,以便应对市场。常变常新,是爱马仕成为经典品牌的营销方式之一。

---

① 解读爱马仕:巴黎驶来的马车贵族[EB/OL]. (2020-06-23)[2023-10-11]. https://www.vzkoo.com/read/1da85cac87a2fae87c06715e4f3ac25b.html.

欧莱雅：研发主宰，广告破局

20世纪的巴黎，艺术家和作家们从世界各地慕名而来，流连在塞纳河畔左岸。他们活力四射，对历史、哲学、时尚知无不言，连空气中都散发着艺术创造的自由感。而右岸，一间间店铺拔地而起，成为繁华的商业街区。欧仁·舒莱尔的公寓就坐落在塞纳河右岸，与浓厚的艺术气息相伴。他在那里创立"法国无害染发剂公司"，也就是全球最大化妆品集团欧莱雅的前身。

带领人们进入新美学世界的舒莱尔，所学的其实并不是时尚，而是与时尚和美有一定距离的化学。1903年，舒莱尔毕业后，就投入染发产品的研究，他认为以植物为主制成的产品不够"自然"，所以主张合成制剂，并成功研发第一支合成染发膏，舒莱尔将它命名为"奥莱雅"。

舒莱尔不仅是一名出色的化学家，在经商上也有着绝佳天分。他非常清楚找到目标顾客的重要性，对于染发剂产品来说，发型师无疑是最佳目标。因为发型师不仅在工作中需要使用染发剂，由发型师向顾客推荐也会显得更加专业，而口碑远比其他宣传手段有效。通过走街串巷地向发型师推销，舒莱尔的染发剂快速在法国流行开来，1909年，舒莱尔注册了公司，将欧莱雅染发剂依次销往奥地利、荷兰等地。

而后历经一战、二战，欧莱雅的工厂在战争中被占用，来生产军用物资，尽管这使得舒莱尔经营变得艰难，但他最终都挺了过来。在这期间，公司规模仍在扩大，产品线也拓展到香皂、洗发液、防晒用品等。欧莱雅的成功为舒莱尔带来大量金钱和显赫名声，使他成为著名企业家。

二战结束后，欧莱雅已经是欧洲的知名公司之一，但舒莱尔

第 6 章　战争结束，时尚风潮来袭（1945—1958）

明白这还远远不够，作为欧莱雅第一代创始人，他的任务是不断开疆扩土。

他发现，随着战后生活水平的逐步恢复，人们对美的追求也提升到新的层面。从 20 世纪 50 年代开始，法国人倡导起"美国式"的生活方式，追求现代化、时尚健康的生活。另外，当时法国诞生了几百家连锁食品零售店，便捷的销售渠道延伸出许多消费型产品。舒莱尔认为，这都是欧莱雅公司持续发展的机会。

于是，舒莱尔投入大量经费，研究家用美发产品，以满足普通消费者的需求。而后，欧莱雅公司陆续推出冷烫发产品 Oréol、家用染发剂 RegeColor，还有一次性用量的香波 BerlingotDop 等产品，均在市面引起轰动。其中 RegeColor 成功开创了大众染发的历史，而 BerlingotDop 则对法国人的卫生习惯产生影响。种种创新产品的推出，让欧莱雅稳固了在市场中的地位。

研发实力一直是欧莱雅公司获得领先地位的核心因素，除此之外，让研发更有价值的营销也是重要因素。

舒莱尔在创立公司之初，就深知广告宣传的效力，而他本人也是广告宣传的先驱。他非常善于利用不同渠道来建立欧莱雅的知名度。他先是借用身边朋友的力量，邀请插画家为欧莱雅产品制作广告画。为了让宣传效果更好，他还买下《巴黎发型》杂志所有权，让其成为欧莱雅专用宣传渠道。随着电台广告兴起，他又发明广告歌，用唱歌的方法将产品"洗脑式"地灌输给消费者。由于形式太过新颖，一开始还不太能被大众接受。为此，舒莱尔花了几个月时间说服电台继续播放他的歌曲。

1953 年，法国已经步入现代化阶段，连带着商业环境也变得开放。舒莱尔又探索新的营销方式——开启"企业赞助"的先河。例如在歌手进行巡回演出时，用 DOP 香波品牌的颜色来装饰舞台，然后让歌手唱出经典的DOP歌曲："DOP，DOP，他是DOP派！"[①]或者宣传"讲究卫生"的说法，让法国人明白卫生是现代生活不可或缺的元素。除了这些，欧莱雅还会到现场去派发小样产品，让顾客可以从试用开始逐渐引发对DOP香波的兴趣。

就这样，每天拥有几万名观众的演出为DOP香波打开了局面，而以赞助、各类媒体渠道组合的宣传方式，也让欧莱雅产品家喻户晓。在舒莱尔看来，广告不是一种简单的宣传形式，而是促进进步的工具。所以舒莱尔对欧莱雅产品的宣传，总是在贴合产品特色的同时，道出女性对美丽生活的期许和需求，引发她们的心灵共鸣。注重含义的广告内容在欧洲掀起关于外表之美的思维变革，使欧莱雅在欧洲得到快速发展，舒莱尔也因此获得奥斯卡广告大奖。后来，广告策略在欧莱雅全球扩张中同样起到重要作用，其形式发展为邀请明星代言，而有不少明星因为代言欧莱雅反过来获得关注，双方相得益彰。

1954年，舒莱尔看中药妆渠道的潜力，和另一法国健康护肤品牌薇姿签订协议，进军药妆领域，欧莱雅的产品结构也渐渐向化妆护肤品类倾斜。不久后，欧莱雅将薇姿股权全部收购。

在欧洲市场的成功给了舒莱尔信心，他接着开启国际化进程，在美国创立代理公司卡斯麦尔，由其代表欧莱雅在美国市场销售产品。然而正当欧莱雅铆足劲开拓市场时，舒莱尔却不幸过世了。

失去奠基人对欧莱雅的打击无疑是巨大的，但这并没有影响公司发展。舒莱尔早就做好了安排，因为他并不信奉子承父业那一套理念，所以把管理大权交给了在公司任职多年的职业经理人弗朗索瓦·达勒，而不是唯一的女儿利利亚娜，欧莱雅的职业经

[①] 欧莱雅：一个世纪的美丽传奇[EB/OL]. (2009-05-20)[2023-10-11].https://eladies.sina.com.cn/beauty/liangli/p/2009/0520/1144868261.shtml.

第 6 章　战争结束，时尚风潮来袭（1945—1958）

理人制度从此确定下来。

1957年，达勒接过舒莱尔的权杖，开启他的管理时期。达勒本人也是一名科学家，因此在治理公司时，仍然延续舒莱尔的理念，将研发创新深深植入欧莱雅的发展战略。不过，达勒要比舒莱尔更富创造力，他是不折不扣的扩张主义者，喜欢抓住机遇。欧莱雅在他的带领之下，扩张范围不再局限于产品种类，而是多品牌发展——持续从外围收购公司，包括兰蔻、碧欧泉等——最终造就了化妆品帝国。

早前舒莱尔从希腊语"OREA"，象征着"美丽"的单词中汲取灵感，将公司的名称改为"欧莱雅"（L'Oreal）。因为他所经营的，正是关于美的生意。而更具意义的是，许多年后，当人们回顾欧莱雅的历史时，或许会想起舒莱尔创造的美学神话，它在一个世纪里被女性奉为美丽宝典。

当你站在财富变迁的角度观察法兰西民族的经济发展史，就会发现一个有趣的现象：在法国经济问题层出不穷时，总会有时尚品牌站出来。第一次世界大战后的香奈儿，30年代经济危机期间的夏帕瑞丽，二战后的迪奥，还有后来80年代经济低迷中的LVMH集团。在法国经济发展的图谱中，时尚产业犹如一颗璀璨明珠，吸引着世人的眼球，并在国民经济发展中起到重要的作用。

经过十余年发展，法国的经济渐渐恢复。然而法兰西尤其重视的工业却进展缓慢，在国际社会中受到轻视。在军事层面，阿尔及利亚独立战争也在时刻威胁着法国的大国地位，但支离破碎的法国却难以应对。焦虑蔓延整个法兰西共和国，他们将如何渡过难关？

第7章

崛起,戴高乐式工业主义(1959—1972)

1958年，经过法国全民公投，戴高乐被推选为总统。此时美苏冷战和世界各地出现的非殖民化运动，令在二战中元气大伤的法国焦头烂额。每失去一块殖民地，都意味着巨额财富的流失。为了反非殖民化运动，法国不得不在战争中背上美国贷款，其金额远比从"马歇尔援助计划"中获得的要高。

自从苏伊士运河事件后，法国终于清楚地知道，所谓的美国保护是建立在以美国利益为优先的基础之上的。眼看着法兰西共和国神话逐步被瓦解，民众丧失了民族自豪感。戴高乐上台后强硬地喊出"独立自主"的口号，甚至不惜与美国交恶——退出北约、坚持发展核武器，试图从军事中找回大国威望。

然而全权的"独立自主"还需要经济支撑。于是戴高乐主动缓和与苏联、东欧，乃至中国的外交关系，并拾起法兰西的工业才华，专注培育高、尖端工业，希望再回到工业强国行列。戴高乐为法国经济快速恢复找到了有效途径，这一时期法国工业企业的崛起，与政府干预企业以及灵活外交政策有着极大关系。

不过让法国工业走向世界的重要原因，是企业和企业家们利用政策便利发展商业，建立起超前的商业策略。在政府和企业的共同努力下，法国拥有了可以向世人展示的高速列车、空中客车，以及纵横天空的幻影战机。

阿尔斯通：制造最快的电力机车

2022年9月9日，法国西部城市拉罗谢尔的一座工厂外，人头攒动，人们焦急地等待着TGV M型电力动车组正式下线。按照计划，TGV M将在2024年巴黎奥运会和残奥会期间承担乘客运送工作。当一列列车缓缓驶出时，所有人都被这头漂亮的白色"巨鲸"吸引住了，镜头都聚焦在车身上。车头处，驾驶员不停地挥手跟大家打着招呼。

这是阿尔斯通制造的第五代TGV高速列车，作为欧洲首列商业上成功的高速列车，每一代TGV高速列车的更迭，无一不是在唤醒法国人由来已久的自豪感。TGV是法国在世界铁路机车历史上里程碑式的产品，但真正让法国在铁路机车史上拥有领先地位的，是1955年3月28日由阿尔斯通设计制造的CC7100型电力机车，在波尔多—达克斯铁路段上跑出了326公里/小时的速度，成功打破当时铁路车辆最高速度的世界纪录。

二战后，公路和航空运输业发展迅猛，导致铁路客货运量下降，西方各国不得不封闭并拆除铁路以减少亏损。面对被公路和航空压缩的市场空间，工业发达的西方国家绞尽脑汁研究列车提速。自20世纪50年代起，铁路向现代化建设迈进，电气化铁路不断增多，铁路机车的主力也从内燃机车过渡到电力机车。在这期间，阿尔斯通为法国在铁路提速领域作出了巨大贡献。

1928年，法国阿尔萨斯机械制造和汤姆孙-休斯顿电气两家公司合并后建立阿尔斯通，并把首家工厂建在了法国贝尔福。此后阿尔斯通又吞并了集电力机车、电气及液压设备制造等于一体的法国建筑电气公司，顺利将业务拓展到交通领域。凭借几家公司在铁路机车以及电气方面的卓越成就，阿尔斯通的生意做得风生水起，20世纪50年代后频繁获得法国国营铁路公司的订单。

1940年以前，电力机车的牵引电动机一般采用轴承式半悬挂，这种结构的缺点是列车运行起来后，轮对产生的冲击振动会传导给牵引电动机，导致难以继续提高速度。到了20世纪40年代末期，架承式全悬挂的牵引电动机的成功研发，解决了这一难题。法国国营铁路公司（简称"法铁"）随即向阿尔斯通订购了两台CC7000型电力机车，这是全法国第一次使用阿尔斯通架承式结构的电力机车。两台机车在巴黎—波尔多铁路上试验，最高速度达到180公里/小时。

1952年，巴黎—里昂铁路完成电气化，由于CC7000型电力机车性能良好，法铁再次向阿尔斯通订购了CC7100型电力机车。1954年，阿尔斯通开始对CC7100型电力机车进行提速试验。首先是CC7121号电力机车，它牵引着100吨载荷，在第戎—伯恩铁路间冲到243公里/小时，刷新德国齐柏林号此前创下的世界纪录。试验成功为那一天的法国增添了传奇色彩，不少法国人认为这将使法国的铁路事业长期保持领先地位。

但阿尔斯通的终点并不在此，试验结束后，三位优雅的法国女士与CC7121号电力机车拍下合影，一张极具反差感的照片展现出了阿尔斯通的野心：他们的征服仍在继续，技术人员正在研究能跑出更高速的机车。

这一天没过多久就到来了，1955年3月，在凉爽的春日午后，阿尔斯通制造的CC7107号[①]机车开始试验。为了提供300公里/小时速度所需的电流，阿尔斯通和法国国营铁路公司的技术人员决定将接触网电压从1500伏提高到1900伏，并且对机车进行

[①] CC7107、CC7121同属于CC7100型电力机车。

第 7 章 崛起，戴高乐式工业主义（1959—1972）

一系列改动，包括加装轮盘制动、将转动齿轮比降到了 1.145 等。终于，在波尔多—达克斯铁路段上，CC7107 号成功问鼎新的世界纪录，它跑出了令人惊讶的速度——326 公里/小时。

极限速度为阿尔斯通打开了商业局面，伴随着戴高乐总统灵活的外交姿态，荷兰、西班牙、苏联、摩洛哥、阿尔及利亚等国家纷纷向阿尔斯通订购 CC7100 型电力机车及其衍生改进车型。CC7100 型一跃成为二战后法国著名的电力机车车型之一，见证了世界各国铁道"大动脉"的变迁。

20 世纪 60 年代，不仅是西方工业在高速发展，中国也意识到铁道工业对于经济的重要性，开始在国内大范围修建铁路和制造机车。1960 年 5 月，宝成铁路的宝凤段建成并通电，这是中国第一条电气化铁路干线，由中国自主生产的 6Y1 型电力机车也同时开始在这条铁路上试运行。然而由于工业水平并不高，6Y1 型机车在测试中便出现了致命的技术问题，迫于无奈，中国只能从外国进口电力机车来保证宝成铁路的正常运行。

虽然当时中法并未建立外交关系，但希望摆脱美国掣肘的戴高乐，对于中国充满兴趣，他主张东西方"缓和与合作"。对中国企业发出的购车需求，戴高乐更是表现出极大的友好。靠着法国政府积极的外交政策，阿尔斯通顺利拿到了中国的订单，并以刚为苏联制造的 F 型电力机车（该车型在机械部分参考了 CC7100 型电力机车）为原型拿出了设计方案。

1960 年 6 月，我国铁道部和阿尔斯通签订了购买 24 台 F 型电力机车的合同。阿尔斯通根据中方要求，再次对 F 型电力机车进行了技术改造，新车型被命名为 6Y2。紧接着就在贝尔福工厂开工，因为生产线很成熟，7 月初 2 台 6Y2 型电力机车即下线，月底运抵中国，成为阿尔斯通打开中国铁路市场的钥匙。

不过令人措手不及的是，1960 年下半年贝尔福工厂因为劳资纠纷，发生了工人罢工事件。持续两个星期的停工严重影响了电力机车的生产进度，导致最后两台6Y2无法按时交付，阿尔斯通很有可能要因此赔付一笔数目不低的罚款。

不过，阿尔斯通不仅在提供技术服务时愿意以顾客需求为优先，在商业法则运用上也十分灵活。显然相比罚款，中国市场对阿尔斯通来说更重要，恰好中国也并不想再把时间浪费在寻找下一家制造商上。经过一番协商，最后决定由阿尔斯通"自愿"修改合同，在交付时间延后的情况下，交付数量由24台变为25台。也就是阿尔斯通以白送一辆车的代价，换取了免除高额违约金的责任和商誉受损的风险。表面上似乎是阿尔斯通吃了亏，但实际对它来说是一笔相当划算的买卖。

6Y2型电力机车的性能很好，加上阿尔斯通在商业活动中所展现的变通性，让中国对这次合作念念不忘。20世纪70年代，铁道部再次向阿尔斯通公司订购了40台电力机车和50台内燃机车。这是阿尔斯通公司当年获得的最大订单，法新社曾对这笔交易做出评价：正在革命中的中国从法国引进了革命性的机车。

这一次，贝尔福工厂不仅没有罢工，还特地进行了一次扩招，开足马力完成这笔大订单。在那个工业先行的年代，追风逐电的高速列车穿过大西洋，深度进入中国市场，成为法国展现工业实力的"名片"，当然也为阿尔斯通后来占领全球市场埋下伏笔。

正是因为对工业技术的极限追求，1971年，阿尔斯通制造出了TGV高速铁路的首款原型动车组TGV001。TGV是世界上第一种真正达到高铁级别时速的列车。至此，法国拥有了全球最快的高铁，并成为欧洲高铁技术的风向标，而阿尔斯通在轨道交通领域也算真正有了一席之地。几十年来，阿尔斯通制造高铁的技术不断被出口至西班牙、意大利、韩国和美国等。

就在阿尔斯通的CC7100型电力机车于1955年3月28日创造

速度纪录后的第二天,由日蒙-施耐德公司制造的 BB9004 号电力机车以 331 公里/小时打破了阿尔斯通 CC7100 型电力机车的纪录。于是,CC7100 型电力机车和 BB9004 号电力机车合力将世界铁路的运行速度提升到新的高度,向世界证明了法国工业技术的卓越。原本落后的法国铁路系统后来者居上,摘下世界铁道工业皇冠上的明珠。

达索:法兰西航空工业的骄傲

马塞尔·达索决定制造飞机的原因,除了钟情于飞机本身,还有家仇和国恨。亡国的经历以及德国纳粹惨无人寰的迫害激起了马塞尔·布洛克的民族意识。为了铭记心中的英雄,马塞尔改名为马塞尔·达索。"达索"是他兄弟所在抵抗运动的简称,有"坦克"的意思,此时这个极具战斗意味的代号与马塞尔的心情如出一辙。

第二次世界大战结束后,马塞尔回到巴黎,找到战前曾帮他设计建立航空设计室的合作伙伴——本诺·克洛德·瓦利埃和亨利·波泰,他们合伙成立了马塞尔·达索飞机制造公司,马塞尔第三次投身自己钟情的飞机制造事业。

公司成立后,马塞尔全神贯注于研发工作。由于前期资金并不充足,马塞尔在逼仄的厂房里包揽了设计师和工人的角色,从设计飞机到生产飞机零件,马塞尔参与了全部的过程。在马塞尔的努力下,1949 年法国第一架喷气式战斗机成功首飞,马塞尔为这款飞机取名为"飓风"。这款飞机性能良好,在世界军贸市场引起了热议,公司很快接到了来自以色列空军的订单。

20 世纪 50 年代是达索飞速发展的时期,也是马塞尔飞机研制的黄金时期。

法国人一向崇尚自由，来自骨子里的民族自豪感让他们一直以昔日强大的法兰西共和国为傲。刚从战争中走出来的法国民众在民族自尊心驱使下，希望法国政府能够积极参与世界事务，重塑当年雄风。而在政府层面，以戴高乐为首的新政权更是希望通过重建国际地位来带领国民走出战争的阴影。但是，二战后不久，美苏就凭借战争优势迅速建立了两大军事集团——北约和华约，并呈现对立之势。冷战后的军备竞赛愈演愈烈。戴高乐总统意识到，法国必须要建立属于自己的军事工业，以维护法国的完全独立与安全。

基于此想法，法国空军迫切希望能够拥有更先进的飞机，来保证法国的安全。1953年，法国政府在国内对全天候轻型拦截机项目展开招标工作，他们要求这种新型战斗机要能爬到1.8万米的高度，并且在上升高度完成后，平稳飞行的速度必须达到1.3马赫，最重要的是，这一切要在6分钟内实现。

此时，达索公司已经完成法国第一代超音速战机"神秘"的制造，在战机领域积累了相当丰富的经验。于是，达索公司在招标中拿出"神秘－三角550"方案。这是一种三角翼飞机，阻力小、翼载低、易于加工。这款飞机的第一架原型机于1955年6月25日首飞，经过测试，为了保障加速度，马塞尔决定缩小三角垂尾，并为飞机加装了火箭助推器。达索公司把改进后的飞机命名为"幻影Ⅰ"。可是因为飞机的机体太小，作为一款战斗机却只能挂载一枚空对空导弹，显然不能满足作战需要，因此被军方放弃。

对于飞机研制着迷的达索并没有泄气，很快便在幻影Ⅰ型机的基础上研制出了"幻影Ⅱ"，大体结构与前者相差无几，只是更换了推力更强的发动机，同时，增强了武器携载能力。但"幻影Ⅱ"的技术还没完全成熟，法国的军事装备战略就已发生了改变，国防从防守转向进攻。

在此思想指导下，法国军方要求新飞机必须具有进攻性。为

第7章 崛起，戴高乐式工业主义（1959—1972）

了拿到法国空军的订单，马塞尔在"幻影Ⅰ"的基础上，又研制出一种新型作战飞机。新型飞机的整机重量比"幻影Ⅰ"重30%，整体机身采用先进的跨声速面积律设计，特别是机身中段有明显的蜂腰。动力系统采用的是斯奈克玛公司最新研制的阿塔101G1发动机，这种发动机最大推力达到43.2千牛。马塞尔按照研发编号将其命名为"幻影Ⅲ"。

首架"幻影Ⅲ"于1956年首飞，在飞行试验中的最大飞行速度就达到1.52马赫。后来，马塞尔为其更换了阿塔升级版发动机101G2，试飞中的最大速度甚至超过1.9马赫。"幻影Ⅲ"惊艳的表现令法国空军喜出望外，后者立即订购10架飞机并对预生产型"幻影ⅢA"提出了一些建议。

首架"幻影ⅢA"在1958年10月试飞，最大速度达到了2马赫。追求完美的马塞尔继续对飞机改进，第二年试飞时，"幻影ⅢA"就飞到了惊人的2.2马赫，成功创造历史——这是欧洲第一款飞行速度超过2马赫的作战飞机。

从"达索"公司，到"飓风""神秘""军旗""幻影"战机，马塞尔的取名都充满了寓意，而这些寓意都指向了同一个地方——法兰西民族的骄傲。当"幻影"以超强性能领跑全球时，法国空军彻底摆脱了从外国购买军备的情况，法国生产的战斗机重回世界战斗机舞台。

1960年10月，马塞尔正式投产"幻影Ⅲ"改型飞机，编号为"幻影ⅢC"。法国空军第一时间采购了95架。当时正是冷战最激烈的时候，为了打破美苏两级的军事垄断，戴高乐政府宣布将武器出口作为外贸经济重要的组成部分，并将之提升到国家策略的高度，因此从法国购买武器变得比从其他国家购买更容易。而"幻影ⅢC"的优越性能和低廉价格，对夹在两个超级大国间的第三世界国家来说是最好的选择。从飞机性能、价格，再到国家政策的层层配合，达索飞机很快就打开了市场，出口到瑞士、以色列、南非等国。

第一个使用"幻影ⅢC"作战的国家是以色列，在1963年与叙利亚的战斗中分别击落了米格-17、米格-21。在1967年的"六日战争"中，以色列又再次使用"幻影ⅢC"获得胜利。接连两次战争中出色的表现，令"幻影Ⅲ"名声大噪，大批订单涌向达索公司。"幻影Ⅲ"和苏联米格-21、美国F-5在国际军机贸易中形成了"三足鼎立"的格局。

在军用机之外，达索公司还在探索商用机市场，其中的王牌产品是公务机。1954年，达索公司开始涉足喷气式小型客机的设计生产。马塞尔是一位浪漫的工程师，他尝试制造"优雅、漂亮的飞机"。一开始并没有什么进展，直到20世纪60年代，马塞尔从"神秘ⅣA"中汲取了灵感，将"神秘ⅣA"的机翼、尾翼用到喷气式小客机上，并全新设计了机舱，开发出了第一代公务机"猎鹰20"。1963年5月4日，"猎鹰20"的原型机在波尔多—梅里尼亚克机场完成首飞。

在开发阶段，马塞尔就将目光放到了全球市场。当时美国是世界航空产业的"香饽饽"，那里可能具有巨大的潜力。但达索并不具有在英语国家销售飞机的经验和营销知识，对这家法国的飞机制造商而言，最好的方式是选择一家美国航空公司作为其经销商，以便更好地打入本土市场。

泛美航空公司出现的时机恰到好处。曾因成功飞越大西洋而触动马塞尔二次投身飞机制造业的查尔斯·林白，再次"引领"了事情的走向。林白曾任职泛美航空首席执行官顾问，在他的建议下，泛美航空着手开设一个商务航空部门，而达索的"猎鹰20"是林白接触到的最满意的一款商务机。当时林白在达索工厂看到"猎鹰20"后，就着手给泛美航空写信说道："我觉得'猎鹰20'的外观线条极其精致,从外观而言,它能进一步提升泛美航空的形象。"[①]泛美航空立即对"猎鹰20"产生了兴趣。随着谈判的顺利进行,泛美航空一次性订购了40架"猎鹰20",并保留了120架购买选择权。不久后,"猎鹰20"分别获得法国和美国的适航证书。泛美航空开始执飞"猎鹰20"。

为了稳定北美市场,达索进一步加深与泛美航空的合作关系。1972年,达索和泛美航空合资成立猎鹰商务机公司。后来因为泛美航空遭遇危机,达索趁机购进了其在合资公司内的所有股份,把猎鹰商务机公司彻底变成旗下子公司。

此后,达索家族在商用飞机领域重点发力公务机业务。猎鹰也从"猎鹰20""猎鹰10""猎鹰50""猎鹰2000",更迭到如今的第八代。在家族三代人的共同努力下,达索猎鹰系列交付了上千架飞机,一度占据世界高端公务飞机市场40%的份额。

在马塞尔的带领下,法国诞生了一家实力强大的500强企业——达索工业集团。1986年4月18日,这位传奇的航空巨人逝世,法国历史上第一次有企业家在拿破仑安息的荣军院内举行葬礼。一直到马塞尔离世前,从1947年至1985年,达索公司在38年时间里推出了几十种不同型号的飞机,马塞尔对飞机的热忱给达索飞机加上了"马达",最终帮助法国建立了技术声望,向全世界提供了美苏产品以外的产品,让法国实现了"独立"。

空客:世界商业航空的代表

当幻影战机让法国军用机再次强大起来时,美国已经在商业

[①] 士嘉.马塞尔·达索:法式优雅与激情[J].大飞机,2020(5):72-75.

航空领域制霸全球。以波音、麦道和洛克希德为代表的"美国军团"，侵蚀了全球80%以上的商用飞机市场。虽然随着二战后经济恢复，欧洲航空有些"春风吹又生"的趋势，但始终连美国的二流公司都较量不过。欧洲并不想让出3万英尺以上的空域，在欧洲一体化的背景下，欧洲人团结起来了。

1967年，英、法、德签署谅解备忘录，正式联合研制中短程宽机身客机——空中客车，因为设计最多可载客300人，飞机被命名为A300。A300项目成立时，"空客"只是通用客机的简称，并非公司名称。原本英、法在协议中占据了股份的大头，但因为在A300研究期间英国退出，德国接替了英国在协议中的股份，从而与法国股份相当，此间法国的主导者地位从未改变。因此1970年，由法国、德国牵头，空中客车工业公司在法国正式创立，并将总部设在拥有大量航天航空高校的法国城市——图卢兹。

初创期的空中客车工业公司（简称"空客公司"）在欧洲政客眼里，更多的是抗衡美国的手段之一，因为各国仍有独自的新机备选计划。就连后来空客公司最大的竞争对手——美国波音公司也对此不屑一顾。在波音看来，空中客车只是个由松散联盟组成的"政府工程"，走不长远。所有人都不看好空客飞机能够成为美国飞机的对手，只有空客的缔造者除外。

来自法国的工程师罗杰·贝泰耶被选中作为A300项目的技术总监。罗杰·贝泰耶是法国南方飞机公司的试飞工程师，曾参与了快帆飞机的首飞。项目总经理则由法国南方飞机公司总裁亨利·齐格勒担任，之后其又成为空客公司的总经理。从一开始，罗杰·贝泰耶就明白如果要和波音竞争，空客公司必须使用更多的新技术，创造出更先进、更高效的飞机。例如：将质量更轻的复合材料使用到二级结构部件上；采用可以充分利用空间的标准圆形截面机身；开发电传操控系统，提升飞行安全性的同时增加机身宽度，

第 7 章　崛起，戴高乐式工业主义（1959—1972）

实现空客飞机驾驶舱的通用性；等等，这些新技术为罗杰·贝泰耶提出的"飞机家族"打下了基础，此后空客飞机的研发都基于这些技术。A300 最大的创新在于，只用了两台发动机，这是世界上第一款双发动机宽体客机，同时将民航飞机带入双发宽体时代。

在这之前，民航飞机都采用三台发动机的配置，包括道格拉斯正在研制的 DC-10 和洛克希德公司的"三星"，这也是当时能够长距离空中安全飞行的最低要求。但如果和对手一样，空客飞机就没有任何市场竞争力，所以 A300 要配备推力更强大的新型发动机。罗杰·贝泰耶将新型发动机的研制希望寄托于英国公司罗尔斯·罗伊斯（以下简称"罗罗公司"），当时罗罗公司的主要精力都放在新型发动机 RB211 上，这是一款针对美国市场研制的发动机。了解情况后，罗罗公司答应为 A300 开发新发动机 RB207。但无奈的是，RB211 的研发并不顺利，罗罗公司还因此被拖入财务危机，RB207 显然不可能再出现。于是，罗罗公司提出可以将原本为洛克希德"三星"设计的 RB211 发动机进行二次开发，以适配 A300 所需要的动力。空客公司拒绝了这个提议，转头购买现成的发动机——美国通用电气 CF6 和普惠 JT9D 的发动机。

由于当时多个民用飞机项目并行开发，英国群众本就对与日俱增的研究成本十分不满，空客公司的做法极大地刺激了英国政府及民间的情绪，这等于是在家门口被踢出局。于是英国政府宣布退出联合体，不再给予任何财政支持。不过，负责制造机翼的英国公司霍克·西德利选择了以系统分包商的角色留在空客项目中。一直到 1979 年，英国政府才再次回归并获得 20% 股份。

实际上，因为成本问题，法国政府也曾想退出 A300 项目。这时亨利·齐格勒站出来，他明白航空旅行将是大众市场。在抗衡波音的计划里，此前法国押宝的是和另一商用飞机技术领先者英国合作的"协和客机"项目，但"协和"号极高的开发成本导致了昂贵的机票价格，显然无法成为主流商用机。因此他多次阻止法国政府，并直言不讳地对时任法国交通部长简·查曼特表示："停止支持空客，就意味着将有 3 万名工人因此失业，其中大部分都是法国人。"[1] 正是由于他的反复游说，A300 项目才得以尘埃落定，奠定了法国成为空客公司"火车头"的基础。

回到产品设计上，现在发动机有了，接下来，就是了解市场需求。为此，罗杰·贝泰耶花了大量时间访问欧洲的大型航空公司以及美国的航空公司，来了解什么是客户真正需要的产品，"倾听客户声音"后来也成为空客公司的核心文化。通过了解，罗杰·贝泰耶知道法国航空和汉莎航空想要一款更小的产品时，他认为继续研究 300 座级客机在市场上将是个冒险的决定。

1968 年初，罗杰·贝泰耶组织团队研制 A300 缩小版 A300B，载客量降到 250 人左右，机身直径和长度整体"缩短"，因此 A300B 的起飞重量比原来少了 25 吨。这意味着，两台发动机就可以让 A300B 安全飞行。并且因为只有两台发动机，生产和运营成本将大幅下降。

1969 年，A300B 自信满满地在巴黎航展上公开露面，但却没有引起国际社会的注意。更糟糕的是，空客飞机很快从法国航空公司得到反馈，250 座级有点太小了。眼看着项目就要"流产"，关键时刻空客公司决定，按照法航需求加长机身，让载客量达到 270 人，打造全新的型号 A300B2。见到诚意的法航也不再犹豫，于 1970 年 9 月 3 日向空客公司订购 6 架 A300B2，汉莎航空紧随其后买了 3 架。

---

[1] 梁剑. 空客公司 50 年发展历程(一):联合起来谋出路[EB/OL]. (2019-08-22) [2023-10-15]. https://www.cannews.com.cn/pc/news/179538.

第 7 章 崛起，戴高乐式工业主义（1959—1972）

经过欧美数十年交锋，罗杰·贝泰耶认为空客公司要想在商用飞机赛道上成功，无论如何都必须突破美国市场。A300B 作为性价比超高的飞机，在性能和经济方面都完胜美国的三发飞机，但关键问题是，如何让美国的航空公司相信空客公司设计了世界上最经济和最具创新性的飞机？

罗杰·贝泰耶和亨利·齐格勒决定采取商用飞机历史上前所未有的营销手段，带着 A300B2 去北美和南美"漫游"，开启 6 周的销售远征。

为此空客公司组建了一个"漫游团队"，包括机组成员、销售人员、工程人员，甚至还捎上了几箱顶级香槟，提供给受邀在中途停留观看的客人。空客公司就是要告诉美国航空公司，如果不购买 A300B2，将是他们最大的损失。至今，这种派出原型机在全球飞行示范的宣传方式还在空客公司中保留。不过，A300B2 的巡展过程并非一帆风顺，在芝加哥进行飞行展示时，因为鸟撞击到 A300B2，其中一台发动机不能正常运行，无奈之下，工程人员只得在现场"表演"给飞机换发动机。比起充满营销噱头的巡展，美国人更看好空客公司的技术实力，对 A300B2 飞机本身的易维护性印象更为深刻。

6 周的巡展结束后，空客公司没有带回来一个客户，它无法取得信任。美国联邦航空局对双发飞机有着严格的 ETOPS（延程飞行）限制，即在一个发动机失效的情况下，飞机距离备降机场的距离要在 60 分钟航程内，以保证安全飞行。三发飞机则没有这种限制。所以如果飞机没有延程飞行能力，航空公司只能在靠着海岸线的航路上飞行，而不是直飞跨洋路线，因此航空公司并不愿意采购空客飞机。

在商用飞机市场，如果无法得到美国市场的认可，也就无法得到国际市场的认可。幸运的是，1973 年，石油危机爆发导致全球油价高涨，只有两台发动机的 A300B2，此时燃油效率的优势就显现了出来。为了扩大市场，1974 年，空客公司提出"90 分钟改航时间"，这是针对"60 分钟限制"的措施，该建议被国际民航组织接受，A300 改进版逐渐被销往韩国、印度等国家。

1977 年，幸运之神再次降临在空客公司头上。在美洲漫游时，空客飞机曾经引起了美国东方航空公司总裁弗兰克·波尔曼的注意，弗兰克·波尔曼是"阿波罗计划"的宇航员，同是飞行员出身的罗杰·贝泰耶和他有着深厚的友谊。在这一前提之下，空客公司创造了灵活的销售策略——将 4 架 A300B4 免费租给财务状况不佳的东方航空公司，并承诺在使用 6 个月后东方航空仍拥有自主选择权，若满意就买下飞机，不满意则退回。半年过去，东方航空公司向空客公司订购了 23 架飞机，成为当时最大的客户，美国市场就这么被打开了。

制造 A300 飞机时，还发生了一件有意思的事情。因为飞机生产由几个国家联合完成，为了高效完成生产工作，罗杰·贝泰耶制订了一项工作计划，即将空客欧洲生产系统基础的工作份额进行划分，其中由法国负责机头、机身中下部、总装等部分，英国负责机翼，德国负责垂直尾翼和机身其他部分，西班牙负责舱门等部分。总之，A300 飞机的零部件生产分散在欧洲大地上，最后又都要运到总部图卢兹的工厂进行组装。一切由法国开始，绕了一圈回到法国才算结束，这足以说明法国航空业对空客飞机的重要性。其中为了运输这些大型飞机构件，空客采用了波音 377 改造的运输机"超级彩虹鱼"。所以，民航业有句老话："万架空客生于波音之翼。"[1]

---

[1] 卢西. 如何离开地球表面：人类航空航天小史[M]. 北京：北京日报出版社，2021.

第 7 章　崛起，戴高乐式工业主义（1959—1972）

法国电力：不能输的一战

1945 年 8 月 6 日，巨大的蘑菇云在日本广岛上空翻滚，核武器开始在战争中被使用。

核武器的使用与核武器的威力，刺激着每一个国家，其中就有法国。

战争的摧残使得法国成了实力最弱的欧洲国家。为了重现往日辉煌，法国一方面不断通过战争来确认国际大国的地位，另一方面则在寻找某种强大的力量来改变落后状态。就这样，核武器逐渐进入法国的视野。

日本军队撤离南亚地区后，法国希望重新回到战前格局，确立对印度支那的殖民统治。但是第三世界国家普遍掀起独立运动，越南的抗法战争爆发。1954 年 5 月 7 日，法国战败，印度支那法军被歼灭 1.6 万余人，62 架飞机被击落或者摧毁，全部参谋人员被俘虏。

越南战事的惨败极大地刺激了法国政府对核武器的野心，苏伊士战争则进一步加快了法国核试验的进程。1956 年，埃及政府颁布苏伊士运河公司国有化的法令。为了重新控制苏伊士运河，英法联合以色列对埃及发动军事行动，但开战仅一周各方就签订停火协议并立刻撤军，原因在于美国的制约与斡旋。法国由此认识到，美国利益优先于法国利益，美国的核保护承诺并不可靠。法国国防部和原子能委员会开始进行核试验。

法国对核武器的坚持在戴高乐复出后达到顶峰，他将核力量作为法国独立的支柱。法国社会一直以来对发展核能有两种声音，一种主张发展军民两用核工业；另一种以法国电力公司为代表，主张发展纯民用核能。在财政有限的情况下，戴高乐明白要发展核打击力量，核工业基础必不可少，而这样的基础需要由民用核电来培育。戴高乐决定，适时运用市场机制，以民用核能来养军用核能。

与战争节节败退不同，法国的经济恢复出现了相反的局面，人们用起了电视机、电冰箱。电器的使用为法国电力公司带来了商机。早在1946年，法国政府就将西南部地区以外的全部私有电力公司国有化，并在此基础上成立法国电力公司，全力推动战后工业化和城市化发展。法国电力公司在政府的全力扶植之下，在国内形成了垄断之势。一座座大坝崛地而起，将电输送到千家万户，而后又在一片自然景观中成为地标建筑，见证法国现代化发展。

10年间，法国用电量翻倍，水力发电已经难以满足需求。因此，法国电力公司不得不放弃水电策略，转而寻求更高效的发电方式——燃油火力发电。此前随着国内核浪潮兴起，为了拥有更大产能，法国电力公司在水电和燃油发电之外，小规模研究过核电开发。1957年，法国电力公司在希农建造动力堆，采用石墨气冷堆核电技术，但由于无法实现大规模商用而没有进一步发展。

当时，美国已拥有全世界最先进的核技术。自由与科学同时出现，以此为真理的法国科学家们没有被狭隘阻挡。尽管法国国内反美情绪高涨，但法国电力公司专家仍毅然决然地向戴高乐建议，从美国西屋公司引进高压水堆技术。该技术通过高压水堆将水送入反应堆加热，再用热水进行发电，经济性强且安全系数很高。

在法国电力公司的积极推进下，法国向美国西屋公司购买了技术。通过学习吸收，1964年，法国第一座商用核电站落成。60年代末，法国又进一步引进西屋公司的压水堆技术。拿到许可证后，接着在本土生产压水堆的设备，从反应堆设计，到设备制造、核电站管理全面向西屋学习。此后，拥有非凡勇气的法国，全面

第 7 章 崛起，戴高乐式工业主义（1959—1972）

放弃自主研究了 20 多年的气冷堆，确定了以压水堆为主导的核电发展路线。

作为唯一代表政府对电力进行行业管理的公司，法国电力公司是电力商业运营方面的"行家"。因此，为了方便往后使用核能大面积发电，政府依旧授权法国电力公司为唯一核电运营商，全力承担核电建设任务。很快，法国电力公司就接到任务——建设 6 台 CPO 系列压水堆，这也是法国电力公司从政府那里获得的首张核电建设订单。此时尽管核能发展势头强劲，但法国电力公司依旧以水电和燃油发电为主，核电在整个产量中仅占据 8% 左右。

直到石油输出国组织 OPEC（欧佩克）宣布提高油价——这对能源紧缺的法国来说是毁灭性打击——到了必须向核能转型的时刻。时任法国总理梅斯梅尔提出了极端思路：用 10 年修 80 座核电站，到 2000 年，将这个数字升级到 170 座。核电产业从此呈现爆发性增长，核电成为法国主要的电力来源。

1974 年，法国电力公司获得了政府更大的订单，建设了 26 台 CP1 系列压水堆。法国电力公司没有辜负法国政府的期待，通过建设运营这些核电机组积累了大量经验数据，帮助法国的核电技术完成了"升级"。20 世纪 80 年代末，法国已经具备制造世界上最先进的 N4 系列反应堆的能力，核电发电占法国电力公司总发电量的比例已经攀升到 80% 左右。

虽然"国有企业"的光环让法国电力公司垄断了行业，并获得发展先机，但它依然是具有活力的工商企业，收入大部分来源于居民用电。

根据法律规定：全法国出售的电都由法国电力公司统一制定价格。而政府对法国电力公司的战略目标也很清晰——提供廉价、安全和保证连续的供电服务。因此，电价在法国电力公司经营活动中有着举足轻重的地位。鉴于电力影响到居民日常生活，国家对企业有着很强的干预作用。在国家和企业经营之间，法国电力公司基于长期边际成本开发了一套"电价市场理论"。得益于核电的价格便宜与可连续供电性，法国电力公司的这套理论得以顺利实施。

为了获得更好的经济效益，法国电力公司很早就选择和国家签订计划合同，在合同规划下，争得更多的自主发展权。一开始，法国电力公司以燃油火力发电为主。原本规划的合同中，也只围绕节约能源和石油价值来签订，国家仅对法国电力公司的生产和输电能力做出要求，没有和实际的消费者关联起来。但因为石油危机爆发，法国电力公司的经济效益大幅下降，原本的合同已经无法完成。后来伴随着法国核能发展基本成型，双方又重新签订了新的合同，将企业效率、电价、消费者权益等情况全部纳入考虑。

为了经营利润，法国电力公司把电价看作一种电能储备。借用市场调节，在居民用电需求和价格间达到平衡。法国电力公司制定电价有两个基本原则[1]：一是平等对待消费者。在同等用电量和时间的前提下，不管顾客的用途和目的是否一致，价格是一致的。二是讲究效益，因为生产成本最终会转嫁给消费者，所以应该告诉消费者确切的成本，由消费者自己选择是否用电。这是一种互相作用的市场机制，需求最终决定电价成本，价格又会反过来调整需求量。而法国电力公司也不会浪费电力，以实现经营效率最大化。随着市场运行规范，法国电力公司开始采取"阶梯式"电价，为消费者提供可选择性电价。即用户根据用电需要、用电习惯和经济承受能力去自由选择不同时段的电价。

凭借产业红利和成熟的机制，法国电力公司在国内的核电产业快速发展，市场增长接近饱和。而后，它开启了全球扩张之路，

---

[1] 司晓君. 法国电力公司概况 [J]. 山东电力技术,1996(1):67-68.

第7章 崛起，戴高乐式工业主义（1959—1972）

向国外市场销售电力的专业知识和产品，以进一步增加营收，并一路高歌成为全球重要的供电服务商之一。

从戴高乐到梅斯梅尔，核能始终是法国能源战略的核心。为此，法国敢于放弃骄傲的"结晶"，向美国学习。不仅如此，法国更有远见地扶持法国电力公司这样的公司。19世纪法国自由派经济学家巴斯夏曾言：在商品不能越过的边界，军队便会代而行之；但商品越过边界的地方，军队便不会越过。法国电力公司崛起的同时，法国核电产业这棵参天大树也成长起来，那些树根的脉络沿着土地又不断向欧洲、向全球绵延。法兰西最终证明：依靠商业手段，高卢雄鸡依旧可以参与全球"竞赛"。

不依附于任何人，是戴高乐独立自主外交的具体体现。这样的决心渗透到法国工业发展中，从高速列车到战斗机、商用飞机，再到核电力，从落后再到超越，法国政府极力为企业创造优质的商业环境，而法国企业和企业家们也不负众望，凭借着创造力和冒险力，最终让法国重回世界强国行列。在此后几十年里，法国工业再没有出现过能与这一时期比肩的辉煌。

随着长达30年的经济增长期结束，法国走向以服务业为主的后工业社会，零售业、酒店业兴起，大量的新型企业涌现。在激烈竞争中，又有哪些企业可以突出重围？它们——又是依靠什么手段？

第8章

后工业时代：创新有道（1973—1979）

从 20 世纪 70 年代起，发展中国家以低廉的劳动力和原材料为优势逐渐融入世界经济，欧美发达国家的产业链发生转移。同一时期，石油危机导致油价暴涨，工业成本飙升，欧美国家逐渐加快工业转移步伐。

而原料资源严重依赖进口的法国，因为以工业为主的发展模式在此时受到质疑，便主动将产业中一些低价值的环节转移至新市场。加上城市化、现代化速度加快，整个社会开始步入"后工业时代"。法国国内以旅游、酒店、零售等为代表的服务业，以及与之配套的基础设施行业出现空前繁荣，相关企业因此大量诞生。面对来之不易的时机和日渐激烈的竞争，这些企业将如何突围？

唯有创新。

大到国家，小到企业，一次商业模式的变革，一次技术的更新，一次组织结构的再创造，一次作业流程的改造，都是创新的内容。法国企业家们正是依靠创新，在 20 世纪 70 年代的经济变局中，带领企业保持了强劲的发展势头。

家乐福：持续创新的经营策略

在战后经济恢复的余温中，"哭泣的法国人"重新唤醒对美好生活的向往，人们开始走出家门去购物，去研究烹饪、美食，消费市场再现往日的热闹。过去上百年的时间里，百货商店一直是法国零售业的绝对核心。1852年，世界第一家百货商店就在巴黎开设。然而在经济恢复阶段，百货商店里的高价商品打消了一部分人的消费热情，大众的消费对象逐渐向低价、有折扣的商品倾斜。

家乐福就是在这样的商业环境中创立的。创始人马赛尔·富尼埃和路易斯·德福雷想到一个主意，结合"自主销售"的模式建立一个比商场规模更大的超级商场。1960年，他们两人代表两个家族在巴黎市近郊豪特—萨伏伊的安尼西创立了他们的第一个商场，名叫"Carrefour"，法语的意思是"十字路口"，翻译成中文就是"家乐福"。

虽然刚开始店面不足650平方米，而且位于地下室，在外人看来毫不起眼，但是他们却在商品上下了很多功夫——不仅商品种类多，在商品类别划分上非常细致；最重要的是，这些商品都是低价。对于消费者来说，他们从未见过这种类型的商场，这里简直就是购物天堂。开业仅四天，商场里所有的商品就全都被买走了。

家乐福的成功使得两位创业者坚信选择零售业是正确的，他们大胆开拓新的零售方式，将原有商场经营思维继续延伸，并抓住两个关键因素：一个是自助销售，一个是规模更大。按照这样的思路，1963年，一个占地2500平方米的巨型商场在巴黎开业，他们把这家商场定义为全新的"Hypemarket"（超大型自助商场），由此开创了全新的业态——超级大卖场。超大型自助商场位于城区之外，靠近高速公路，且拥有450个停车位。很明显，新商场面积更大，能容纳的商品种类也更多，并且设施完善。在一个地方，就可以将需要的衣服、运动器材、食品饮料等一次性全部采购完，这是仓店一体模式带给顾客的空前未有的体验。

独特的大卖场零售形式为家乐福带来了可观的销售额，但也引起了许多竞争者的模仿，如欧尚、佳喜乐等法国大型商超，早期都采用了大卖场形式。

尽管家乐福开创了超级大卖场业态，但它无法限制竞争者模仿。因此，如何保持家乐福超大型自助商场的独特竞争优势，成为富尼埃和德福雷关注的焦点。他们清楚，家乐福只有不断地创新才能占据市场先机，哪怕在市场上形成"创新—被模仿—再创新—再被模仿"的循环，他们也能够走在行业的前列。

在经营理念被争相模仿后，家乐福又推出新的服务，例如在停车场以低价出售汽油。这样，消费者购物时无须寻找加油站，在停车场就能顺便加油，既节省了消费的时间与购油支出，也为公司增加了一定的额外收入。

1976年，已经在价格低廉、一站式购物等经营理念上驾轻就熟的家乐福，对其商品矩阵做出了极具创新的调整——打造属于自己的"白色商品"品牌，即在家乐福货架上摆放质量不输知名品牌，但价格可以低15到35个百分点的产品。[1] 在家乐福创始人看来，家乐福必须拥有自己的品牌，而且把没有品牌的"白色商品"

---

[1] 孙柏."少年"家乐福 从大卖场到零售巨头[EB/OL]. (2003-08-18)[2023-11-02]. http://news.sina.com.cn/w/2003-08-18/0820584865s.shtml.

建设成品牌将是很好的护城河。

　　这个决定对消费者的购物习惯来说是个挑战。拿服装来举例，虽然那时候法国人热爱时尚，但家庭收入限制了个人爱好，商店里不菲的价格更是决定了大部分家庭一年只能买一次衣服。而家乐福正看准了这个缺口，通过打造"白色商品"，让消费者增加购买频率。

　　当时法国零售市场处于高度竞争的局面，家乐福想要占据主动就必须不断调整战略，以提升在消费者心中的地位。因此，家乐福招来了许多广告商，为"白色商品"定义新概念，借此扩大宣传声势。广告商经过研究，为这个品牌引入超级创意：自由产品。并打出广告语："让人相信一个产品比另一个好，只是因为它有一个名字，这难道是自由吗？自由产品没有名字，一样好，更便宜。"①

　　这让家乐福创始人十分满意，家乐福一直致力于为提升人们的生活质量服务，那些物美价廉的商品，虽然没有名字标签，但并不影响使用价值，与家乐福的理念完全吻合。通过向公众输入"制造自由"的理念，家乐福广告引起了巨大关注，狠狠地刺激了商品销售。例如没有品牌标志的洗衣粉，上市一周就售空了。

　　事实证明，家乐福的策略是成功的，有70%的消费者在两周内选择再次消费。广告发布后仅仅3个月，在同品类产品销售量中，家乐福的"白色商品"的销量便大幅提升。

　　超大型自助商场的商业模式容易模仿，但是家乐福公司管理层不断创新的经营理念和管理策略却无法模仿。在公司经营上，家乐福采取价格低廉、资金快速周转、开支少的经营策略。例如在2000年，随着互联网高速发展，家乐福敏锐地意识到电子商

---

① 刘善武,刘福琦. 商业活动中的影响力法则[M]. 北京:电子工业出版社,2012.

务的崛起，将可以很好地节约场地费用，于是联合美国零售巨头西尔斯以及科技企业甲骨文，创建了世界上第一家在线购物平台GlobalNetXchange。随后，家乐福把超市开到网络上，建立"Ooshop"平台。在管理上，家乐福则采用权力分散的管理模式，尤其在扩张时，家乐福更加强调这种灵活性。从进入中国市场开始，家乐福就在本土采取分权模式，各门店拥有独立的采购、人事以及财务等权力，店长也拥有极大的自主权。在大多数公司采用集权模式的背景下，家乐福显得有些"另类"。但正因如此，进入中国市场初期的家乐福能够快速应对市场变化，在中国市场的发展也超过沃尔玛。

虽然家乐福的策略对超大型自助商场都非常适用，但是，如果其他企业也生搬硬套这种模式则不一定会成功，而且不是哪一家公司都具备同样的执行力。归根到底，还是企业文化和组织基因起了决定作用。两位创始人正是靠着不断地开拓创新，保持着家乐福品牌的活力。

在零售领域，一种商业模式是很容易被模仿的，这也使得市场上很难有一家独大的局面，由此不可避免地会形成几家企业并立竞争的格局。在激烈的市场竞争中，如何做到领先？家乐福无疑给出了自己的答案——持续创新的能力。正是依靠持续创新的动力，家乐福一步步提升市场地位，从大卖场业态中脱颖而出，成为法国零售业当之无愧的领头羊。

雅高："规模制胜"法则

不熟悉法国企业史的人或许未曾听说过雅高集团，但是提到宜必思酒店可能早有耳闻，它是雅高集团旗下的酒店品牌之一。

第 8 章　后工业时代：创新有道（1973—1979）

在法国的大企业集团中，少有人像雅高集团创始人保罗·杜布吕那样，创业理念来自对经济学的研究。

保罗·杜布吕早年师从著名经济学家贝尔纳·图季约。正是在这位老师的提议下，杜布吕关注到酒店业。20 世纪 60 年代，美国的酒店业发展得如火如荼，反观法国却还处在空白期，杜布吕因此产生了在法国建设一家类似美国假日酒店的想法。他最先想到的是直接建立美国假日酒店的法国分店，但是联系美国假日酒店后却遭到拒绝。只是美国假日酒店应该没想到自己的一次拒绝，却在欧洲大陆上逼出了一个强大的竞争对手。

60 年代是法国企业家辈出的年代。杜布吕虽然当时只有二十几岁，但热爱探险故事书的他一直梦想开创属于自己的事业，因此被美国假日酒店拒绝的事并没浇灭杜布吕的创业热情。1964 年，通过姐夫安德雷·伯第介绍，杜布吕认识了杰拉德·贝里松，两人是天生的好搭档，很多想法不谋而合。

杰拉德同样在美国工作学习过，他清楚地知道，在美国快速发展的行业，几年后就会在欧洲各国盛行，此前已经成功的超市、信息等产业都是如此。和杜布吕一样，他也认为法国空白的酒店业或许是个机会。并且为了推动国内酒店餐饮行业的发展，法国政府早在 20 世纪 50 年代就成立了饭店业信贷署，为酒店行业提供融资帮助。

在饭店业信贷署的支持以及杜布吕父亲的资金资助下，保罗·杜布吕和杰拉德·贝里松于 1967 年创立了第一家酒店。他们将新创立的酒店命名为"NOVOTEL"，这个单词由"NOV"（新）和"HOTEL"（酒店）组合而成，中文译为"诺富特"。两位创始人将名字中的"新"贯彻到酒店运营管理的每个细节中。

根据创业计划，他们将诺富特定位为三星级酒店，因为在法国酒店业增长的份额中，很大一部分来自三星级酒店，这样的定位有助于诺富特获得更大的市场增长潜力。同时，由于三星级酒店属于品位、档次较高的市场，这又为诺富特向更高档次发展奠定了基础。

在诺富特的经营理念中，诚信非常重要。酒店内部流传着这样一则故事。有一天客房爆满，但是杜布吕查看被褥毛巾换洗数目时，发现前一天少换洗了一套被褥。经查实，是新来的服务生自作聪明，没有换洗仅有的那一间空房的被褥，前台在不知情的情况下安排顾客入住。而这位顾客刚刚退房离去，保罗便立即亲自查寻并追上此人，当面向其道歉，因为没有让他享受到酒店的"每天每间客房的被褥毛巾都是干净的"这个许诺，他退还了3法郎的被褥洗涤费用。那位顾客异常感动，特意跟随保罗返回酒店，只为在酒店留言簿上写下自己的感言："这里的诚信是彻彻底底的！"

除了严格信守对客人的承诺，诺富特还提供了很多与众不同的服务。在杜布吕看来，诺富特需要做好的核心服务，就是保证客人在酒店里住得舒适。所以诺富特不会提供代客泊车、擦鞋、搬运行李等传统酒店服务的项目，而是集中精力做好一些小事，包括打扫楼梯、整理房间、24小时的服务等。当然，在酒店设施上，诺富特也向现代化靠拢，房间内有先进的浴室设施、室内电视和电话，酒店外则设有游泳池。诺富特的长时间服务等举措一经推出，即在当地迅速掀起了"酒店革命"。

正当诺富特忙着扩张酒店之时，法国经历了全国范围内的大罢工，政府随即出台了一个政策，要求企业拿出和员工工资总额1%相当的费用来进行员工培训。杜布吕在其中看到了商机——为员工培训提供场所。在他的指挥下，诺富特酒店宴会厅白天的使用权被出租。而还在规划中的诺富特酒店，就在设计图纸里增加了培训和接待室。这样一来，诺富特就拥有了住宿、用餐，还有培训、会议等多元化功能。布局新颖的诺富特很受企业欢迎，在法国的

第 8 章 后工业时代：创新有道（1973—1979）

名气越来越大。

一系列的"新东西"，使诺富特看起来和法国传统酒店完全不一样，这让诺富特渐渐占领了消费者的心。雅高集团又借鉴美国假日酒店的特许经营模式，将诺富特快速发展壮大。到了 1973 年，诺富特旗下已经开出了 35 家酒店。

实际上，两位创始人最初是想要和美国假日酒店那样，直接利用特许经营模式开连锁酒店。但碍于这一概念在法国还让人非常陌生，很难在开始时获得投资者的信任，所以他们决定：先以诺富特为"底座"，建立起品牌影响力，以此吸引市场。相比于生搬硬套美国模式，雅高集团采用了更适合法国本土的战略——迅速增加了酒店的建设数量。

在法国酒店业高速成长期，雅高集团凭借这股"东风"和运营上的特色，很快成长为"领导企业"。但由于单一市场容量逐渐饱和，为了在竞争中获胜，雅高决定拓展新品牌，主动向外扩张。

1974 年，雅高创立宜必思品牌，这完全是诺富特的"低配版"，从酒店星级到房价再到客房面积，无一不在"缩减"，酒店的定位是经济型，主要服务一些散客和旅行者。一年后，雅高对美居酒店发起收购。依靠这家定位中低档的酒店，雅高集团在法国前殖民地国家和欧洲等地进行扩张。

雅高集团快速扩张的法宝，得益于杜布吕先前对美国假日酒店的分析研究。他洞悉连锁酒店成功经营的精髓：产业化和标准化。无论是选址，还是酒店容量的限制、建筑成本的控制，都有明确的规范，这给雅高集团快速发展提供了强大的可复制能力。特别是选址方面，杜布吕不仅主张选在交通便利的地段，而且要考察该地段未来的发展趋势。因为酒店的入住率与交通线交会处、旅游景点、政府所在地等资源有密切联系，在选址过程中必须充分考虑这方面的因素。因此，雅高集团的酒店不仅喜好选择高速公路出口一侧，而且会选择一些具有发展潜力的地段。很多地段后来在法国的城市化进程中都成为交通便利的地点，这也成为雅高集团的一种变相投资，从前建店的投资价值在该地区的发展过程中成倍地增长。

而宜必思之所以没有一开始就进入高端领域，杜布吕有着自己的考量。任何一种商业模式成功之后，都会有无数的模仿者抢占市场，所以雅高集团要做的不是马上攻入高端市场，而是从中低端开始，坚持"规模制胜"的连锁酒店原则，利用规模效益和品牌效应打败竞争者。雅高集团通过迅速掌握地段和客源等战略性资源，构建起竞争优势，以使自己在行业竞争中遥遥领先。

1976年，在宜必思发展到15家连锁店时，杜布吕和杰拉德有了全新想法——他们要建"酒店群落"。"酒店群落"不是简单按照"复制粘贴"的方式开酒店，而是在一个地区开出涵盖经济型、中低档、中高档在内的各个层次的酒店，让任何客人到地方之后，都可以根据自身需要选择合适的酒店。而这些酒店都属于雅高集团，这无疑为集团提供了更加强劲的竞争力。从酒店数量到产品线，杜布吕和杰拉德对"规模制胜"原则进行升级创新，从而成为区域内彻底的垄断者。

在雅高集团成长为一头雄狮之后，美国假日酒店失去了在欧洲发展连锁酒店的最佳时机。他们在进入欧洲市场时，必须首先面对这个强大的竞争对手，即使雅高集团曾经是他们的"学生"。

法国酒店业的蓬勃兴盛，为雅高集团的成长提供了良好的外部环境。而雅高集团则因地制宜，创造出更适合法国酒店发展的方式，不仅让集团高速增长，更是极大地刺激了本土酒店业的发展，为法国酒店在欧洲赢得话语权奠定了基础。作为一个优秀的引领者，雅高酒店的更大贡献，是在当行业整体慢慢"丰满"时，勇敢地"跳"出舒适区，争得新局面，最终发展为"超级航母"。

第8章 后工业时代：创新有道（1973—1979）

阿奈特：卖最适合顾客的产品

阿奈特·鲁是法国鼎鼎有名的企业家之一，也是为数不多的女强人。依靠一次次将产品、营销策略与消费者心理结合来创新，20多年里，她将濒临倒闭的家族企业发展成为世界上最大的游艇制造公司之——贝纳特游艇制造公司。

1942年，阿奈特出生在法国，家里有个经营了两代的贝纳多船厂。从小阿奈特就展现出了聪明的一面，在家中四个孩子里，她样样都排在前列。年少时的她与其他法国女孩没有很大不同，梦想着成为一名银行职员，留着得体的长发，穿上干练的银行套装，每日穿梭在高楼大厦中。但梦想与现实总是存在差距，她刚中学毕业就被家人送进一家小公司，成为老板秘书。在这里，她见到商人极其冷漠的一面，觉得十分不平，于是内心生出了与少时截然不同的想法：在生意场上，证明女性可以做得和男性一样好，甚至更好。

恰好此时，贝纳多船厂面临倒闭危机。1956年，由于苏伊士运河禁运，原本属于这里的交通量只能转移到航程较远的好望角，而好望角地区常年狂风巨浪，只有大型油轮才能安全通行，所以绕行一方面增加了航行成本，另一方面也让大型油轮的产量上升，航运业由此迎来发展高峰期。但不久后苏伊士运河重新开放，超大型油轮因吃水限制，不再具备适航性，各国大型油轮的制造脚步逐渐放缓，加之美国经济衰退，受美国经济援助计划支持的国家也都受到波及，世界造船业因此出现危机。1964年，法国政府为了维持本国造船业的发展，给予中大型船厂一定的补贴，而更多像贝纳多这样的小规模船厂只能等待着倒闭时刻的到来。

此时阿奈特的父亲已经年迈多病，无力继续支撑船厂的发展，为了延续家族产业，父亲把船厂交给精明的阿奈特·鲁来掌管。临危受命的阿奈特并不喜欢造船业，但是为了家族荣誉，她依旧接受了任命。

同行们都想知道这位 22 岁的女孩要怎样维持家族造船厂的生存，于是频频与她交往。每次阿奈特去参加活动，总是一开始带着迷人的微笑，然后与众人兴致勃勃地讨论；当话题涉及造船时，她便闭目养神，顾左右而言他，甚至打瞌睡。阿奈特故意摆出一副漠不关心的姿态，以麻痹竞争对手，以致背地里被人调侃说她带有英国人的 3S：smile、silence 和 sleepy，即微笑、沉默和瞌睡。

阿奈特不以为意，工作中的她每天忙于调查市场需求，分析市场趋势。慢慢地她发现，随着法国旅游业不断发展，政府开始建立福利旅游体系，海上旅游也必然会成为新的热点，如果将渔艇加装上游艇的设施，完善功能，使客户既能享受航行旅游的乐趣，又能体验渔民生活，对喜欢旅行的年轻人来说，将是个不错的诱惑。当同行还在忙着嘲笑阿奈特时，她已经对产品做出了创新性的调整。阿奈特把船厂关闭，组织技术人员重新设计、制造出捕鱼、游览两用船。

不过，设计产品只是阿奈特计划的第一步，还必须把这种两用船的名气打出去，船厂才能接到订单。所以，阿奈特在营销上也用了与众不同的方法。

当法国水上用具展览会即将在巴黎开幕的消息传来时，阿奈特立刻抓住了时机——她决定把这种两用船带到展览会上。当时的造船商们根本想不到还可以如此展示自己的产品，而且他们认为普通的渔船似乎也没有什么值得展示的空间。

当阿奈特走遍整个展览会场都没有发现与自己的新产品相似的船只时，忐忑不安的心终于放松下来。果不其然，她的两用船在展览会上被围得水泄不通，爱标新立异的富豪们对其宠爱有加，当场有人订购了100艘。而在这次展览会上收获的订单就足够满足船厂大半年的生产了。

通过游艇业务，船厂走出了危机，阿奈特意识到游艇制造将来会成为引领造船业增长的重要支撑，于是决定调整经营方向，以游艇取代渔船，生产材料上则创新地以聚酯代替木材，产品系列也以多档次产品取代单一物美价廉的产品。

在经营方向转变之后，公司发展进入了快车道，连续多年保持年利润255%的增长速度。原有的老厂的生产能力已经远远不能满足增加的订单的需求，因此阿奈特专门成立游艇制造公司，并在拉克鲁瓦德维小镇上另外增建了6个工厂。为了便于管理，她将这些工厂都设在以公司为中心的几千米范围内，以方便自己经常到现场察看生产情况。阿奈特对生产、贸易和运输等方面的管理也是事无巨细，习惯了粗放式经营的竞争对手们对阿奈特这种新型的精细化管理方式嗤之以鼻，可最终经受住风浪的却是这个严厉、坚强的女人。

1976年，大众的生活已经迈向更高层次的现代化，阿奈特总结10年来游艇的发展历程，提出建造"孚斯特"系列帆船的想法。她的这个决定再次引起了同行的反对，在他们看来，游客更愿意坐在舒适的自动化游艇里，而不是需要手动扯动风帆的帆船，这简直是产品的退化，已经多次以创新引领行业的阿奈特似乎开始走下坡路了。不过，阿奈特执掌公司以后，从来没有把行业理论家的观点当作战略决策依据，更没有把他们的嘲讽放在眼里。

阿奈特给了这个系列的产品全新的定义：这是一种运动器械。通过多年来对市场的观察和分析，阿奈特很了解客户群体的心理。她认为，这种构造简单的帆船符合旅游者猎奇和追求刺激的心理。他们将在驾驶"孚斯特"帆船的过程中，体验到身体的机敏和矫健，从而感受到生命的力量。如果在风景优美的地方航行，驾驶帆船无疑会带给他们独一无二的体验。因此在向市场推广中，阿奈特不再将"孚斯特"帆船当作简单的、难以驾驶的普通帆船，而是将之定义为具有运动性质的帆船。结果证明，阿奈特这一创新的理念完全正确。

1978年，"孚斯特"帆船正式投入国际市场，由于帆船迎合了年轻人的心理，在市场上很快引起不错的反响。世界帆船组织将其评为"最佳航帆"，这无疑是对阿奈特的肯定，"孚斯特"系列帆船从此长销不衰。

从20世纪70年代起，旅游业开始在世界范围内兴盛，阿奈特坚信这种趋势将对游艇产生极大需求。因此，她组建了一个强大的销售网络，在欧美各地都设有销售网络或者分公司，以便和顾客保持密切的联系。阿奈特经常召开由销售团队组成的会议，分析顾客特别是驾驶员需求的变化，根据市场的变化，不断推出符合顾客需求的新型游艇，阿奈特公司因此成为当时全球最大的游艇制造商。

阿奈特的经营之道就像帆船比赛一样，如果说风是船的动力源头，那么客户需求就是"阿奈特号"帆船的动力。每当觉察到新的需求后就及时推出新产品，建立新营销模式；就像帆船行驶时，一旦察觉风向变化，舵手就要马上调整帆的角度，这样速度才会更快。因此，与其说阿奈特能预测到消费者未来想要的产品，不如说她是个把握消费者心理的销售高手。正是基于此，阿奈特的创新才总是能精准击中客户需求并引领风向。对于游艇、帆船这一类的高级消费品企业来说，这样的品质尤为重要。

布依格：用逆向扩张打开市场

20世纪70年代石油危机爆发后，随着国际油价上涨辐射到各行业，全球资本主义国家出现严重的通货膨胀，短时间内物价和成本上涨抑制了消费和投资，经济秩序变得紊乱。在资本主义国家，大多数行业指数出现下跌。此时"大通胀"的场景，与20世纪30年代发生的"大萧条"何其相似，在经济学家看来，这是20世纪全球经济两大至暗时刻。然而即使情况这么糟糕，伊朗的一家法国企业仍继续扩大项目施工，丝毫未受影响，而且生意日渐兴隆，这就是布依格建筑公司。

布依格建筑公司创立于20世纪50年代，此时正值第二次世界大战结束不久，大量工厂需要重建，而且战后法国借助于美国的经济复兴计划快速发展，开始大规模的工业化和城市化运动。布依格建筑公司的创始人弗朗西斯·布依格早年曾为预应力混凝土技术先驱弗莱西奈担任助手，对建筑行业有了初步了解。1952年，弗朗西斯看准时机，从法国里昂信贷银行贷款1700美元创立布依格建筑公司，这年他30岁。创业之初，条件极其艰苦，弗朗西斯将公寓设为公司办公场所。公司从零零碎碎的小工程开始做起，没过几年，正好赶上法国政府的政策扶持。

当时法国各地区的经济发展状况严重不平衡，巴黎占到法国国土面积不足2%，却容纳了近20%的法国人口；占国土面积不足17%的东北地区，却占到51%的总就业人口。1954年，法国开始建立协调的城市网络，限制大城市的发展，转而发展中小城市。法国这项整治活动的首要举措是调整工业布局，鼓励巴黎和北部工业区的企业迁入落后地区办厂，并给予优惠和补贴。其次是调整城市布局，在巴黎等大型城市周围兴建新城市。最后是大力发展落后地区的原有企业并兴建基础设施，加强对外的交流。

　　法国政府的这些举措无疑为成立不久的布依格建筑公司提供了机会，公司的业务范围也逐步进入房地产和市政领域，承建大量的医院、学校以及公共建筑等。据统计，从1952—1960年，近十年间布依格公司的平均营业额以高达70.2％的速度增长，公司由两个人发展到1000多人，这在战后复兴的历史上是非常少见的。到了1970年，公司营业额已经高达20亿法郎。[①]

　　布依格公司是典型的家族企业，由弗朗西斯创立，其他家族成员共同参与企业管理。当时法国有很多企业都采用家族式管理：在创立阶段，该方式有利于高效管理企业。但随着业务不断增多，纯粹的家族企业式管理很难继续帮助公司扩大规模。弗朗西斯意识到，要想让公司保持高速发展，需要拓宽融资渠道。

　　于是，弗朗西斯选择将布依格公司在巴黎交易所上市，这一举动打破了当时传统家族企业的封闭式产权模式，使得产权变得多元化。对于习惯固守单一产权的传统家族式企业来说，这一举措是个突破。布依格公司成功融到了5亿法郎，这为后续的业务发展提供了流动资金支持。布依格公司的股权被多元化后，弗朗西斯直接控制了26％的股权，同时依靠合伙人与朋友的间接持股，他实际控制布依格公司45％的股权。首次资本化运作的成功，也为后来布依格家族在控制权大战中获胜埋下伏笔。

　　完成了上市融资后，布依格公司开始向法国公共工程市场迈进，并且很快就接到一个大型工程。

　　现在在巴黎16区有一座体育场，被称为令巴黎人骄傲的体育场，它就是巴黎圣日耳曼足球队的主场——王子公园体育场，有

---

① 李继周,李福和.世界标杆建筑企业巡礼之七:家族式管理的典范——记法国布依格公司[J].施工企业管理,2007(7):116-119.

很多世界级的足球明星都曾在这片绿茵场上驰骋过。这座体育场是布依格公司在20世纪70年代初建造的。一开始,设计师罗杰·塔利伯特为它画了非常漂亮的环形,这样的设计可以让近5万名观众有畅通无阻的视野。设计方案无疑是完美的,不过施工时,布依格公司却犯了难。

光是建造一座容纳5万人的场馆就是个大工程,何况还要保持极佳的采光。这时候,布依格公司的建筑师们用了一个前所未有的建筑方法——在工地上装计算机,通过计算机来完成工程所需要的大量复杂而精密的计算。最后,建造完成的王子公园体育场只在外围用50根混凝土柱支撑起了环形屋顶,看台上没有一根支柱,这也成了王子公园体育场独树一帜的特点。

在法国本土站稳脚跟后,布依格公司又马不停蹄地向海外扩张。

尽管通过国际贸易、投资转移、技术交流等方式,跨国企业逐渐兴起,但国与国的界线依旧很清晰,因此在向海外扩张时,大多数企业家都更倾向于选择经济发达、政治稳定且相对友好的地区。而弗朗西斯却反过来,将第一站选在了中东地区。不得不说,弗朗西斯的扩张思路充满了胆识和创新性。

第二次世界大战之后,人们对战争的恐惧使得国与国之间的竞争更多地围绕科技军备竞赛和外交争端展开。而军事冲突多围绕区域发生,各国各自支持的地区代理人引发相关战争,其中最激烈的地区不是远东、拉美、非洲,而是中东地区,这里种族、宗教、地区矛盾和历史遗留问题众多,为大国插手这一地区事务或者支持冲突提供了充足的理由。

很多企业天然地排斥动荡地区,弗朗西斯却没有因此退缩,在他看来,这条从未被开辟过的航线,尽管危险却十分值得期待。1973年第一次石油危机过后,石油输出国收益大增,由此产生了不少建筑需求。注意到市场空间的弗朗西斯，坚定地认为不应该错过中东地区的建筑红利。

1974年，弗朗西斯力挺公司进入伊朗开展业务，并以极低的价格中标伊朗德黑兰奥林匹克体育馆项目。为了使公司迈向国际建筑市场，弗朗西斯不惜报出最低价格，甚至起标价比竞争者柏克德低了30%～40%。最后，布依格公司出色地完成了伊朗体育馆项目，这给他们带来不少住宅工程业务。甚至很快，公司就将业务拓展到伊拉克、科威特，就这样，布依格公司在中东有了立足之地。

但弗朗西斯没有忘记中东是一个在宗教、习俗以及信仰等方面充满诸多矛盾的地区，他时刻保持清醒的头脑，执行更加严格的财务政策，绝不通过贷款在这些高风险的市场上承揽工程。正是得益于这一系列措施，1978年布依格公司才能在伊朗革命爆发前夕全身而退。

弗朗西斯在中东地区的成功，为布依格公司在中东之外赢得了一些建设合同，其中最重要的就是20亿美元的沙特利雅得大学项目，这是当时世界上最大的校园项目。一直以来，弗朗西斯坚持保持对项目的绝对控制权，也正是因为独特的行事风格，他被业界称为"混凝土先生"。但沙特利雅得大学项目的规模实在太大，而布依格公司的规模不够，要独立完成利雅得大学的项目显然是不可能的。

与国内环境不同，国际建筑市场竞争激烈、形式多变。弗朗西斯明白这个项目对公司意义重大，如果坚持以往的主张必将在竞争中惨败，所以他必须快速应对国际市场的变化，对公司的政策及时做出调整。

弗朗西斯再次选择因时而动，在保证布依格公司是所有决策最终决定者的前提下，主动和美国布朗特公司组成联营体，由布依格公司持有联营体55%的股份。该联营体最终成功完成这个规模史无前例的合同。

从在法国立足，再到向海外扩张，布依格公司在每个关键节点的成长，都与创始人勇敢做出决策密切相关。弗朗西斯身上有企业家的典型特质：充满野心、有勇有谋，还有源源不断的创新意识。在家乐福，创新是保持企业活力的方式；在布依格，创新是没有定义的，布依格的创新就是不断打破常规的增长方式。对于古老的家族企业而言，保持创新和拥抱变化的精神，才是真正提高竞争力的秘诀之一。

达能：从玻璃到食品，"天才"般的转型

若说20世纪70年代有哪家企业在世界经济危机中通过极大跨度转型，最终发展成世界500强的，达能必定上榜。

一切还要从传奇企业家安托万·里布入主达能前说起。安托万从小学习不好，经商却有两把刷子，比如他在父母园子里种菜，然后又把菜以高价卖给祖父的厨师，这种做生意的天赋在安托万后来进军食品生产零售行业时发挥得淋漓尽致。

1958年，正值法国经济发展的"黄金30年"，安托万来到舅舅位于里昂的玻璃厂后，因为善于和人打交道、办事快、点子多被提拔为总经理。一开始，安托万的精力都放在公司自有业务领域上，包括生产工业容器以及其他各种玻璃容器。但随着经济发展，人们的财富也不断增长，安托万看到了一个极度活跃的市场，他也在思考如何才能扩大企业规模。机会来了，1966年，安托万舅舅的玻璃厂和一家给建筑体和汽车生产平板玻璃的厂商（欧洲排名第三的平板玻璃生产商）合并，新公司命名为苏瓦·苏熊－诺弗塞尔，由安托万出任总裁。随后新公司又更名为BSN，1967年的销售额达到10亿法郎。

尽管 BSN 已经是欧洲最主要的玻璃容器生产商，但在国际上还没有任何优势。于是，安托万决定和法国最具声望的玻璃巨头圣戈班合并，可谈判迟迟没有进展。眼见着就要失败，安托万有了个更大胆的想法——掌控员工数量是 BSN 10 倍的圣戈班。这是当时法国最大的一宗并购案，所有媒体头条都在关注事情的进展，最终这场"以卵击石"的商业活动还是以失败告终。

就在人们担心这位给法国工业带来新鲜空气的年轻商人就要一蹶不振时，安托万有了全新的发展思路。那时"一次性包装用品"正在法国流行，原本垄断着液体食品包装市场的玻璃容器因此受到极大冲击，而 BSN 公司的资金也不够支撑发展多元化的包装材料。出乎意料的是，安托万没有和其他企业一样选择向"一次性包装用品"转型，他对瓶子里装的内容更感兴趣。他既要做生产瓶子的人，也要做生产瓶子里装的内容的人。从后来 BSN 公司的发展来看，这次超前创新的转型堪称天才思路。

20 世纪 70 年代，通过一系列并购，BSN 公司将依云矿泉水及其附属婴儿食品公司收入旗下，成为该领域领导者，又收购了凯旋啤酒和欧洲啤酒公司，在啤酒生产赛道上成为法国龙头，这使 BSN 公司当年的营业额比上年涨了一倍。不过，在向"食品王国"前进的过程中，BSN 公司和安托万还在等待"缪斯"出现。它就是热尔韦·达能。

70 年代初期，法国食品业大部分是家庭小规模经营，从事单一产品生产，销售范围也很有限。随着欧洲一体化的推进，新市场被打开，零售业快速扩张，竞争日渐激烈。为了扩充达能酸奶的业务范围，达能酸奶的第二代继承人丹尼尔·克拉索与销售鲜奶酪的热尔韦公司合并。但丹尼尔最终的梦想是让达能走出欧洲，直到结识安托万，丹尼尔才有了实现机会。他看中了安托万身上的企业家特质，他们对食品饮料行业有着一致的见解。

第 8 章　后工业时代：创新有道（1973—1979）

经过几个月谈判，1973年，两家公司合并成为BSN-热尔韦·达能公司，两人整合了他们在法国的生产和分销资源，达能酸奶为热尔韦·达能提供了完整的鲜乳制品系列。通过股权交换，安托万取得了热尔韦·达能的控制权，丹尼尔则成为公司的荣誉主席。借助BSN公司的体量，BSN-热尔韦·达能成了法国最大的食品集团（简称BSN集团），并一步步成为全世界知名品牌。

不过时运不济，公司刚合并，第一次石油危机就爆发了。当年第四季度，每桶石油价格就飙升到12美元，是原来的4倍。暴涨的成本给欧洲工业带来致命打击，生产量开始下降，大量工人因此失业。BSN集团的玻璃产业首当其冲。1974年，玻璃在整个BSN集团的生产活动中占到30%以上的份额，由于能源价格上涨和市场衰退，公司经营首次出现"红色警戒线"，安托万再次面临市场危机。

与此前不同的是，这次危机还将涉及最敏感的工人就业问题。因为生产成本高涨，BSN集团不得不关闭窗户玻璃生产窑炉，转而建造可以提高生产效率的现代化设备——浮法玻璃窑炉。这项举措导致公司要解雇7600人。为了削弱裁员带来的不良影响，BSN公司采取了多项措施，包括提前退休、转岗、减短工作时长等，但都效果不明显。

法国人那股"死磕"的劲头在关键时刻起到作用，安托万没有就此被打倒。历经多次尝试后，1977年，在受到重创的里弗-德吉埃工厂，安托万打造了一个创新的解决方案。他帮助其他企业在吉埃河谷地区站稳脚跟，以此为工厂解雇的员工换取新的工作岗位。这一次的大胆尝试为BSN集团全球人才管理体系的完善奠定了基础。1978年，BSN集团人力资源部据此创建帮助再就业和开发新岗位的专门体系。[1] 其中有两条主线：一是想尽办法促进

---

[1] 皮埃尔·拉巴斯,吉晶,高璐. 企业的责任:达能集团创始人安托万·里布讲谈录[M]上海:上海远东出版社, 2008.

再就业；二是开创新生产活动，以弥补岗位缩减带来的影响。该体系此后逐步向外推广，并随着 BSN 集团走向全世界，成为 BSN 集团遇到重组事项时的重要辅助政策。

到了 20 世纪 80 年代，世界经历了持久的经济动荡，这让安托万对玻璃业务失去信心，于是他又做出了令人意想不到的决定——将发家的玻璃业务卖掉，等于几乎是放弃工业，而集中精力发展食品生产与销售业务。1994 年，集团业务渐渐扩展到欧洲、亚洲、拉丁美洲等，"达能"更是成为全世界销量第一的鲜奶品牌，于是 BSN-热尔韦·达能集团决定把充满"过去"的"BSN"从名字中拿掉，并将名字简化为"Danone"（达能），彻底向未来看齐。

从两家玻璃厂走到世界 500 强，达能的发展并不是一帆风顺的，甚至数次步入险境，却最终都化险为夷，并到达新的高峰。安托万继承人弗兰克·里布曾说过，通过创新实现有机增长是达能的战略核心。[①] 正是在这种创新和大胆尝试精神的引领下，达能逐步从工业向食品生产零售业转型，在危机中走向了更宽广的世界。

"后工业社会"注定是法国商业史上浓墨重彩的一笔。在工业衰退、石油危机与社会现代化兴起的多重复合环境中，"后工业社会"既要面对过去的旧世界，也要承接未来的新世界。从中走过的企业家们在复杂的时空里抓住机遇，掀起了全新的商业浪潮。当市场逐渐主导商业发展，企业家们亦凭借着多谋善断的创新手段，帮助企业冲出重围。他们持续突破现有格局的勇气，造就了一个个如今仍在各行业起着引领作用的巨头。

战争的创伤已经离法国远去，全球化步伐正在加速靠近。这一次，法国企业的对手来自全世界。在更广阔的商业环境里，他们将有何行动？

---

① 龚伟同. 实用主义者达能[J]. 商务周刊,2007(5):80-83+6.

第9章

全球化席卷，并购狂奔（1980—1992）

20世纪80年代，虽然经济危机的余震尚未消除，但是世界正在变得越来越开放。法国总统密特朗上台伊始就开展了"平静的革命"——开展经济结构改革，以扩大就业、增加社会福利为主旨的社会改革，以权力下放为中心的行政体制改革，以"社会宽容"为口号的司法改革。着眼点在于抑制通胀，减少财政赤字以及外贸逆差。

但是，社会主义党派执政无疑会对私人企业造成心理压力。事实也是如此，密特朗政府对包括圣戈班在内的五大工业集团、两家大金融公司和36家大型银行实行国有化。国有化浪潮给私有化带来巨大冲击，而正是在"国进民退"的逆流中，仍然有人迎难而上、大举扩张。

这是一个希望与绝望并存的商业时代，法国企业面临的情形可以用"进一步海阔天空，退一步万丈深渊"来形容。一方面，国内市场存在一定程度的衰退，而全球化的美梦足以令法国企业家们沸腾；另一方面，世界经济持续性的扩张使得跨国并购案例频频涌现，不是我中有你，便是你中有我。在机与危的微末之差中，法国企业和企业家们做出了新的战略调整。时逢经济萧条、金融危机带来大量抄底和吞并的机会，并购成为法国商业愈演愈烈的新趋势。法国企业正试图跨出国门，让名字前缀冠以"世界级"的荣誉。

LVMH：阿诺特"造就"的时尚霸主

伯纳德·阿诺特似乎是为收购品牌而生的。从法国迪奥，到西班牙罗意威，再到瑞士豪雅表，LVMH 集团旗下奢侈品类的品牌几乎都由阿诺特通过并购得到。甚至连 LVMH 集团，都是阿诺特"买"来的。因为并购时手段狠绝，又总穿羊绒衫，阿诺特看起来像"穿着羊绒衫的狼"。他"狩猎"时尚领域是从迪奥开始的。

自从迪奥去世之后，迪奥公司的命运一波三折。一开始，迪奥公司由博萨克集团接手，并把迪奥香水与其他业务分开经营。1968 年，博萨克集团因为资金压力，将迪奥香水转让给酩悦·轩尼诗集团，后者由酩悦和轩尼诗两大酒厂合并而成，但迪奥香水并没有在新环境中获得发展机会，1978 年再次被转卖给维洛特集团。由于 20 世纪 80 年代初经济低迷，经营不善的维洛特集团自顾不暇，于 1982 年申请破产，并宣布出让迪奥公司。这时候，伯纳德·阿诺特出现了。

1949 年，阿诺特出生于法国北部田园城市鲁贝。他的父亲让·里昂·阿诺特做建筑生意，经营的土木工程公司在法国建筑界小有名气。这位"富二代"自出生就被命运安排好了——接管父亲的建筑生意。

虎父无犬子，进入公司 5 年后，阿诺特的经营天赋便开始显现。1976 年，阿诺特发现地产生意将会是新的社会经济增长点，而且相比单一的土木工程，经营房产物业显然更加全面，也更容易在市场上形成影响力。于是他劝说父亲将业务重心转向度假地产，为公司创造了新的利润增长点。父亲看到了阿诺特的经营才能，第二年便任命他为首席执行官。

此后受到密特朗政府经济政策的影响,阿诺特举家移居美国,又在 1984 年因为看好法国本土的发展前景,迁回法国。

在此期间的 1982 年,阿诺特还住在美国的佛罗里达州。有天晚上,他前往家附近的布鲁明戴尔百货店购买浴巾,在商店柜台上看到了迪奥产品,这让他瞬间想到祖国。他后来对《迪奥传》的作者玛丽-法兰西·波希娜说:"那儿的迪奥产品让我突然想念起法国来,我面前的东西明显比其他产品高雅。"之后,每当看到百货公司销售迪奥产品,阿诺特都会买。

那时,阿诺特手中已经握有维洛特集团的资产报告。为了得到迪奥,他不惜抵押家族企业,又将 1500 万美元的家族资金拿出来,再加上 8000 万美元贷款,才完成对维洛特的整体收购。收购完成后,阿诺特立即出售维洛特集团的大部分资产,仅保留迪奥和乐篷马歇百货。

迪奥是阿诺特在奢侈品业收购的首个品牌,他很快又收购另一个法国奢侈品品牌——赛琳。1945 年,赛琳·薇琵娜开设第一家店铺,售卖高级男童皮鞋,后来产品扩充到皮具和运动系列服装。在珠光宝气的奢华风潮中,赛琳以简约与实用的风格开创了一条独特的道路。它打造了极简现代、知性优雅的摩登女性形象,逐步成为法国重要的时尚品牌之一。

但是,赛琳夫妇也是不幸的。因为后继无人,1987 年,他们不得不将倾注一生心血的公司出售给他人,首选对象就是阿诺特。谈判过程中,阿诺特表面上同意保留赛琳夫妇在产品创意方面的决定权,但是合约签订 3 个月后却对管理层做出调整,剥夺了赛琳夫妇的创意决定权。这让赛琳夫妇非常气愤,赛琳的丈夫后来还向外界声讨阿诺特。好在阿诺特对奢侈品有独特的见解,没有埋没赛琳,以致赛琳至今仍然是阿诺特集团一个重要的奢侈品牌。

1987 年 10 月 19 日,华尔街遭遇史上最坏的"黑色星期一"。

股票市场刚开盘就暴跌不已,交易市场里叫卖的声音震耳欲聋。一天之内,纽约股市跌掉5000亿美元,相当于美国当年GDP的1/8。股灾波及英国伦敦、法国巴黎、德国法兰克福、日本东京等地,不计其数的百万富翁沦为贫民,不少人精神崩溃甚至自杀。这次灾难将市场信心彻底粉碎,大多数股民在几年之后还心有余悸,不敢长期持股。

股民疯狂抛售股票,却给了阿诺特大举并购的机会。

在那个萧条的年月,法国的奢侈品LV集团与酩悦·轩尼诗集团有着相似的命运。它们在法国企业界都曾经风光无限,如今却同样面临被收购的命运。

LV集团的掌权者亨利·里佳米尔是亨利·威登的女婿。1984年公司上市,威登家族持股比例急速下降。在此情况下,里佳米尔担忧公司产品单一,加之日本市场可能出现萎缩,营业收入会因此下滑。与此同时,酩悦·轩尼诗集团总裁阿兰·舍瓦利耶则担心由股改导致的持股和投票权下降,酩悦·轩尼诗集团在股票市场上会被恶意收购。为了更好地发展,他们决定合并成为LVMH集团。

合并之后,LVMH集团却没有朝着预想的方向发展。因为家族体系和商业观念不同,两派势力明争暗斗。不仅经营状况没有起色,最后甚至闹到舍瓦利耶要把红酒和烈酒部门出售,LV则要求恢复独立。

两虎相争,必有一伤。里佳米尔为了在这场争夺战中自我保全,率先采取措施。他主动找到阿诺特注资LVMH集团,想要借此在管理层击退舍瓦利耶领导的势力,然而却引狼入室。

商场如战场,阿诺特想在奢侈品领域建立霸业,必须有几分野心与残忍。阿诺特和他的对手们在联合、背叛间不停转换,上演一出出"无间道",奉献了"史诗级"的并购案。

首先是阿诺特进入 LVMH 的并购。在这场异常惨烈的并购战争中，阿诺特利用两者之间的矛盾，加上股灾影响，以极低价格收购了 LVMH 集团的大量股份。收购完成后，里佳米尔如愿击败舍瓦利耶，在董事会占据上风。他野心勃勃地想掌控 LVMH 集团，但阿诺特并不任其摆布。在得知里佳米尔正在购进 LVMH 股票时，阿诺特立刻投进 41 亿法郎，最终掌握 LVMH 集团 29.4% 的股权。

虽然阿诺特的股权比例超过威登家族的 24%，但威登家族具有双重投票权，因此在董事会的权力仍然高于阿诺特。于是，阿诺特抛弃里佳米尔，选择和他的对手舍瓦利耶合作。在新一届股东会上，阿诺特让舍瓦利耶继续担任董事长职位，还直言："我非常信任现有管理者。"

不甘心的里佳米尔想要在监事会上扳回一局。他找到主要股东，说服他们让路易·威登品牌创始人的曾孙担任监事会主席。却没想到，在舍瓦利耶背后的酩悦家族和股东英国健力士集团的安东尼·坦南特支持下，阿诺特再次获胜了。

尽管舍瓦利耶和阿诺特暂时站到了一起，可他也不是那种只会听指令的职业经理人。尤其是在强势的阿诺特管理之下，他变成彻头彻尾的执行者，在集团里连话都说不上。这激起了舍瓦利耶的反抗意识。

于是，昔日的对手又变成队友。舍瓦利耶和里佳米尔一起制订了详细的计划，决意从 LVMH 集团那里买回各自的公司。因为一连串的资本运作需要 600 亿～700 亿法郎，他们密集接触银行家。舍瓦利耶甚至"策反"安东尼·坦南特，希望健力士的董事会也能参与进来。

从 1988 年 12 月初开始，计划里涉及的几家公司股票频繁交易。阿诺特的眼线及时向他汇报了舍瓦利耶的计划，但他并不急于快速反攻，而是等待对手出错。

在健力士集团不断买进LVMH股票后，阿诺特的对抗手段只是让合作伙伴拉扎德集团跟着买进。直到LVMH股价因双方争夺狂涨之时，阿诺特才拿出撒手锏——他和健力士集团此前签订的协议。这份协议指明双方只能通过合资公司雅克·罗贝尔来购买LVMH集团的股票。无奈之下，健力士集团只能停止购进股票。舍瓦利耶得知后非常恼怒："英国人在最后一刻抛弃了我！"

没有了健力士的支持，阿诺特的对手们在股价高位时几乎没有胜算。于是他们又通过散播消息，希望借监管的力量让股票停牌，以防止阿诺特的地位更加稳固。但策略都被一一瓦解，在终极争夺战中，阿诺特获得了最后的胜利。舍瓦利耶拿了1500万法郎离职，里佳米尔则留了一手，在股票高点时卖出8万股股票，因此收益颇丰。然后两人双双离开董事会，LVMH集团就此更换掌门人。

而后阿诺特继续大举并购。据统计，自从阿诺特1987年进入LVMH集团之后，共进行了62笔收购，包括宝格丽、芬迪、纪梵希等奢侈品品牌。在眼花缭乱的资本运作中，LVMH先后持有74家公司的股份，同时也卖掉了48家公司。

所以，伯纳德·阿诺特是当之无愧的时尚霸主。在时尚界杂志上，人们不止一次地着迷于迪奥的著名设计师詹弗朗哥·费雷，这位意大利设计奇才实现了迪奥的复兴；着迷于"英国时装界的野孩子"约翰·加利亚诺，他用独特的创作风格赋予纪梵希全新的性格。可是，伯纳德·阿诺特才是他们的幕后操控者，难怪被称为"精品界的拿破仑"。

维旺迪：法国传媒巨鳄

拿破仑三世签署皇帝法令的时候，应该没想过法国会因此出现一家传媒巨人公司。1848年，抱着对奥尔良王朝的极度失望，法国人民爆发二月革命推翻法国国王路易·菲利普。革命胜利了，但带来的动乱持续影响着人们的生活，尤其是城市供水一直处于半瘫痪的状态。为了恢复民生，刚上位的皇帝拿破仑三世签署法令成立"通用水务公司"（Compagnie Générale des Eaux, CGE），这是维旺迪的前身。

在之后的一个多世纪里，凭借国家"特许权"，通用水务公司不仅为法国主要城市公司供水，业务还扩张到了威尼斯、伊斯坦布尔、波尔图等国外城市，俨然成长为欧洲水务巨头，维旺迪的扩张基因也就此种下。

1976年，通用水务公司迎来关键性掌舵人盖伊·德乔尼。当时国家资本对企业的扶持日渐式微，如果不进行一些改变，通用水务公司可能会就此消失。

德乔尼上任之后的第一件事，就是帮助企业转型。但水务公司上百年来都是依靠国家扶持生存，毫无创造能力。在德乔尼看来，既然公司内部没有造血能力，那么可以找有造血能力的公司来增加经营利润。长期以来，通用水务公司被视为"一头给法国带来丰厚利润的奶牛"，凭借着多年积攒的巨额现金流，通用水务公司在德乔尼的带领下开启并购之路。

一开始，德乔尼是在通用水务公司的业务范围内进行深度探索，例如收购污水处理厂，做一些垃圾处理、污水灌溉业务，等等。1980年，通用水务公司收购马赛当地物流公司MSV，业务渐渐延伸至运输服务、基建等领域，公司转型为城市综合服务公司。与此同时，通用水务公司还购买了一家工业汽车制造公司和两家能源公司。这是因为当时汽车工业和能源工业在法国有着良好的发展趋势，并且政府也出台了多项政策支持产业发展。

按照德乔尼的并购思路，行业火爆或者拥有政策利好是进入这一领域的首要要素。如果这两个条件发生变化，德乔尼会在第一时间抽身退出。1971年，水务收入在通用水务公司的占比高达75%，到了1993年已经下降到26%，公司形成了多种营业收入的模式。

20世纪80年代，随着全球化步伐加快，法国人渴望在全世界面前发出法兰西关于人、生活和社会各方面的独特声音，法国传媒业呈现出多点迸发的态势，从报业到电视广播、电影行业，政府正慢慢放松管制手段。例如1982年法国议会制定《反托拉斯法》，限制报业过度集中，并通过各项减免税费、提供运输等优惠政策鼓励开办多种报刊。而对电视广播领域的鼓励程度虽然没有报业高，但政府也开始允许开办私营电视台，实现广电公私并举的双轨制。

德乔尼看准了传媒业的趋势，带领公司切入第三产业。1983年，通用水务公司与世界著名的出版、新闻和多媒体从业商哈瓦斯集团共同建立"Canal+"电视台，通用水务公司持有其中15%的股份。[①]"Canal+"是法国第一个需要收费的频道，于1984年正式开播，仅两年后就拥有了100万观众。这笔投资为通用水务公司带来高收益，于是德乔尼决定全力开拓媒体事业。

1987年，通用水务公司找到英国沃达丰集团，合资建立SFR公司，1992年SFR公司开始提供GSM网络服务。除此之外，SFR还为用户提供电信、视频、数据和互联网接入服务。后来，"Canal+"

---

① 王星. J6M先生走了[EB/OL]. (2002-10-10)[2023-11-10]. http://old.lifeweek.com.cn/2002/1010/1351.shtml.

成长为法国最大的付费电视集团 Canal+ Group，SFR 公司也发展为法国第二大移动业务经营商，通用水务公司又使用收购手段，将两家公司剩余股份全部买下。在业务涉及电信和电视行业后，通用水务公司的媒体集团有了雏形。通用水务公司就此从一个实业公司，转型为以第三产业为主，且以收购和出售来拓展业务的公司。

20 世纪 90 年代，通用水务公司的媒体版图拓展到海外，仅在美国就并购了环球影业、环球音乐、环球主题公园、街头教父唱片等公司。

当然这一切是在德乔尼继任者让-马里·梅西耶手上完成的，这是一位毁誉参半的掌舵人。90 年代起，以现代信息技术为依托的新经济崛起，梅西耶认为相比通用水务公司原有的"夕阳业务"，传媒行业是冉冉升起的"朝阳产业"，因此决定坚定地发展传媒业。金融投行出身的他比德乔尼有着更加疯狂的并购风格。他将通用水务公司改名为"维旺迪"，一个在拉丁语中意为"生命之源"的名字。

1997 年，维旺迪进军出版业。在梅西耶的运作之下，维旺迪在一年内就完全把哈瓦斯集团收入旗下。通过扩大哈瓦斯集团在国际上的业务，维旺迪又收购了世界上第二大教育和电脑游戏软件制造商 Cendant Software、西班牙出版社 Anaya 等公司。此后梅西耶开启了在国际上大举并购的征程，并且剥离掉原来的与核心水务相关的业务，集中精力发展电信和媒体业，使维旺迪成为彻头彻尾的传媒集团。

维旺迪在国际上的成功令法国商业界感到自豪，尤其是收购美国公司有种扬眉吐气的感觉。2000 年维旺迪并购西格拉姆集团，成为全球最大传媒集团之一后，就连时任法国总统希拉克都发来了贺电。

但仅仅过去了一年多时间，这种景象就不复存在。

进入 21 世纪后，维旺迪的并购速度加快，通过高溢价收购了大量体型庞大的公司，这导致其短期负债快速增加，经营状况急转直下，维旺迪也渐渐走下神坛，一度陷入破产危机。维旺迪的"失血"，原因是复杂的。美国著名传媒战略研究和管理家皮特·克雷斯基的话或许可以很好地总结——很多传媒企业管理者都认为他们企业需要在规模上变得更大，但却无一人知道规模多大才算足够大。在他们还没想到办法保证整体正常运转时，大量收购的重负促使企业开始走下坡路。[1]

过于快速的膨胀和跌落，加上并购时的强硬手段，让维旺迪被冠以"资本流氓"的名号。实际上，维旺迪并不是一味地玩资本游戏。在游戏领域，维旺迪的并购流程被总结为"收购、重组、榨取价值、出售"，由此导致不少游戏工作室倒闭，维旺迪因而恶名远扬。但其实在这一过程中，维旺迪也助推过《暗黑破坏神 2》《魔兽争霸 3》《魔兽世界》等游戏大作的诞生。在那个跨国并购席卷全球的年代，超级并购案例显著增多，大型企业都倾向于通过强强联合来制造"巨无霸"型企业。而在传媒行业，竞争常常体现在集团与集团间。不可否认，维旺迪的掌门人拥有资本鹰眼，他们收购的标的几乎都是赚钱的公司。尽管如今的维旺迪和辉煌时期已无法相比，但经过一系列整改和瘦身措施，维旺迪仍然是全球的传媒巨头之一。因此，时至今日，法国人还是可以说，维旺迪是一个成功的传媒公司。

---

[1] 从维旺迪的兴衰看传媒集团的购并战略 [EB/OL]. (2003-06-03)[2023-11-12]. http://media.news.sohu.com/12/88/news209728812.shtml.

赛诺菲：资本"猎手"

在法国商业史中，少有企业将并购刻在"娘胎"里，但赛诺菲是其中之一。作为全球十大药企里唯一一家拥有法兰西纯正血脉的巨头，赛诺菲的成长史，就是一部并购史。

赛诺菲从出生就含着"金汤匙"。20世纪70年代，法国国有企业化工巨头埃尔夫·阿奎坦历经石油危机，为缓解生存压力谋求多元化发展。石油带来的经济压力使得很多公司的经营都受到了影响，甚至倒闭，因此产生了大量低估值的企业。埃尔夫·阿奎坦就是在此时乘虚而入，抄底买回了法国兴业银行下属的制药公司乐培士（Labaz）以及其他一些小型制药和化妆品企业，并在此基础上建立赛诺菲。

成立之初，依靠乐培士带来的药物和石油金主撑腰，赛诺菲的年销售额轻松达到10亿法郎。但它并不是只会靠着"大树乘凉"——公司科学家们在一次试验中发现了治疗心脑血管疾病的药物噻氯匹定（Ticlid）。1978年，该产品在法国获得批准，标志着赛诺菲史上第一个创新药成功上市。

经过几年经营，赛诺菲完全吸收了收购来的几家公司，又有创新药加持，于1979年经过架构重组，一鼓作气地在巴黎股票交易所独立上市。事后再看赛诺菲的上市节点，可以说是相当微妙。

20世纪80年代初，第二次石油危机来袭，投资的周期机会再度降临到赛诺菲头上。拿着上市募集到的资金，赛诺菲逢低吸纳。

1980年，赛诺菲出手收购CM Industries旗下医药部门Clin-Midy，营收规模因此扩大50%，销售额增至52亿法郎。1983年，收购朗切斯（Ronchèse）进军动物保健业务。1984年，又在母公司埃尔夫·阿奎坦的主导下，兼并了从事明胶研发生产的公司罗塞洛。80世纪中后期,由于需求疲软,赛诺菲的眼光放向全世界,连续收购两家美国公司和一家法国公司,业务范围涉及奶制品、大型作物种植生产和植物转基因领域。

并购的力量确实强大。通过几次成功运作,1990年赛诺菲的总销售额已经达到304亿法郎,其中超过一半收入来自非药品业务。在这一时期,赛诺菲的并购风格与母公司埃尔夫·阿奎坦一脉相承,以业务多元化为目的,乘着经济全球化东风在世界范围内寻找合适标的。

但同时,赛诺菲的研发事业也没有丝毫放松,从1982年开始,逐年增加研发投入。1983年赛诺菲在拉贝格组建生物技术研发中心,通过收购取得了低分子肝素药物和艾滋病诊断设备的产品线。在此期间,赛诺菲新研发的那曲肝素获得了批准,第一款创新药噻氯匹定的再开发也取得重大进展。因为上市后的不良反应,赛诺菲的科学家一直在研究如何对噻氯匹定进行改造,通过持续钻研,1987年,赛诺菲研发出更对症的药物氯吡格雷。由于治疗效果好,氯吡格雷在后来为赛诺菲带来上百亿美元的收入。依靠并购扩大规模和药物上的领先优势,赛诺菲很快发展为法国综合性的大公司。

进入20世纪90年代后,全球制药业的并购回归主线,赛诺菲也因此放弃多元化战略,聚焦制药。此时,海外销售渠道建设成为扩大规模的重中之重,赛诺菲一面通过收购资产规模更小的匈牙利制药公司进军东欧市场,一面采用迂回策略攻占北美市场。

赛诺菲看中了柯达的子公司Sterling Winthrop,这是一家以OTC为主的公司。所谓的OTC,即指非处方药物,它是消费者可不经过医生处方,能直接从药房或药店购买的药品。这家公司在北美有着很强的销售网络,拿下它就等于赛诺菲在北美有了立足点。

但尴尬的是,Sterling与赛诺菲规模相当。1991年,赛诺菲的药品销售收入是105亿法郎，全球排名第35位，而Sterling排在第37位，赛诺菲没有能力直接将其吞并。可北美市场无论如何也不能放弃，这是增加赛诺菲国际话语权的重要一步。

越是想要扩大影响力，就越要学会忍耐。赛诺菲决定削弱存在感，提出了成立联营公司的想法——两家公司既可以通过联合运作得到合并的优势，赛诺菲又可以借此进入北美市场。这之后，赛诺菲在全球的药品销售额排名迅速提高到20多位。

"联合体"运行不久，事情就迎来了"转机"。为了偿还债务，柯达将Sterling Winthrop解体出售。赛诺菲立刻抓住时机，出价16.8亿美元将其中的处方药业务收入旗下，遗憾的是，OTC业务被卖给了另一医药巨头史克必成。有了这条强有力的渠道，赛诺菲的产品在北美市场快速打开局面，噻氯匹定、那曲肝素、胺碘酮等经典产品的销售额不断上升。1994年，赛诺菲的药品销售收入已经达到260亿法郎。

继续扩大市场，赛诺菲势在必行。不过，眼下的市场环境似乎对它不利。

90年代中期的世界制药业急剧变化，新药研制不像以前那样是一片蓝海，其中的风险和难度已经在不断上升。形势变化让很多制药公司意识到，依靠研发优势很难保证企业良性发展，行业间的联合才是生存关键。于是，一场声势浩大的并购在全球拉开帷幕。这时候赛诺菲已经成为法国第二大制药巨头，手中还握有几款重磅产品，自然而然地成为资本家眼中的"肥肉"。

一半风险，一半机遇。为了避免自己成为并购的牺牲品，赛诺菲主动找到法国的第三大制药巨头圣德拉堡（Synthelabo）进行合并。组建完成的赛诺菲-圣德拉堡公司市值高达295亿美元，不仅痛快地掐断国际巨头恶意收购的苗头，还成功晋身为欧洲第六大、全球前20强制药公司。

而后迈进21世纪，钱袋子鼓起来的赛诺菲-圣德拉堡公司为谋求市场上更高的地位，以478亿欧元的首次报价，向体量是自己两倍大的法国第一制药公司安万特发起收购。赛诺菲之所以如此"胆大妄为"，只因为安万特当时在股市的价值被严重低估。这笔堪称"蛇吞象"的收购在法国政府介入下顺利完成，赛诺菲一跃成为与美国辉瑞、英国葛兰素史克并列的世界三大制药公司。

如今，赛诺菲已经是世界上屈指可数的医药巨头，母公司埃尔夫·阿奎坦所持有的股份消失在历史长河中。回顾赛诺菲的并购史不难发现，赛诺菲在资本世界里极其遵守规则——总是逢低进入和保持足够耐心，这成为它在殊死搏斗的资本市场中的制胜法则。除此之外，赛诺菲又多了几分果决和绝地反击的勇气。而造就这一切的基础，正是赛诺菲出色的研发能力以及由此带来的现金流。欲称王，必先成王。实际上，制药业间的并购比拼，通常是在巨头间平行合并，几乎不存在资源互换或垂直合并供应链的情况，赛诺菲的合并也恰好符合了这一规律。

布依格：跨界收购造就的巨头

20世纪80年代中期，总是为别人搭建建筑的弗朗西斯决定仿照凡尔赛宫，在巴黎建造布依格集团总部。这一家成立于1952年的公司，从最初的建筑起步，在创始人弗朗西斯的带领下通过持续并购，慢慢建立起以建筑、电信多媒体和服务三大业务板块为主的商业帝国。其中建筑和电信媒体业务，都在法国位居前列。尤其在建筑领域，布依格公司更是著名的国际承包商。

1974年"踩中"中东地区的建筑趋势后，布依格公司就开启了全球建筑业务扩张之旅。从巴黎王子公园体育场、戴高乐机场再到沙特利雅得大学，当时不仅巴黎一半的新建筑出自布依格公司，在全球完成这些工程，也令布依格公司名声大噪。1978年，布依格公司宣布以集团形式来发展。

沉浸在高光时刻中的布依格公司没想到，一场风暴转瞬来袭。

80年代初，世界第二大石油出口国伊朗政权发生剧变，引发第二次石油危机，油价暴涨持续半年之久。法国经济增长趋势开始下滑，建筑市场因此萎缩。为了稳固公司的利润水平，布依格公司决定用多条腿走路。

1984年，弗朗西斯·布依格以协议方式收购绍尔（Saur）公司96%的股份，这是法国第三大自来水公司，交易作价4.24亿法郎。这笔收购尤为重要，不仅帮助布依格公司取得了一家业绩颇丰的公司，使其后来在公共事业服务领域站稳脚跟，业务范围遍布全球17个国家，还在布依格家族控股公司的资本运作中起到关键作用。

当时随着布依格公司的不断壮大，布依格家族在公司的股份逐渐被稀释，只能算得上一个小投资者。为了拿回控制权，布依格兄弟开始行动。对绍尔的收购是通过布依格公司和旗下子公司美森·布依格来共同完成的。虽然布依格公司在报告中表示绍尔大多数股份由其取得，但实际持有绍尔51%股份的是美森·布依格，而该公司实际控制人是弗朗西斯的儿子们——布依格兄弟。正是通过拥有稳定现金流和几乎零负债的绍尔公司，布依格兄弟一步步收购了布依格公司在市场中的股份，布依格公司的控制权因此得以被牢牢把控在布依格家族手中。

归功于布依格兄弟在资本市场的出色运作，这场与公司股东间无声的收购战争没有影响到布依格公司的扩张，反过来公司管理层仍在不断寻找合适的并购机会。

1986年，思科雷格集团（Screg group）面临着巨大的财务危机，

第 9 章　全球化席卷，并购狂奔（1980—1992）

这是法国最大的道路建设集团和第二大建筑施工集团，布依格公司当时已经是法国公认的建筑巨头，因此很容易就将思科雷格集团并入旗下。其中还打包了 Colas、Screg 和 Sacer 等全球主要的道路承建和维修企业，布依格公司一跃成为世界领先的建筑公司。紧接着，布依格公司又收购了专门从事市政公用事业承包的建设公司。

但弗朗西斯不满足于此，他想要在建筑事业之外有更多的建树。1987 年，法国政府决定将国营电视台 TF1 私有化，在市场上公开竞标。当时出现两家主要竞争对手：布依格公司和拉格代尔（Lagardère）公司。虽然拉格代尔公司是一家综合性的公司，业务广泛，但相比"门外汉"布依格公司，它有着明显优势——它从书店起家且旗下有出版社公司，是法国传媒业的领先者。因此，时任总理希拉克较为倾向拉格代尔公司，不过他并不反对布依格公司。

此时，弗朗西斯的人脉派上了用场。因为长年从事市政公共事业，弗朗西斯在政治界有着不错的人脉。他和时任财政部部长爱德华·巴拉迪尔（Edouard Balladur）十分熟识，后来的法国总统尼古拉·萨科齐正是巴拉迪尔的"门生"。当弗朗西斯的儿子马丁·布依格继任后，他也继承了父亲的能力，与尼古拉·萨科齐保持着良好关系。在这层关系的包裹下，巴拉迪尔选择支持布依格公司，而且因为建筑工程得到的丰厚利润，布依格公司还有直接支付收购费用的能力。最终，布依格公司爆冷击败拉格代尔公司，收购 TF1 电视台 25% 的股份，成为最大股东。

借助 TF1，布依格公司进入传媒业。实际上，布依格刚接手 TF1 时就不被看好，这不仅是因为公司从未涉及过相关业务，派去的管理团队对电视业也是一无所知。然而，布依格公司在一开始还是将 TF1 原最高决策层中的 30 人解雇掉 29 人，并换上由弗朗西斯训练出来的经理——帕特里克·莱莱亲自管理。

这是一位建筑工程师，却深谙投资的魅力。帕特里克·莱莱在入主 TF1 后，也以多元化发展为主要战略，不断加强公司在资讯科技方面的投资，还收购了法国收费电视 TPS 25％的股份。此外，帕特里克·莱莱为 TF1 加入新闻、购物、体育等多个频道。通过一系列举措，TF1 成了法国最受欢迎的电视台之一，占有法国近一半的观众市场份额。

1993 年，弗朗西斯去世，马丁·布依格正式接任集团董事长职务。也是在这一年，布依格公司以媒体业务为核心，成立有"基建"作用的电信公司，开始进入通信行业。有意思的是，在进入这个新行业时，布依格公司又采取了和进入 TF1 时同样管理的策略，最终将布依格电信发展为法国第三大电信企业。马丁·布依格后来表示："要发展一项新业务，最好是找些头脑绝顶聪明，但对业务完全不懂的人，这样便不会有偏见。我们从两手空空开始，不用背负过去的包袱。"[①]

在波谲云诡的资本市场，稍有不慎就有可能被吞噬。尽管布依格家族对建造商业帝国野心勃勃，但也面临着被收购的风险。为了巩固布依格公司的地位，在进行多元化布局的同一时期，布依格公司继续开拓海外市场，在美国、西班牙等地收购了很多工程公司。至此，布依格集团的帝国版图已经基本确立：围绕建筑核心，电信多媒体和服务业务多线并行，最大化地为集团增加经营利润。

建筑是几何图形和色彩间的平衡搭配，所以建筑之于人类，是物质上的也是精神上的庇护所。完成这份伟大而复杂事业的人，需要异常精明的大脑和持之以恒的决心。或许是源于长期从事建

---

① 婉儿. Bouygues 靠"无知"进军法电讯业 [J]. 广东电脑与电讯, 2000(11):37.

筑业，不似拓展业务时的"大胆"，当面对和建筑物一样复杂的资本市场时，弗朗西斯及其继承人显得十分温和，可以说是游刃有余，甚至还有些步步为营。当然，这更有可能是出于对跨界到新赛道时所必须保持的敬畏。布依格家族并非没有犯过错，但布依格公司至今仍能在世界名列前茅，至少表明他们在进退之间找到了合适的尺度，这也帮助他们在经营上获得了成功。

诺贝尔经济学奖获得者乔治·施蒂格勒说过："没有一个大公司不是通过某种程度或某种方式的兼并收购而成长起来的。"因而在商界，群体有着难得的共识——并购是一条企业扩张的捷径。而大鱼吃小鱼，或者大鱼吃大鱼，都不过是野心家们的游戏罢了。商海沉浮，大浪淘沙，不同的是，这些如今仍在国际上鼎立的法国巨头，都学会了在游戏中掌握主动权。

历经全球化的萌芽，在20世纪最后10年，奢侈品业已经越过工业，成为现代法国的代名词。少有人知道的是，渡过石油危机、国有化和全球化浪潮后，奢侈品业中不乏传承十年、百年仍由原始家族持有的品牌，并且它们在世界上都拥有"响当当"的名气。创始家族的传承与法国奢侈品业的繁荣有何关系？他们至今得以存在的原因又是什么？

第10章
继承与传承（1993—2003）

法国与奢侈品的缘分，要追溯到17世纪路易十四执政期间。他在法国大兴奢侈风气，在吃穿用度各方面追求极致的精致。欧洲贵族生活的奢靡催生了路易威登、爱马仕、香奈儿等奢侈品牌。创始家族以超前的时尚感知引领潮流，然后再用精良做工捕获贵族的喜爱，因此在欧洲快速获得认可。

尽管后来皇室贵族在战争中消失，但积累了大量财富的企业家、银行家们也开始效仿贵族生活，奢侈品消费群体因此而扩大。

进入20世纪中后期，为追求增长，很多家族品牌选择上市。此时"狼群"加入，伯纳德·阿诺特"鲸吞"品牌在业内引起骚动，形成了全球并购的风气。并购让LVMH集团成为当之无愧的奢侈品之王，在某种程度上，造就了法国奢侈品如今"统领"全球的局面。

资本市场经过这轮"血洗"之后，法国仍有一些奢侈品家族品牌傲然挺立，它们在时代洪流中使创始人的姓氏作为企业名字传承下来，当然也有在经过并购后成为大型奢侈品企业，而后又顺利流传给下一代的。如今他们的继承人都相继在20世纪末进行了公司控制权交接，这得益于欧美成熟的法制化和市场化环境，家族成员可以保护和传承家族财富。

不过，与外在因素相比，这些家族始终传承的理念和信条，才是他们在奢侈品行业中抵御危机并存活下来的关键。

PPR：只专注于能带来高收益的"剔除式"经营

2003年4月的一个周五，老皮诺带着儿子亨利到巴黎一家不起眼但却十分昂贵的酒馆L'ami louis共进晚餐。亨利以为只是一顿寻常晚饭，但老皮诺显然有备而来，他点了瓶葡萄酒，服务员将两位贵客的酒杯斟满。吊顶的灯光透过酒杯折射到老皮诺慈祥的脸上，紧接着他拿出三个连锁金环，环上套着一个钥匙，这是老皮诺提前请珠宝商朋友为这个时刻打造的专属物品。亨利看了看父亲神秘的表情，端详起这些小东西：第一个金环上刻着"1963"，第二个上刻有"2003"，最后一个上是个问号。聪明的亨利瞬间理解父亲的意思：PPR将传承到亨利时代，一个充满未知和期待的时代。果不其然，老皮诺把戒指和钥匙推到亨利面前，说道："下周一，你就可以接管家族生意了。"这一年，老皮诺67岁、亨利40岁。

1936年，PPR集团创始人弗朗索瓦·皮诺出生在法国布列塔尼的尚热罗市，老皮诺对学习没有什么兴趣，高中辍学后就到父亲的木材加工厂工作，在这里他认识了与父亲私交甚好的供应商的女儿，并与之结婚。1963年，老皮诺在岳父的支持下卖掉木材厂，创办了以家族命名的皮诺木材贸易公司（以下简称"皮诺公司"）。

老皮诺是天生做生意的料，随着木材生意越做越大，他又低价将当初卖出去的木材加工厂买了回来。此后通过不断并购，木材公司的业务范围逐渐扩大到建材、家居产销等领域，业绩直线上升，成为法国国民度很高的建筑木材贸易商。

1988年，皮诺公司在巴黎交易所上市，这时它还只是家木材公司。大量资金注入使得老皮诺拥有了扩张的资本，1990年，他收购了一家在非洲和法国从事贸易的公司CFAO，1992年又如愿控股法国巴黎春天百货公司（Printemps）。这家法国顶级奢侈品零售商场有着上百年历史，是法国时尚工业的象征。

将巴黎春天百货收入旗下后，皮诺公司每年都会投入数千万欧元来进行营销，以吸引更多的年轻人。正是在此基础上，一个奢侈品帝国得以建造。巴黎春天百货也是PPR集团第二字母P的来源。同年，老皮诺又并购了邮购公司雷都集团（La Redoute），得到第三个字母R。至此，老皮诺的奢侈品事业下游渠道已经建设完毕。加上代表着家族传统生意的皮诺家族的姓氏（Pinault），PPR集团正式成立。

1999年，是PPR集团重要的一年，老皮诺遇到了人生对手伯纳德·阿诺特。

当时LVMH已经是世界上最大的奢侈品集团，但地位却一直受到古驰的威胁。这个来自意大利的奢侈品牌，在20世纪五六十年代就被追崇为"时尚先锋"。可古驰家族多年来的股权争夺使公司经营不善，随后古驰被出售给美国投资机构集团Investcorp。

美国人买来古驰只是为了赚钱，因此等公司状况好转后便准备出售套现。如饿狼般的阿诺特马上扑向古驰，在20世纪最后一个春天，阿诺特在股票市场上得利，以34%的股份成为古驰的最大股东。

时任古驰总裁德索尔猜到这或许是一桩恶意收购，阿诺特并不想发展古驰。他向阿诺特提出必须全盘收购，但遭到拒绝。

老皮诺就在此时登场。他对奢侈品的生产和设计早有想法，当德索尔发出邀请后，他立即答应买下古驰42%的股份，轻易地抢走了控制权。恼羞成怒的阿诺特将此事诉诸法庭，他认为德索尔言行不一，PPR集团也并没有100%收购古驰。他们甚至向法庭暗示，德索尔可能收到了贿赂。精明的阿诺特还要求老皮诺买下古驰所有股份，这样他将从中得到6亿美元的投资收益。

这场20世纪末尾最精彩的商战，是以老皮诺的胜利来结束的。PPR集团在2004年持有古驰的股份升至99%以上后，实现了全面控股。而老皮诺为了赢得这场"战争"，付出的代价是巨大的——他花掉了88亿美元。为了筹集这些资金，皮诺家族不断出售旗下资产：2002年，卖掉名片公司Facet，之后是金融公司、家庭购物公司……2003年，最初起家的木材业务也以5.65亿欧元的价格被出售了。

就像多年前为了做木材贸易而把加工厂卖掉一样，为了奢侈品业务，老皮诺可以把木材公司再卖一次。这只是因为，古驰的奢侈品生意可以为PPR集团每年带来70亿美元的收入。当然，在收购古驰42%的股份后，PPR集团还收购了圣罗兰、赛乔罗希（Sergio Rossi）、宝诗龙、巴黎世家等奢侈品牌。PPR集团已经决心要在奢侈品世界里打拼。而皮诺家族的经营策略也已经大体成型：他们和很多家族企业不同，对自己创建的公司没有那么多的情怀。"怀旧会扼杀幸福。"[1]老皮诺如此笃定。因此他们只专注于可以带来高收益的业务，其他的都可以出售。

"剔除式"经营，用壮士断腕般的勇气将所有落后业务抛弃，也是弗朗索瓦·亨利·皮诺从父亲那继承到的最有用的东西。

为了家族的继承事业，老皮诺很早就开始费心。他育有两个儿子、两个女儿，大儿子亨利从小被选定为继承人，是4个孩子中唯一一个从商学院毕业的。1985年，亨利在巴黎高等商学院毕业后进入父亲公司，选择从家族生意的起点——木材进口配送公

---

[1] 赵福帅. 皮诺家族 怀旧扼杀幸福[J]. 英才,2014(5):112-113.

司开始职业生涯，又先后在 CFAO 和互联网业务公司 FNAC 任职。

1992 年，亨利刚为公司服务了 5 年，老皮诺就组建了一个阵容豪华的"皮诺理事会"8 人小组，成员均是来自商界和政界的顶尖人士，其中不乏为法国前总统希拉克和萨科齐做过顾问的人。这些人没有其他工作，他们只需要评估此时不满 30 岁的亨利是否具备合格继承人的品质。亨利对此略有不满，因为他"不喜欢这种被审视的感觉"。但他还是按照要求，每年与他们进行一次一对一的午餐会，随后这些成员会到老皮诺家里参加晚宴——实际上是汇报工作。一直到 2001 年，亨利才被评估合格，小组就此解散。

尽管做好了充分准备，亨利的接班仍旧不是按照计划来的，那时 67 岁的老皮诺在法国商界还是当打之年。之所以如此交权，是因为老皮诺的朋友法国传媒大亨拉格戴尔在 2003 年突然死亡，因为事先没有安排好接班人，家族陷入了无休止的内斗。这起突发事件让老皮诺觉得自己是时候退下来了，尽早安排好继承事宜，才能使家族更好地传承下去。

不过这件事发生得实在太突然了，距离亨利通过评估仅仅过去两年而已，所以他一开始以为父亲只是在开玩笑。但父亲对亨利说："如果我是你这个年纪，我应该爱一种大权在握的感觉。"[1]爱这种感觉，并不意味着享受这种感觉。老皮诺为家族立下了信条："继承家业不是一项权力，而是挑战。"

接过父亲办公室的钥匙，亨利做的第一件事就是把巴黎春天百货卖掉。所有人都表示不理解，这是站在 PPR 集团核心位置的企业，并且它在法国奢侈品零售业中的底色如此厚重。而亨利看到的是：奢侈品和零售业务集中在欧洲区域内，好坏完全取决于

---

[1] 郝倩. 皮诺家族：奢侈品帝国的没落与新生[EB/OL]. (2014-12-19)[2023-11-15]. http://finance.sina.com.cn/zl/international/20141219/153421119905.shtml.

欧洲经济，在欧洲对经济有主导地位的是西欧，西欧的核心则是法国，这样一来，业务发展就有相当的局限性。2005年，巴黎春天百货的营业额只有7.52亿欧元，但却要为此付出大量运营成本，带来的经营利润一直在减少。

所以亨利决定，把它卖掉。然后花费47亿美元买下彪马（Puma）——一个运动时尚生活品牌，降低太过于聚焦奢侈品业可能带来的风险。这一策略使得2008年金融危机来袭时，PPR集团的业绩未受到大幅影响。因此有人笑称，亨利把PPR集团第二个P，又买回来了。

2013年，PPR更名为开云集团（Kering），名字中只留下了和"家"有关的法语发音，传统业务的身影荡然无存。这表示亨利将皮诺公司带到了以经营奢侈品和运动生活方式为主的全新阶段，建立起以珠宝、皮具、手表等高利润部门为核心，并兼顾成衣、化妆品等低利润但客户群体广泛的商品架构，与之无关的业务全都被出售掉。集团还启用新标志猫头鹰，这是老皮诺最喜欢的动物，也是亨利对父亲最好的致敬。

如果说"剔除式"经营是方法，那么老皮诺定下的信条就是指引。在复杂的商业环境里，每当遇到重大项目时，信条就会指引着亨利，让他注意到前置危机。在亨利的继承之路上，父亲始终占有一席之地，他指引着亨利。亨利又带着敢于冒险、竞争的精神，在高度全球化的世界经济中创造出截然不同的局面。今天，在亨利的带领下，开云集团已经是世界三大奢侈品集团之一。

欧莱雅：依靠职业经理人"守家"

法国人倾向于用"传奇女性"来称呼利利亚娜·贝当古。因为她喜欢保持家族一贯的低调，却由于眉宇间自然流露着法式上流社会的优雅与古典，而成为摄影机镜头追逐的对象；更因为她多次登顶世界女首富的位置，坐拥令世界瞩目的化妆品帝国欧莱雅，却从未管理过公司。即使如此，也没有人敢否定她对欧莱雅的贡献。

一代创业家在时尚事业上的创意和嗅觉通常是不凡的，欧莱雅创始人舒莱尔用一生建立了一个化妆品王国。然而，那些不竭的创意和激情并不能同想象一样，毫不费力地传承到继承人身上。唯有财富，可以通过合同分毫不差地转移给继承人。"将军的子女未必能成为将军"，舒莱尔留下这一句传世名言，然后在遗嘱中将欧莱雅公司的经营权全权交给弗朗索瓦·达勒，一位在公司任职超过15年的职业经理人，就此开启传承欧莱雅事业的职业经理人制度。

在舒莱尔的葬礼上，利利亚娜请求达勒站在她的身旁，两人的手紧紧握在一起。像是某种充满仪式感的交接，利利亚娜和她的职业经理人，将共同开启欧莱雅的新旅程。

一方面，在欧莱雅的百年历程中，无论何时都只有一个大股东，这个大股东必出自舒莱尔及其后代，这是一切进展的前提。另一方面，至今为止欧莱雅选择的职业经理人，通常都在公司工作了数十年，且大多是从基础职位做起，对欧莱雅十分了解。这些职业经理人接过舒莱尔的权杖，专注于化妆品领域的成就，以高端线品类为引擎、大众化产品为骨架，推动着欧莱雅这艘巨轮前行。其中，有两个最重要的经营事项——与雀巢的股权合作以及国际化扩张，都是在利利亚娜担任大股东的半个世纪里完成的。

舒莱尔离世后不久，欧莱雅就在达勒的运作下成功上市。然而由于当时法国左翼政府主导的"国有化"风潮，像欧莱雅这样的大型企业很有可能被折断翅膀收归国家。为了避免这种情况的出现，达勒很早就向利利亚娜提议建立合资企业，只有这样才能让政府放弃国有化。尽管这会使利利亚娜的股份被稀释，但还是得到了利利亚娜的支持。他们很快选中瑞士的雀巢公司进行合作。

1974年，双方通过一起极其复杂的交易，建立了Gesparal控股公司，利利亚娜及家族成员持有其中51%的股份，雀巢则持有另外的49%。双方通过Gesparal控制着欧莱雅53.7%的股份，这样，利利亚娜和雀巢公司间接持有欧莱雅27.39%和26.31%的股份。作为交换条件，雀巢要给利利亚娜4.06%的股份，她因此成为雀巢最大的个人股东。交易完成后，利利亚娜和雀巢各自持有欧莱雅的股份比例分别是31.0%和29.8%，这种交叉持股的方式存续至今，不仅使得欧莱雅有机会获得更自由的发展，而且也帮助欧莱雅在与雀巢后续美容领域的合作中保持业绩增长。

如果说达勒帮助利利亚娜坐上了当时法国首富的位置，那么利利亚娜及其家族如今在世界上的财富价值则大多来自第三任职业经理人欧文·琼斯。

欧文是一位卓越的经营者。他在欧莱雅开始只是一名电话推销员，本人也只想在大公司积累些经验为跳槽铺路，但因为业绩突出，在欧莱雅得到快速晋升。20世纪80年代中期，欧文被派往美国担任总经理，负责欧莱雅最大海外公司的运作。那时美国市场有着雅诗兰黛和露华浓两个知名度极高的超级品牌，"外来人"想要突破市场几乎不可能。但利利亚娜没有放弃，她和欧文都决定挑战这个极限。在利利亚娜的支持和欧文的带领下，欧莱雅公司说服美国最大的百货公司——梅西百货在柜台上摆放欧莱雅产品，并且还与雅诗兰黛有着同样的销售面积。凭借不俗的产品体验，欧莱雅旗下品牌兰蔻当年就获得巨大的销售增幅，一举打开美国市场。

不过，欧文最精彩的一役是在上任欧莱雅总裁后。1995年，欧莱雅决定收购美宝莲前夕，欧文对此十分犹豫。因为虽然这是一家低档化妆品公司，而且如果收购成功可以很好地补充欧莱雅在产品线上的欠缺，但美宝莲在美国家喻户晓，早在成立之初就因为生产出世界上第一支睫毛膏而引起轰动，所以需要付出很高的价格才有可能将它买下来。"我们可能会竹篮打水一场空……"其中一位管理层表达了这样的担忧。利利亚娜当即表示："如果是个好的选择，那就不要犹豫。"[1] 在最关键时刻，利利亚娜发挥所有权的力量，帮助欧莱雅完成了这项交易。对于利利亚娜的行事，欧文曾表示："她在经营上给予真正的帮助。每次面对有可能丧失资本的艰难选择时，她都给予我们极大的支持。"[2]

也正是由于她完全的信任，职业经理人才得以放开手脚去经营企业。1996 年，欧莱雅以 7.58 亿美元收购美宝莲后，欧文就马上着手改造品牌。那时欧莱雅在全球的经营策略已发生了变化，它不再作为单纯的收购方去管理品牌，而是将品牌收购后进行重新包装，赋予其第二次生命。于是，效仿当时的主打产品"欧莱雅·巴黎"，欧莱雅在美宝莲后面加上了"纽约"两个字，再将总部从孟菲斯迁到纽约。这不是形式上的效仿，在世界各地消费者眼中，纽约象征着活色生香的西方世界，那么这里的产品也应该代表着最新时尚。其内在含义就如同人们看到"欧莱雅·巴黎"时，会第一时间联想到巴黎的优雅，从而对产品产生好感。1996 年至 2004 年，改造后的美宝莲销售额从 3.5 亿美元上升到 11 亿美元。

欧文又乘胜追击，于 1998 年和 2000 年先后收购两家公司 Soft Sheet 和 Carson，然后合并成面向非洲裔的洗发用品生产商 Soft Sheet/Carson。又如法炮制对 Soft Sheet/Carson 进行更适合消费群

---

[1] 毕夫. 利利亚娜·贝当古：全球最富的女人[J]. 中关村,2013(6):55-57.
[2] 毕夫. 利利亚娜·贝当古：全球最富的女人[J]. 中关村,2013(6):55-57.

体的改造，使得欧莱雅占据非洲美发市场将近一半的份额，比两家公司收购前的总和增长了 11%。

在父亲那份遗嘱里，利利亚娜虽然只继承到了财产权，但又不仅如此。父亲还告诉利利亚娜家族的传承之法——把财产继承与企业管理分开。多年来，利利亚娜忠实地贯彻着父亲的精神。每当遇到职业经理人换届时，利利亚娜总是充分尊重上一任的意见和安排，即使她完全有权自己决定新人选。而一旦确定好人选，利利亚娜就会全权把公司交付给继任者，退后做一个强有力的支持者，从不对公司经营指手画脚，然后坐享大股东应有的利益分红。对于自己的授权管理，利利亚娜毫不避讳地表示："遇到值得信赖的人，你就下定决心把事情交给对方吧。要知道，授权对对方来说是一种骄傲、一种自豪。而对你来说，是一种生命的减负、轻松。"①

也正因如此，在欧莱雅，权力的移交总能平稳地进行；掌权人能够长久地管理着企业，并带领欧莱雅进入一个新的高度。这种持续性和稳定性，对于任何一家全球巨头来说都是了不起的。所有权和经营权分开，是舒莱尔的规定，但如何执行却要看个人。从结果上看，利利亚娜是一个十分聪明的"甩手掌柜"。

舒莱尔是低调的，利利亚娜从他那里继承了低调的智慧，或许这正是财产继承与企业管理分开能够在欧莱雅公司得以继续的原因。1997 年，利利亚娜唯一的女儿弗朗索瓦丝·贝当古·梅耶尔进入欧莱雅董事会，后来还担任家族控股公司的董事长。利利亚娜则渐渐退出董事会工作，专心慈善事业。她的女儿接过这份事业，也一直保持着家族的低调风格，弗朗索瓦丝和利利亚娜一样，很少接受媒体采访，甚至连公开露面都不多。她严格遵守家族的

---

① 毕夫. 利利亚娜·贝当古:全球最富的女人[J]. 中关村,2013(6):55-57.

要求，即使从母亲那里得到了所有股权，也从不参与公司管理。相反，她热衷于弹钢琴、写作。

"信任和友爱"，这是欧文办公室里利利亚娜在一张黑白照片上的亲笔题词，也是对她的家族与职业经理人最好的注脚。

爱马仕：因为团结，品牌依旧在家族内传承

前几年大火的国产剧《三十而已》里，一张"沪上顶级太太团"经典合照把太太们使用的包包和财力、地位挂钩，其中站在中心位置的太太与他人相比，家族富了三代，有钱有地位，她挎着一个价值200多万元的爱马仕铂金包。但少有人知道，制造出这只顶级奢侈包包的公司，家族已经传承了六代，并且家族财富还在不断增值，多名成员名列全球亿万富豪榜，这在世界范围内都不可多见。

1978年，让·路易斯·杜马斯上任成为爱马仕公司第五代所有者。事实上，从他父亲那一代开始，爱马仕公司所有者已经不再拥有爱马仕的姓氏。这是因为，第三代所有者埃米尔·莫里斯·爱马仕的孩子中没有男性，在他去世之后，爱马仕公司就落入他的三个女儿及女婿手中，路易斯正是其中一个女儿的孩子。三个女儿在嫁人后引入三个新的姓氏：格兰德、皮埃什和杜马斯，他们构成三个分支，却仍然像一家人一样为延续爱马仕品牌而奋斗。

在路易斯上任前，凭借凯莉包、铂金包、女士丝巾等众多经典产品，爱马仕已经在全球上流社会中拥有不俗的名气，营收规模逐渐扩大。20世纪90年代初，随着爱马仕家族成员不断增多，成员变现的需求越发强烈。1993年，经过家族商讨同意，爱马仕

拿出25%的股份出售给公众,在巴黎证券交易所上市,为想要退出的成员提供了通道。然而基础薄弱的家族企业上市就意味着股权稀释,在那个并购横行的年代,爱马仕随时都有可能在资本市场中被吞噬,从而丧失控制权。

在此之前,路易斯目睹了伯纳德·阿诺特是如何将路易·威登和酩悦·轩尼诗并入旗下,又是如何一步步将威登家族赶出企业的,当时爱马仕还有一部分股权在LVMH集团手中。因此,保证爱马仕家族的权益不被侵蚀是上市前路易斯迫切需要解决的问题。上市前夕,路易斯特地找到阿诺特,表示希望能够买回这些股份。当时LVMH集团正在全球搜刮一些先进企业,企图并购。对于爱马仕这样老旧的家庭式手工企业,阿诺特并不喜欢,所以他很快就答应了。

为了这次上市,路易斯还精心设计了股权和公司管理结构。他将公司股份分割成由6家控股公司组成的集团,并且层层嵌套,然后又在此基础上设计双层管理架构。一层是埃米尔·爱马仕有限责任公司,它有权任命或者解除公司CEO职位,负责重大财务问题处理和制定公司战略以及行使一票否决权。能够进入埃米尔·爱马仕有限责任公司的只有两类人:一是第三代所有者埃米尔-莫里斯·爱马仕与朱莉·奥朗德的后代,也就是由三个女儿所延续的直系后代,其次是直系后代的配偶。但配偶成为合伙人后仅得到收益权,如果发生了离异的情况,配偶可以继续持有股份,但没有投票权。以上实体成员的股份全都按要求存放在家族账户里。另外一层是爱马仕国际集团公司,他们负责公司的日常管理和对外合作。

换言之,路易斯通过双层架构,将公司所有核心大权都放在由家族控制的埃米尔·爱马仕有限责任公司里,从而使爱马仕家族保持对爱马仕公司的管理权和治理权。同时为了避免权力过于集中,家族成员还会分散在集团的不同部门和不同层级任职,以此来保证公司的开放性。爱马仕家族成员总共持有63%的股份和72%的投票权,且大部分股份在三个分支姓氏的成员名下,因此爱马仕公司被牢牢控制在爱马仕家族手中。

随即爱马仕公司上市,以每股55美元的价格被超额认购了34倍,这意味着投资者十分看好爱马仕的前景。阿诺特无比后悔却也无可奈何,因为路易斯复杂的管理结构阻断了收购之路。不过百密一疏的是,此时爱马仕家族持有的股份散落在众多家族成员手中,没有人单一持股超过5%,这为日后的危机埋下伏笔。

当时在双层架构管理之下,爱马仕公司形成了高效的运作模式,它既给想要退出的成员一种清算方式,又始终保持着爱马仕家族对公司的控制。而且新引入的资本还帮助爱马仕公司超越原有格局,将产品扩充到男装成衣、餐具以及家具等范围。在路易斯任期内,爱马仕的年销售额比原来增长了3倍,达到19亿美元。

销售额的超高速增长对爱马仕来说并非全然有利。阿诺特再次注意到这家公司,就此展开一场蓄谋多年的收购案。当爱马仕第六任过渡性掌门人帕特里克·托马斯接到阿诺特私人电话,被告知对方已经持有爱马仕公司股票时,爱马仕家族立刻警铃大响。

事实上,阿诺特对爱马仕的攻击从2001年就开始了。LVMH集团通过两家注册在卢森堡和美国特拉华州的子公司,购进了爱马仕4.9%的股份,因为处于监管当局5%的临界线要求之内,所以无须进行公示和通知企业。因此爱马仕家族并不知道阿诺特手中已经握有公司股份。此后阿诺特又通过子公司和银行在二级交易市场里购买了爱马仕大量可以置换股份的金融衍生产品,这些产品因为5%的临界线或产品设计本身无须公告和申报,这又让阿诺特得以在爱马仕家族眼皮下隐匿。

一直到2010年,阿诺特通知了帕特里克,才意味着战斗正式打响。阿诺特将购买的衍生产品全部置换成流通在市场上的股票，短短几天之内就将持有的爱马仕公司股份总量提升到17.1%，成为除爱马仕家族外的第二大股东。收购在当下似乎已成定局，爱马仕公司的股价也应景大涨30%。

所有人都以为爱马仕家族成员会选择拿钱退出，但对阿诺特擅于运用资本手段控制一家公司早有所闻的爱马仕家族没有丝毫犹豫，50多名家族重要成员在巴黎召开极为秘密的会议，甚至连会议纪要都不被允许留下。他们一致同意将持有公司共50.2%的股份通过托管方式锁定，并依此成立H51控股公司。为了给家族成员保留减持套现空间，他们还留下整个家族约12.5%的股份没有锁定，但家族成员一旦出售这部分股份，托管公司拥有优先购买权。不过，托管在H51公司中的股份在20年内无法出售，意味着这部分成员只能靠股票分红赚取收入。爱马仕家族以抛弃个人利益的方式紧紧地绑定在了一起，粉碎了阿诺特的美梦。

在爱马仕家族看来，与LVMH间的"战争"更像是一场文化之战：在官方网站中，爱马仕将自己称为"始于1837年的当代工匠"，但阿诺特一开始就不欣赏这种效率低下的工艺。因为阿诺特家族的财富靠并购得来，爱马仕家族则靠传承而来。这是根本的不同，爱马仕最终只能成为阿诺特的意难平。

爱马仕家族能有如此强大的凝聚力，与培养家族传人的方式有很大关系。家族很早就安排下一代接受公司的传统教育，包括组织他们参观子公司和各个门店，在此过程中还会培养他们对产品和设计的兴趣。到了一定的年龄就安排他们进家族公司任职，所有人都必须从最基层的工作做起。同时，爱马仕还很重视继承人在外的历练，他们鼓励家族成员去其他公司任职，丰富的见识有利于帮助管理家族企业。例如，路易斯在接管公司前，曾在爱马仕的竞争对手公司中做了几年买手。正因如此，家族成员对爱马仕公司有着深深的认可,这种认可让所有人的目标一致——都是为了让爱马仕的品牌价值更高。

爱马仕诞生至今已经存续180多年,却仍稳稳地继承到下一代手中。即使在全球范围内,这样的家族企业也是罕见的。股权结构和管理架构是爱马仕家族能够掌控公司的绝对秘籍,但每一次都能通过调整架构的方式取胜,究其根本是爱马仕家族绝对的团结。以团结为核心,爱马仕家族造就了奢侈品行业永恒的优雅。

香奈儿:品牌拥有者"隐"在设计师身后

一直以来,可可·香奈儿在法国是可以与戴高乐将军相提并论的人。她说过:时尚易逝,唯有风格永存。时间越久远,香奈儿女士的一切就越是回甘无穷。她在时尚领域卓越的品位,已然超越了设计师本身。然而,在香奈儿品牌故事里,她能拥有的身份却只有设计师和创始人。香奈儿公司的真正主人,是她背后传承了四代、十分低调内敛的韦特海默家族。

韦特海默是一个起源于德国的犹太人家族,历经数代变迁已经成为彻底的法国人。他们的家族产业涉及时尚、马场、酒庄、出版及金融等,财富总值常年登上全球富豪榜。在韦特海默的家族产业中,香奈儿公司是最大的财富来源。1996年,家族第三代掌门人雅克·韦特海默去世,他的两个儿子——阿兰·韦特海默与杰拉德·韦特海默正式继承父亲的股份,成为香奈儿的新主人,分别担任香奈儿品牌总裁、香奈儿手表公司总裁。不知道是否为了保持神秘,香奈儿至今仍是一家私人公司,韦特海默两兄弟各持有香奈儿50%的股权。

第 10 章 继承与传承（1993—2003）

  与众多奢侈品牌不同，韦特海默家族既不是香奈儿品牌的创始家族，也不是通过并购得到香奈儿公司的，而是与香奈儿女士达成协议，共同创办了香奈儿香水公司。香奈儿女士负责设计，占有10%的股份；韦特海默家族负责提供资金，以及一切经营事务，占有70%股份；另一位合伙人巴德占20%股份。这是故事的开始，韦特海默家族在背后默默支持香奈儿女士，他们一起创造了举世闻名的香奈儿5号香水。然而在过程中，因为分配不均，他们经历了长达几十年的股权之争，最终为了香奈儿品牌能够存续选择和解。并且在香奈儿女士想要重启高级定制时装屋业务时，家族第二代掌门人皮埃尔再度在经济上给予高度支持，家族也因此取得了香奈儿女士和巴德手中的股权，同时拥有香奈儿名下时装和其他业务的所有权。香奈儿公司从此完全属于韦特海默家族。

  因为家族第三代传人雅克·韦特海默只钟情于赛马和红酒，对香奈儿业务并不感兴趣，加上香奈儿女士去世，香奈儿品牌一直在走下坡路。1974年，因为经营不善，雅克·韦特海默被赶出董事会。无奈之下，家族第四代长子阿兰·韦特海默说服了董事会，让他代替父亲管理香奈儿公司。他一上任，就进行了大刀阔斧的改革，包括提高香奈儿品牌的定位，在药店和折扣店这样的低价渠道中下架香奈儿5号，只通过高端化妆品渠道进行销售，然后又开设精品专卖店来加深高端形象，拒绝一切可能伤害香奈儿品牌声誉的特许经营。接着，他利用香奈儿品牌之前赚来的超额现金流进行收购，添加了化妆品、成衣等系列。

  但香奈儿公司始终缺少灵魂。自从香奈儿女士离世后，香奈儿的设计一直停留在原地，年轻一代不再关注这个品牌的产品，它几乎要成为史迹。

  1983年，在时任美国分公司主管凯蒂·达雷西奥的推荐下，阿兰向卡尔·拉格斐发起邀请，他就是后来被尊称为"老佛爷"

的世界著名设计师。当时拉格斐在法国声名鹊起，他不仅和意大利奢侈品牌芬迪有着深度合作，还是法国著名品牌寇依的主设计师。所有人都在劝阻拉格斐去香奈儿公司工作，但在阿兰的盛情邀请下，拉格斐决定和他一起挑战复兴香奈儿品牌。不过，外界对拉格斐的加入仍存在诸多疑问——虽然他拥有不俗的设计才华，但外表看起来像是个奇怪的男人，与香奈儿品牌充满女性气息的端庄典雅似乎无法相融。

可阿兰始终保持沉默，一直到拉格斐去世后，人们才理解了这种"沉默"。阿兰在悼词中怀念地说道："20世纪80年代初期，我全权委托拉格斐重塑香奈儿。"多年前阿兰的祖父皮埃尔和香奈儿女士的合作也是一样，韦特海默家族对所投资的设计师有着绝对的信任和尊重。

就这样，在可可·香奈儿离开12年后，卡尔·拉格斐上任香奈儿艺术总监。他像香奈儿女士的知音一般，不仅从她的作品中看到现代女性所追求的舒适与高贵雅致，而且认同并尊重这一理念，从而让香奈儿的设计精髓得以延续。拉格斐并非完全模仿香奈儿的设计风格，而是在继承的基础上有所创新，从而使香奈儿品牌重新焕发生机。

到了20世纪90年代末，香奈儿旗下产品再次引起了人们的争相购买，设计师们也开始模仿香奈儿的风格推出宽松长裤和海军运动夹克。后来出于奢侈品的市场定位，阿兰和拉格斐将香奈儿品牌下的大部分产品都进行了提价。然而即便价格昂贵，还是抵挡不住客户们的热情。于是，香奈儿又想出新的销售手段，对每位顾客进行限购，每个人最多只能买3件产品。这使得香奈儿变得炙手可热，成为名副其实的高端品牌。

韦特海默家族不仅在设计和销售上改造香奈儿，还要制作出能够彰显人们地位的穿戴品，才能算完成品牌的使命。和爱马仕对手工艺的重视一样,香奈儿公司始终坚信,奢侈品的精髓是细节和精美工艺。因此,为了保证香奈儿品牌拥有足够的供应商,在拉格斐的帮助下,韦特海默兄弟在市场上收购了大量的高级工作坊。

德吕(Desrues)纽扣及珠宝坊是第一个加入香奈儿 Métiers d'Art(传统工艺)高级手工坊的成员。之后香奈儿又陆续收购了马萨罗(Massaro)鞋履工坊以及制作花饰和羽毛配饰的勒马里耶(Lemarié)工坊等等已经没有继承人的、法国古老的手工坊。2002年,为香奈儿制作标志性斜纹软呢面料的莱萨日(Lesage)刺绣工坊也并入香奈儿旗下。到2018年,香奈儿旗下的 Métiers d'Art 高级手工坊和制造商已经多达26家,业务范围覆盖珠宝配饰、鞋履、服饰等各个方面。[1] 得益于这些收购,香奈儿构建了在奢侈品行业的核心竞争力,让其至今仍在成品上保持独特的高雅。

"掌舵"香奈儿设计的36年中,拉格斐将香奈儿推向了巅峰。在公司里,他几乎一手掌握香奈儿与设计有关的所有业务,因此,当人们提起香奈儿时,脑海里的第一反应永远是拉格斐的经典形象——身穿西装,佩戴黑色墨镜,在脑后扎成辫子的一头白发,还有他为香奈儿产品进行的无数经典设计和各种天马行空的秀场,而对于背后经营着香奈儿公司的家族却可能一无所知。

实际上,这是韦特海默家族刻意为之的结果——让设计师成为聚光灯下的明星,韦特海默家族则拥有公司带来的大量财富,这种默契从与香奈儿女士的合作时就已经开始。他们很少接受采访,就连香奈儿的公开活动都很少参与,甚至很难找到第三代掌门人的一张照片资料。即便是现任掌门人兄弟偶尔到访香奈儿,也总是隐没在人群中,他们不想抢走香奈儿设计师的风头。

---

[1] 郑喆,徐佳钰,庄华. 奢侈与时尚[M]. 杭州:浙江大学出版社,2023.

反过来他们很清楚，设计师是香奈儿品牌生命力的创造者。他们这样做，不仅使"时尚教母"香奈儿女士和"老佛爷"拉格斐成为香奈儿形象代言人，更重要的是让两位天才设计师有自由创作的空间，以帮助香奈儿一次又一次引领世界时尚风潮。

从辉煌到衰落再到复兴，香奈儿走过百年，它的两次崛起都源于韦特海默家族和设计师之间的长期合作关系。在2002年2月接受《纽约时报》采访时，杰拉德曾表示："我们家是非常谨言慎行的，我们从不说闲话。人们谈论的是可可·香奈儿，是卡尔·拉格斐，是每个在香奈儿工作的人，而无关韦特海默家的人。"[1] 阿兰和杰拉德两兄弟从父亲那里继承了股权，又从祖父那学会了保持低调和深深信任合作伙伴，他们与设计师之间有着相同的激情，并以此建立了长期合作关系，这是韦特海默家族一贯的传统。

进入21世纪，奢侈品已经升级为法国商业新的象征。这些传承下来的家族品牌，见证着法国时尚的变迁，成为世界奢侈品业的中流砥柱。这些家族都有着同样的特征，那就是传承几十年乃至上百年后，各个家族都形成统一信条，而继承者们通常不会轻易背叛已经得到验证的真理，因而他们得以牢牢守住家业，世代享受着富贵生活。英国热播剧《唐顿庄园》里，贵族大小姐玛丽有句非常经典的台词，她说："你们这些人什么都是买来的，我们这些人什么都是继承来的。"可继承一栋别墅或许是容易的，当接手的是百亿时尚帝国时，家族成员需要极大的智慧才能守住财富。这些家族的继承人喜爱权力，却又始终将家族利益放在第一位。

回望法国商业史，自从二战后诞生了诸多堪称"独角兽"的

---

[1] 周修文. 韦特海默家族:Chanel背后的神秘家族[EB/OL]. (2018-04-25)[2023-11-18]. https://www.jiemian.com/article/2087163.html.

企业。他们有些凭借时代机遇一跃而上，有些敢于危中求机获得成功，但也有些完全靠着国家政策的扶持。如今来到崭新的世纪，曾由国家扶持起来的"巨轮"又有些过分沉重，在高度全球化的贸易环境里，它们将何去何从？

第11章

巨轮"告急"后,深入国有化改革
(2004—2014)

因为长期实行干预企业经营的策略，法国是西方工业国家里国有经济比例最高的国家。

然而受到国际私有化浪潮影响，加上执政党意识变换，法国国有企业又经历了一次次私有化。其中有代表意义的分别是1986年推出私有化法案，为国企私有化提供法律依据，以及1993年引入民营资本。

两次私有化过后，剩下的国有企业集中在基础经济部门中，像法国电力、法国燃气、法国电信等。这些企业有着垄断经营的特征，在全球化经济中显得有些"寸步难行"，也是法国国企私有化中最难啃的骨头。

但在财政压力以及欧盟法令促进下，法国政府喊出"开放资本"的口号，自2004年正式开始新一轮的改革，并且采取比之前更深刻的方式。法国政府对国有企业的管理，也从一开始的"管理行政"演变为"管理合同"，最终转向"国家股东管理"。此外，虽然不是国有，但对法国国有经济有重大影响的企业，如果发生债务危机，法国政府也会给予改革方案，包括直接注资改造，帮助企业渡过难关等。在这一改革阶段，法国政府的目标是既要给企业经营自主权，同时又要采取适当的经济杠杆，保持国家对这些大型企业的控制权。

当巨轮"告急"后，法国政府正在用独特的商业理解诠释着法国式国有化改革，挽救国民企业于危机之中。

法国电信:"轻装"征战世界

美国作为世界 IT 产业先驱,第一个尝到了"螃蟹"的美味。20 世纪 90 年代后,新的经济模式使美国经济进入长达 10 年的繁荣期,还连带着推动了世界经济发展。那时人们认为只要手持科技股或者是在求职时得到股权,公司上市后就能立刻变现成为"百万富翁"。沉浸在不断看涨的情绪中,大众对即将到来的危机没有任何警觉。进入 21 世纪后,IT 产业投资幅度下降引发美国股市崩盘,以高科技股为主的纳斯达克指数一周内跌去 1000 点以上。灾难迅速波及欧洲,电信和网络股持续下跌。欧美股市泡沫拖垮了诸多科技企业,法国电信公司就是其中之一。

法国的电信业务最早由邮政部下属电信总局(DGT)负责,属于完全垄断的业务模式。20 世纪 80 年代末,欧盟对电信业的垄断出台相关法令。在其推动下法国电信业酝酿改革,从电信总局独立出法国电信公司。不过当时的改革更多的是体制内调整,法国电信公司是国有独资企业,依旧具有"政企合一""政监合一"的特点。1996 年,为应对市场挑战,法国电信公司改制为股份有限公司,随即开启国有股权转让和资本开放的征程,在巴黎、纽约两地上市。股票出售期间,法国电信公司还通过媒体广告来扩大宣传声势。

在这次股票出售后,法国政府仍坚持持有法国电信公司 51% 以上的股份,是最大股东。

随着持续发展和扩张,21 世纪初法国电信公司已经成为欧洲电信巨头之一,并从电话公司转变为综合信息通信公司,朝着全球最大电信公司的方向发展。但由于始终以国有垄断企业的角色出现在市场上,在上市的6年时间中,法国电信公司仅有两年超过法国GDP的发展速度。反观同样是进行改革的德、英两国,因为政府"放手"幅度更大,电信公司发展速度始终高于国民经济。

2000年,"硅谷梦"破碎引发了世界经济震荡,法国电信公司通过并购得到的公司价值大幅缩水,因而背上巨额债务,经济形势急转直下。

对于法国电信公司在资本市场的失利,时任法国经济部部长梅尔曾直言:"国家持有法国电信多数股份是引发公司目前财务危机的主要原因之一。"[1] 时任法国电信公司CEO的布雷顿也表示,面对国际经济形势的复杂局面,法国电信公司所采用的集中管理方式根本无法适应。归纳起来的具体原因就是公司贪大求全,以及国家管理下国有企业的通病——企业内部控制出现问题。

从市场应对速度到机构设置,法国电信公司都难以适应全球化潮流。为了挽救糟糕的业绩,法国电信公司不断剥离掉非核心业务,包括卫星、广播和有线业务,聚焦数据和移动通信服务。当然,这一切都比不过政府下定决心加大改革力度。

首先是废除1996年颁布的法律条款——国家必须持有法国电信公司50%以上股份,将国有持股法国电信国内公司的比例逐步降到20%左右,从根本上让法国电信公司变得更自由。2005年,政府对法国电信公司持有的股份已经降至33%。其次从法律层面改变法国电信公司是唯一公共电信服务商的地位,以公开招标的方式指定新服务商。即通过引入更加开放的竞争机制,改变法国电信公司"一家独大"的局面。最后是在改革的基础上,保障法国电信

---

[1] 法国电信负债700亿欧元 如何摆脱债务危机[EB/OL]. (2002-12-09)[2023-11-20]. http://tech.sina.com.cn/it/t/2002-12-09/0813154667.shtml.

公司公务员的岗位福利待遇。

尽管持股比例下降，但法国政府还是希望保持对法国电信公司的控制。为了保证剩余国有股份的地位，又从法律层面对20%国有股赋予优先决定权。

优先决定权使政府拥有三项特殊权力：一是关于法国电信公司总裁的任命，如果政府认为法国电信公司总裁在人事任免以及员工福利待遇方面失去公正，那么政府有权对该职位进行人事调换。例如布雷顿就是由政府任命的，而后又在2005年被法国总统希拉克任命为新一任财政部部长。还有2011年2月，法国电信公司时任总裁迪迪埃·隆巴德"被下台"。因为隆巴德在公司转型中，为了达到裁员目标使用过于严苛的管理手段，从而引发了员工自杀潮。这比他原本计划的离职时间提前了4个月，并且他不能得到遣散费。

二是在经营上拥有否决权，这一点主要围绕法国电信公司的发展战略是否违背国家利益来表决。

三是关于并购方面的否决权。当并购发生时，如果政府认为竞争对手存在"恶意收购"的行为或意图，可以最终否决掉并购案。

虽然看起来法国政府在国有企业中拥有相当"话语权"，但在交易上依旧遵循公平原则。在减持法国电信公司股份的过程中，包括从100%持股减持到50%以下，法国政府引入了专业的金融机构来主持工作。2005年减持股份时，包括高盛公司以及巴黎百富勤、德意志银行等投行都参与过售股。这也是法国电信公司得以和法国政府保持良好关系的重要原因。

深度改革的法国电信公司本质上仍是一家国有企业，不过经营体系已经完全不同。

2005年，法国电信公司启动NEXT转型战略，以固定线路、互联网和移动通信业务深度融合为基底，为创新业务提供支撑，并且每3年对公司管理层进行一轮调整。2006年，法国电信公司以转型为目标，将重要业务的品牌统一更名为"Orange"，包括已经全球知名的品牌易宽特（Equant）和万那社（Wanadoo）也都全部更名。"Orange"是从香港商人李嘉诚手里买过来的品牌，拥有全球最大3G网络，法国电信公司希望借温暖的橙色与用户贴近，向世界传递创新和充满活力的精神。

此外，伴随着法国电信市场开放程度的加大，法国通信市场上不断出现新的运营商。在这期间，法国电信公司又展现出极其灵活的经营策略。

2012年，法国电信市场在法国电信公司、SFR公司、布依格电信公司三家瓜分之下，失去了竞争活力。于是，第四家电信运营商Free进入了法国移动通信领域，瞬间掀起一场血雨腥风。在此之前，Free就放出豪言：将把现有移动电话的资费下降50％！大摇大摆地来到市场后，Free果然推出超低价的套餐，并且在营销层面采用非常简单直接地告诉消费者的策略。因此，各家用户纷纷流向Free，法国电信公司当年净利润暴降近80％。为了留住用户，本来只想跟着简单降价的法国电信公司当即改变策略，重新建立定位更低的子品牌Sosh，再推出每月14.99欧元的资费套餐，并且在4G业务和光缆业务方面持续投资。

得益于这些措施，法国电信公司在危机中继续保持领先地位。而这一切的背后是法国政府对私有化的坚持，因为原来属于国家控股企业，法国政府对法国电信公司的价格、投资等都有着严格的控制。但现在政府股份减少，法国电信公司对外投资和转型时就可以"轻装上阵"，在市场中也不再受限制，发展速度因此加快。

2013年，法国电信公司正式把名字改为"Orange"，巴黎、纽约两地的股票名字同步更改。在法国电信公司的发展历程中，老牌国企的沉重形象逐渐消失，法国电信全新出发。

法国燃气："以小吞大"打造"冠军选手"

2004年6月，法国爆发严重的罢工运动。工人们占领工厂，将电力公司原本应该输送的电力减少了12%甚至更多，又切断巴黎埃菲尔铁塔和总统府邸爱丽舍宫的电源，取走时任法国总理让-皮埃尔·拉法兰一座私人住宅的电表。该行动得到了工会和反对党的支持，他们切断富人电源后继续走上巴黎街头为未来而战。根据事后统计，那时全法大约有7万人参与游行和罢工。工人们之所以有如此疯狂的反应，是因为法国政府计划将法国燃气公司和法国电力公司部分私有化，从外部寻找投资者，以便筹集资金让它们在全球市场上更具竞争力。担心失业的工人举行全国性游行，但政府表示，这绝对不可能回头。

2005年7月，法国燃气公司率先按照计划上市。它在巴黎股票市场上很快便引起了人们的购买热情，上市几天时间股价便狂涨22%，有300多万股民购买了法国燃气公司的股票。但上市并非法国燃气公司的终章，能源改革与私有化还交织在法国燃气公司变革进程中，引导它走向二次上市。第二次世界大战后，法国燃气公司被政府授予垄断性经营天然气业务的特权，半个多世纪以来，全法大约有95%的天然气由法国燃气公司供应。由于欧盟国家大部分企业实施垄断经营，各国市场常年来分割严重。原本90%的天然气都要依赖进口的欧盟，供应十分紧张。直到1998年，欧盟终于下定决心改革，发布天然气指令，开始放松对能源市场管制，引入第三方气源，并要求企业允许第三方使用管网等基础设施。但法国对此表示反对，改革成效见微。

2003年，为了打破高度垄断的市场，欧盟再度颁发指令，要求成员国将垂直一体化的能源企业进行强制性拆分。在欧盟指令基础上，法国颁布了两项法律。通过这两项法案，法国要求燃气公司分拆出受到管制的输配气业务以及其他不受管制的业务。公开上市后不久，2006年，法国燃气公司完成了第一阶段市场化，分拆出三个子公司，分别独立面对市场经营。

不过，法国政府对彻底分拆能源市场态度强硬，他们希望由姓"法"的燃气公司来统治法国市场，而不是外来公司，完全分拆会使事情变得难以掌控。并且在他们看来，拥有一家超大型垂直整合的能源企业，是保护法国和欧盟利益的最佳方式。也是在2006年，意大利给了法国政府建立新秩序的机会。

意大利国家电力公司（Enel）宣布兼并法国民营能源巨头苏伊士公司。苏伊士公司的前身是苏伊士—里昂水务公司，业务涉及天然气销售和输送、电力生产和供应以及水务和垃圾处理等。为了促成这笔收购，时任意大利总理贝卢斯科尼特地跑来和法国政府沟通。但以"叛逆"精神闻名的法兰西民族，坚定地回绝意大利的请求，他们的目标是全球市场。

时任法国总理多米尼克·德维尔潘提议，让法国燃气公司与苏伊士公司合并，这样不仅可以组成全球性的巨型企业提高法国声望，还可以让意大利国家电力公司知难而退。涉事的两家公司对此表示了积极态度。法国政府为促成这一目标大开绿灯，甚至对国家《能源法》进行了修改。不过，随着合并案的深入，合并事件不仅遭到了工人的反对，还有来自双方的分歧。

对法国燃气公司职工来说，他们刚经历过法国燃气公司私有化的动荡，如果两家公司合并，部分业务重合的工作岗位很有可能会减少，这意味着他们可能再度面临失业危机；工会也有这方面的担忧，并对此表示反对。于是，法国燃气公司的工人又走上街头游行示威，工会组织则申请巴黎上诉法院的介入。法官要求法国燃气公司董事会在没有取得工会认同的情况下，禁止表决合并事项，否则将被处以 10 万欧元罚款。尽管这在一定程度上使进程变慢，但并非决定合并的根本性原因。

双方在合并一事上的分歧是更严重的原因。从法国政府层面来说，国内主要的反对党社会党指出合并会导致法国燃气公司被过度私有化，因此极力阻止。所以法国政府希望保持在新公司的控制地位，来避免这种情况的出现。对苏伊士公司的大股东来说：法国燃气公司的市值约为 362 亿欧元，苏伊士公司的市值约为 541 亿欧元；法国燃气公司的市值远低于苏伊士公司，并且在员工人数以及 2006 年的营业收入方面，也都低于苏伊士公司。针对这种情况，苏伊士公司的股东要求新公司必须给他们"特别红利"，双方僵持不下，持续了 18 个月的谈判陷入困境。

很明显，这次合并是法国燃气公司"以小吞大"。接下来，法国政府面临的就是如何保证双方各自的利益不过分受损。事情在时任法国总统尼古拉·萨科齐的强势干涉之下，有了实质突破。萨科齐上台后，一直致力于推动国企私有化运动，以便为国家财政创造更多收入。所以面对法国燃气公司和苏伊士公司僵持的局面，萨科齐要求苏伊士公司将水务等相关业务出售，聚焦能源领域，同时通过"瘦身"与法国燃气公司"体型相当"。虽然苏伊士并不愿意拆分，但出于政府施压及后续发展的全面考量，苏伊士公司董事会主席热拉尔·梅斯特拉莱答应了总统先生的要求。

2007 年，法国燃气公司和苏伊士公司签订合作协议，约定以换股的方式进行合并。每 22 股苏伊士公司股票，可以兑换 21 股法国燃气公司股票。合并完成后的新公司名为法国燃气·苏伊士集团，苏伊士公司拥有新公司 55% 的股份，法国燃气公司拥有 45%。除此之外，苏伊士公司还将子公司苏伊士环境拆分出来独立上市，并把苏伊士环境 65% 的股份出售给原公司股东，剩余

35%归法国燃气·苏伊士集团。法国燃气·苏伊士集团的总裁由梅斯特拉莱担任，但法国燃气公司负责人让·弗朗索瓦·西雷利在管理上也拥有相当的权力。借助这一合并方案，法国政府在法国燃气·苏伊士集团中持有约34%的股份，对公司的决策依旧拥有否定权。

经过各项架构调整，2008年7月，法国燃气公司和苏伊士公司在巴黎股市中摘牌。随后，新的公司法国燃气·苏伊士集团正式上市交易。以上市当时的股价计算，法国燃气·苏伊士集团市值约为900亿欧元，成为全球第四大能源企业和最大的液化天然气经销商。[①]

法国燃气·苏伊士集团的再次顺利上市意味着法国政府的国有化策略获得成功推行。在欧盟大统一市场的框架之下，法国能源市场也全面开放了，法国政府随即发布多条规定促进市场自由竞争。此时法国燃气·苏伊士集团在法国政府支持下，既因为大型企业特征而拥有一定垄断地位，又有与其他企业平等竞争的市场属性。凭借规模优势，法国燃气·苏伊士集团在全球市场挑战中赢得先机。2015年，法国燃气·苏伊士集团更名为ENGIE，将国有天然气垄断的历史印象弱化，全面布局多元化能源产业，发展成为法国的一家世界500强企业。

法国电力：进行私有化改制

法国燃气公司的成功，使法国股市焕发出活力，也提振了法

[①] 芦龙军. 苏伊士集团业绩逆市快速增长[EB/OL]. (2008-09-03)[2023-11-22]. http://www.ccin.com.cn/detail/66805e63a58e268ad026dfd6b6d350a0/news.

国政府的信心，财政部部长因此签署法令，放行法国电力公司上市。但在此之前，法国电力公司需要先完成一系列严肃而又复杂的私有化准备工作。

法国电力公司作为法国国内最大的国有企业，21世纪初在政府的大力支持下，不仅发展为欧洲最大的电力供应商，还是世界最大的核电运营商，以绝对地位垄断着法国电力公司行业，是当之无愧的"电老大"。

但从2000年开始，法国电力公司的业绩出现下滑，并且有偿债困难的风险，政府就此展开调查，发现缺乏竞争意识、内部运转效率低下是造成此问题的重要原因。然而此时唯一的股东法国政府也自顾不暇，由于多年来对国有企业的支持，法国政府同样债务飙升，财政面临失控的风险。另外，欧盟建立电力统一市场的事情已经迫在眉睫，继1996年发布1号令后，2003年欧盟发布2号指令，其中一项核心要求是到2007年7月1日，成员国国内所有用户都可以自由选择供电商。

因此无论从任何层面来看，法国电力公司都到了必须私有化改制的时刻。

不过，完全按照以往的方式让法国电力公司上市，对发展并没有优势。法国政府为法国电力公司制定的改革核心，是在保证控制权以及法国电力公司垄断地位的前提下，提升竞争力。为了让改制顺利实现，2004年11月，法国政府专门成立专家委员会，制定了法国电力公司改制后的经营模式与战略，同时确定了合适的上市条件。而后法国电力公司分阶段完成了私有化方案。

首先是适应上市要求，法国电力公司要改制成股份制公司。法国议会一开始通过的法案是出售法国电力公司30%股份，以至少70%的股权保证政府地位。不过，最终在首次上市发行时，法国政府实际只出售了15%的股份。

尽管政府依旧持有大部分股份，对公司保持着控制权，但在管理上政企分工的特点已经十分明显。

2004年，法国经济、财政和工业部成立国家持股局（APE），向法国电力公司这样的国企派驻国家代表行使股权；在监管上则要求企业遵循行业规范，配合财务检查局、审计、法院等部门的监控和调查。针对法国电力公司与国家签订的计划合同的执行情况，财政部专门成立跟踪委员会进行审查，三年编制一次总结报告。通过将政府的行政管理职能与所有权分开，政府逐渐开始"管理资本"。

虽然法国电力公司自主经营的权限获得了极大提升，但APE并非完全放任不管。其要求法国电力公司定期组织会议，时间上至少是每年一次，向APE介绍公司经营战略以及财务绩效安排。法国电力公司进行投资运作或者审计时，也必须通知APE。除此之外，APE对法国电力公司还有着记分卡管理制度，法国电力公司需要出具有关财务和定性数据的报告。

得益于这项计划，法国电力公司与政府间有清晰的职能界定，在上市后仍保持着友好的政企关系。2007年，国家持股局出售法国电力公司2.5%的股份，这笔交易为政府带来36.86亿欧元净收益，成为10个大学校园的建造费用。[①]

法国电力公司的另一个目标是整体资产上市，为此，法国政府不惜与欧盟"翻脸"。

法国电力公司的业务包括发电、配电、输电，而欧盟的指令规定，所有电力企业要在2004年7月1日前将输电业务独立出来运营。此前为了满足欧盟建立电力统一市场的要求，法国已经让步，逐步开放部分市场，如西班牙和比利时的电力公司，都是法

---

① 贾涛. 法国电力公司集团公司治理的分析与启示[J]. 经济导刊,2017(3):74-82.

国的独立发电商。然而对于欧盟的进一步要求，法国政府并不同意，在他们看来，电力行业具有公共服务性质，因此强烈反对分割法国电力公司系统，任由其在市场上自由发展。

面对强势的法国人，欧盟只能退而求其次，提出输电和发电业务可以不用进行资产剥离。所以，法国电力公司采取了法律分离的方式。2005年，法国电力公司成立100%持股子公司RTE，把输电业务的财务、税务和管理分离，并且对其他发电商开放输电业务，这样一来，既能保证法国电力公司资产的完整性，同时又满足了欧盟的要求。2008年，法国电力公司再次用同样的方法将配电业务独立，充分迎接市场竞争。

解决了资产问题，法国电力公司在改制上市过程中，还存在一颗"定时炸弹"，那就是退休金问题。法国电力公司拥有大量改制之前入职的员工，这些人大多是在法国电力公司高速发展时招聘进来的，即将面临退休。如果按照以前的养老金标准，法国电力公司需要负担600亿欧元，但实际账上只有200亿欧元。这意味着法国电力公司需要准备400亿欧元才能符合上市的财务结构。

巨额数目引起了工人们的恐慌，如果不能筹备到这笔钱，他们的退休金很有可能会在上市后大打折扣。工人们因此持续发动罢工事件，甚至有极端者将假人装扮成法国电力公司工人的模样，套着绳子吊在公司的卡车上游行，以此向政府施压。

为了安抚工人的情绪，法国电力公司和政府持续进行协商，最终拟定方案——在保证职工退休待遇不变的情况下，将法国电力公司的养老金制度向法国统一社会养老金体系过渡。并且经过与工会、社保机构谈判，决定先由法国电力公司一次性支付70亿欧元给社会养老系统，剩余资金在未来由法国电力公司、社会以及国家共同承担。通过分步付款，法国电力公司解决了工人养老金和上市间的矛盾。

与此同时,作为国有企业改制上市后的"福利"项目。法国政府规定法国电力公司对外开放资本时,必须把流通中股份的15%向职工出售,并给出一系列优惠条件,然后在优惠条件后附加对职工持股期限的要求。员工长期持股能增加归属感,以股东角色积极参与法国电力公司发展。

此外,法国电力公司在行业上也有些特殊性。它最大的电力来源是核发电,当时有几座核电站将陆续到达使用期限,核电站拆除和核废料处理需要一笔巨额费用,妥善安排"预后"资金也是法国电力公司能否上市的关键。在政府支持下,法国电力公司设立独立基金作为处理核问题的预备资金,并对资金筹资期限和数额做出承诺。就这样,法国电力公司私有化的最后一个核心问题解决了。

完成所有准备工作,2005年11月,法国电力公司在巴黎交易所上市,以33欧元/股和32欧元/股分别向机构和个人投资者出售股票。最终,在原定比例上,机构超额认购了5倍,公众也提交了近500万份认购单,法国电力公司得到投资者的追捧。员工持股方面,13万在职以及退休职工中有75%的人购买了股票,法国电力公司的上市获得了大部分员工的支持,成为21世纪以来欧洲最大的企业上市项目。

随后法国电力公司加快扩张速度,在全球各地收购,并投入可再生能源的研究中。2015年以966.7亿美元收入成为《财富》杂志世界500强榜单中的前100名。

相比其他欧洲国家的电力企业,法国电力公司的私有化进程晚了十多年,但它却发展为欧洲最大的能源企业,对欧洲能源有至关重要的影响,其中与法国政府别具一格的改造脱不开关系。无论是保持绝大多数股权,还是资产整体上市,法国政府都是在进行与欧盟立意背道而驰的"垄断式"改造,而大部分资本国家采用的是自由竞争式改造。对法国电力公司特殊的处境,法国政府同样针对性地给出了解决方案,正是因此法国电力公司才能顺利上市。而这一切的底层逻辑,都源于——尽管法兰西是崇尚随性与自由的民族,但他们对自由竞争有着自己的理解,且这种理解不可撼动。这也许要归功于法国人骨子里的霸道,世界商业史从此留下一段独特记忆。

阿尔斯通:依靠法国政府"力挽狂澜"

一则财务造假的新闻拉开阿尔斯通破产危机的帷幕,2003年,进行内部审计时,阿尔斯通发现美国子公司一项会计处理错误,导致公司严重低估未来亏损,新年度报表必须重新加上5000万欧元的费用才能弥补亏空。雪上加霜的是,阿尔斯通需要因此接受美国证券交易委员会和FBI的"非正式问询"。消息一出,阿尔斯通的股价暴跌90%。3天之后,公司挂牌停止交易。阿尔斯通宣告,将申请破产保护。

如果阿尔斯通破产——这颗法国工业皇冠上的"明珠"——就会像多米诺骨牌一样,引起后面接二连三的事故。届时法国将有约3万名阿尔斯通员工失去工作,紧接着与之有债权关系的数十家银行都可能破产,最后波及整个法国经济。

为了法国的未来,法国政府实施"经济爱国主义",动用国家力量阻挠一切外来并购,并亲自入股拯救濒临崩溃的阿尔斯通。

最先对阿尔斯通有意的是德国西门子,他们发起了80亿欧元报价,准备整体收购阿尔斯通。但在保护法国"血统"的核心理念之下，这笔交易在关键时刻遭到法国政府拒绝。

法国政府向欧盟提交的首个方案是为阿尔斯通提供援助资金，包括政府直接注入部分资金成为阿尔斯通股东，但方案被欧盟否定。欧盟竞争法规定，成员国政府救助企业时，只能提供补贴或低息贷款等，而不是直接注资。

首个方案未能通过后，法国政府一边与欧盟协商，按照其要求行事，一边对阿尔斯通直接注入资金，尽管这会导致一些罚款。他们还提供担保游说国内外银行提供资金，这给了阿尔斯通生存的时间窗口。

经过几个月协商谈判，2004年5月，法国政府与欧盟达成初步协议，欧盟批准关于阿尔斯通25亿欧元的援助计划，而法国政府必须将之前购买的阿尔斯通的债券转换为股份，把对阿尔斯通的持股比例提高到30%，成为第一大股东。但在4年之内，法国政府要为阿尔斯通寻找新的商业支持者，从而避开政府直接投资。这是经过数次方案讨论，双方各退一步达成的结果。

最关键的资金得到解决后，法国政府还将对阿尔斯通的支持执行到业务层面，时任总统和总理出访时都会为其积极寻找订单。在法国政府全力"救治"下，阿尔斯通得以起死回生。而后，法国政府必须尽快为阿尔斯通找到"下家"。

2006年，凭借着总统萨科齐和布依格集团掌门人马丁·布依格的私人关系，法国政府拉来布依格集团，后者买走法国政府手里的股份，成为阿尔斯通新的大股东。2008年，阿尔斯通彻底摆脱危机，净收入达到8.52亿欧元，时任首席执行官柏珂龙称现金流达到了新高度。此前出售的电力传输业务又被买回来，阿尔斯通重新组成以发电、电网、可再生能源为主的能源和轨道交通两大业务体系。

然而阿尔斯通的高兴没有持续太久，2013年，阿尔斯通的高管皮耶鲁齐在美国肯尼迪机场被捕，事由是早前发生在印尼的贿赂案，美国对此拥有"长臂管辖权"。随后法国媒体爆出，美国通用电气正在对阿尔斯通能源业务进行收购，柏珂龙已经和通用电气 CEO 伊梅尔特达成一致。

根据皮耶鲁齐后来的描述，这起收购充满"阴谋论"。他是美国的"经济人质"，美国司法部逼迫他承认犯罪事实，然后开出天价罚款。目的就是要逼迫阿尔斯通出售资产，再由通用电气借机提起低价收购。这都是因为阿尔斯通在全球的扩张威胁到了通用电气的地位。

尽管皮耶鲁齐的描述非常悲情，但现实情况是，阿尔斯通的财务状况不堪一击。因为能源需求增速变慢导致电价下滑，阿尔斯通的电力业务受到极大冲击。加上收购的财务重压还未被完全消化，2013 年财年，阿尔斯通的现金流再次出现赤字。因此阿尔斯通的经营者和大股东，都有了出售能源业务的想法。这一点在当年的财报中已有所显现。美国更像是在即将截断的风筝线上，轻轻刮过的那一阵风。

以更好的经营利润为前提，企业做出购买和出售决策都并不稀奇。而美国在国际上的霸权行径也让人早有耳闻，大量跨国企业都曾在美国市场上栽过跟头。只不过这一次，美国人的对手是行事更加不讲规则的法国人。

法国政府找来昔日拒绝过的西门子，后来的日本军工巨头三菱重工也加入收购战中。为了阻止这场收购，2014 年 5 月 14 日，法国经济工业部部长阿诺德·蒙特布赫不惜签署了一份针对性法令，里面规定在海外公司想要收购能源、设备、电话和运输等领域的法国企业时，法国政府拥有否决权，法令在签署两天后生效。

因为掺和了政治因素，这场商业收购案变得举世瞩目。经过两个多月的激烈交锋，最终，通用电气获得了法国政府的批准。

结果在众人意料之外，却在法国政府意料之中。对于法国政府和阿尔斯通来说，与通用电气这一仗，"小输就是赢"。按照阿尔斯通公司的意愿，可以出售能源资产盘活公司现金流，但保住阿尔斯通的工业名声，以及守护法国在能源方面的主权至关重要。所以，法国政府必须有足够的空间，在竞购者间斡旋、博弈。

由于"经济保护主义"加持，同为欧盟国企业的西门子确实占据优势，但它有个致命弱点——和阿尔斯通业务重合太多，这可能会造成大部分人失业，工会首先提出反对。所以西门子联合三菱重工提交了第二份提案，并做出一系列保证。

而通用电气的收购决心更加坚定。在最后确定的收购方案中，通用电气的收购价从 94 亿欧元涨到 123.5 亿欧元。除此之外，通用电气为了获得欧盟和法国政府的同意，一再做出让步。它获得的是阿尔斯通大部分发电业务，包括全球煤炭和燃气涡轮业务。当然这也是通用电气最想要的，它和阿尔斯通在发电市场上有关键直接的竞争。至于阿尔斯通的大功率汽轮机业务，因为欧盟担心可能会创造出新的竞争对手，该业务的核心部门被出售给了意大利安萨尔多公司。通用电气想要借此开拓欧洲市场的业务，如输电以及可再生能源等较为敏感的业务，就以双方各出资一半成立合资公司的方式，将业务接入。

同时，通用电气拿下收购案的关键条件之一，是法国政府将通过换股从布依格集团手中取得阿尔斯通 20% 的股份，重回大股东席位。这意味着在合资公司里通用电气主要的合作对象就是法国政府。通用电气还向法国政府承诺，在一定期限内绝对不裁员。此外，法国政府在合资公司中拥有优先股和部分否决权等。

这完全是法国政府在充分衡量国内工业产业结构后，为阿尔斯通争得的最好的发展局面。这既符合法国"能源主权"的要求，又让阿尔斯通不会因为单独的铁道公司身份显得过于单薄，使它可以从能源业务中分一杯羹。显然，西门子和三菱重工的提案都无法满足这种近乎苛刻的要求。因此，在收购尘埃落定后，蒙特布赫马上表示："这是阿尔斯通的胜利，也是法国的胜利。无可否认的是，这还是政府对经济影响力在政治上的成功回归。"[1] 而在甩掉电力能源包袱后，阿尔斯通将资源集中在轨道交通领域，造血能力得到快速回升。2018年财年，阿尔斯通的净利润同比增长了86.5%，现金流更是从负数增加到23.25亿欧元。[2]

经过长达几十年的国企改革，法国形成了一套先易后难的策略。从盈利好的企业逐步深入债台高筑、长期亏损的企业。对于具有公益性质或垄断性质的企业，法国政府采取独资或控股的方式，从上至下有着严格的管理。对于竞争性质的企业，政府则采取参股形式，当企业遇到重大决策时，以所持有的股份来进行干预，或者在企业经营好的情况下出售退出。在法国政府看来，在市场经济中自由竞争是一种手段，而非最终目标。所以尽管要深入改革以适应市场，但法国政府仍然认为适当的干预和保护本国企业是提高竞争力的重要方式。归功于法国企业和法国政府间的共识，这些企业在经历改革之后，依旧活跃在各个领域。

时间列车驶入现代化世界，全球经济面临着新一轮的格局转变。曾经星光闪耀的法国企业，在不同国家不同产业间有着完全不同的境遇。过往之事，皆成序章，在更开放但也更严苛的商业挑战中，传奇能否再现？法国企业和企业家又会用什么样的手段来续写故事？前路，十分值得期待。

---

[1] 阿尔斯通收购案"是法国的胜利"[EB/OL]. (2014-06-24)[2023-11-21]. https://news.bjx.com.cn/html/20140624/521106.shtml.
[2] 风马牛."美国陷阱"的另一面[EB/OL]. (2019-07-16)[2023-11-28]. https://www.huxiu.com/article/308831.html.

第12章
荣耀与挑战（2015—2023）

20世纪90年代,法国衰落论在全球范围内流传。各类描写法国衰落的书籍在书店热卖,"衰落学家"也成为法国电视节目的常客。

进入21世纪,唱衰言论依旧没有停止。而面对新的机会与挑战,法国的经济问题依然突出:在全球体系中失势,在欧盟的地位削弱,经济停滞,失业激增等。更重要的是,自戴高乐时期的工业辉煌消去后,法国出现"工业空心化"的情况。作为曾经的工业强国,法国深知工业对于抵抗经济风险的重要性。因此,现任法国总统马克龙上台后迫切希望能够重新在全球制造业中取得话语权。

另外,进入21世纪10年代后,科技互联网的大规模应用对传统生产和生活方式造成了颠覆性影响。新能源作为清洁能源的附加议题,在全球尤其是欧洲得到大力推行,由此引发汽车工业第三次革命。与此同时,以中国为核心的新兴市场,凭借人口优势和迅猛发展的经济得到跨国企业的青睐,市场中心发生转移。

面对如此"内忧外患",而今成为各个领域跨国巨头的法国企业不可避免地受到影响,并由此引发一系列危机。面对质疑与担忧,法国企业家并未畏缩胆怯,反而以"破釜沉舟"般的勇气放下曾经的荣耀,以实际行动带领法国经济复兴,使得法国企业在世界商业史中保持持久的影响。

家乐福：剑指在线销售

20世纪60年代，家乐福将自己的法语名字取为"十字路口"。创始人马赛尔·富尼埃和路易斯·德福雷的灵感是希望有一家开在十字路口的大型商店，可以为人们提供购物便利、交通便利。而今，家乐福也站在了命运的十字路口。

1999年，为了抵御美国沃尔玛的并购，家乐福与哈雷家族集团旗下品牌普美德斯宣布合并，家乐福的大股东变成了哈雷家族，家乐福也一跃成为欧洲第一大、全球第二大零售商，风光无限。

但不久后，第一大股东保尔·路易·哈雷因为飞机失事遇难，自此哈雷家族陷入无休止的股权内战。2008年，由于资本机构蓝色资本介入家乐福的股权结构，哈雷家族宣布停止整体持有家乐福股份，家族成员可以自由买卖股票，蓝色资本顺势成为家乐福第一大股东。

蓝色资本是LVMH集团总裁伯纳德·阿诺特与美国私募基金柯罗尼资本（Colony Capital）联合建立的机构，他们买来家乐福的原因很简单，就是要求投资收益。"绩效主义"充斥在家乐福管理中，所有的战略都与财务挂钩，使得家乐福的短期利润表现非常优秀。可"短视"的战略却埋下许多危机，家乐福从2009年开始进入漫长的调整期，不断退出一些市场，包括美国、俄罗斯、日本等。

持续收缩之后，家乐福将希望放在了中国、巴西这两大高速增长的经济体上。然而在中国，零售业态变化以及电商的双重夹击使得家乐福的市场空间受到挤压。作为家乐福的对手，沃尔玛依靠山姆会员店以及电商业务在中国市场有着优异表现。而家乐福无论在哪个方面，起步都要晚于沃尔玛。最终，家乐福中国将80%股权出售给苏宁,以"卖身"的方式败走它曾经寄予厚望的市场。

自开启全球经营模式以来,家乐福陆续退出的国家和地区已经高达20多个,其中大部分是在亚洲。消费者在惋惜的同时,已经走到下一个超市里购物。

如果以此来定义家乐福的失败,显然过于笼统。其70%以上的收入仍然来自欧洲,且就算在中国市场"卖身",它每年依旧可以从中收取一笔不菲的品牌使用费。因此,用家乐福选择恰当时机抽身而退来解释或许更准确。

但必须承认,家乐福的大卖场模式遇到了问题。大卖场曾经是家乐福的荣耀,不仅因为是它首创了这种模式,更重要的是它将"开心购物"的理念传达给了每一位来到家乐福的顾客,因此人们络绎不绝地来到大卖场。然而电商的兴起对大卖场业态造成了冲击,互联网购物的便利性分流了人们的到店需求。人来人往变成了三三两两,当顾客规模无法达到超级卖场需要的规模后,经营成本便难以被覆盖,大卖场也就失去了创立之初的优势。如果继续保持原有模式,家乐福或许将真正沉没。

家乐福深知,拿着旧地图到达不了新世界,唯有和互联网共舞才能保持增长。

2017年,家乐福将亚历山大·邦帕德从互联网公司Fnac[①]挖走,这是一名在电商和"全渠道零售"方面经验丰富的管理者。2013年Fnac从开云集团分离出来独立上市后,在邦帕德管理之下,市值增长了3倍。邦帕德意识到,家乐福规模"过大"且"与时俱进做得不够"。因此他掌舵家乐福之后,家乐福的目标市场更加聚焦在欧洲以及拉丁美洲,并着力于数字化的改造。

2018年,邦帕德公布一项转型计划,宣布在5年内投入28亿

---

① Fnac全称是Fédération Nationale d'Achats Cadres,意为"国家经理人采购联盟"。

欧元，加强家乐福的数字化建设。家乐福首先在部分大卖场中削减了 10 万平方米的占地面积，把节省出来的空间用来建设线上销售配送体系以及提供售后等。同时为了能够提供"1 小时送达服务"，家乐福还在法国国内增设大量物流配送中心，平均每一个配送中心至少要满足周边 5 个城市的需求。通过建立物流体系，家乐福大幅度提高了在线食品零售额。

在海外市场，家乐福则以拉丁美洲国家巴西为转型基点，展开快速反攻。

早在 1975 年，家乐福就扩张到巴西市场，当时的发展策略与在其他国家的扩张手段差异并不大：首先是对本地文化进行调研，包括生活方式、消费水平等，再和行政部门建立关系。通常一次考察下来，需要花费两年以上的时间，得益于这种"大费周章"的方式，即使在大萧条时期的巴西，家乐福的经营状况也保持稳定。而经过长达 40 年的经营之后，家乐福对巴西市场的趋势已经一清二楚。

这片被亚马逊热带雨林滋养的土地，如今正在被投资热浪冲击着。巴西是世界第七大经济体，2013 年 GDP 就达到 2.24 万亿美元，排名仅次于英国。经济的迅猛发展刺激了巴西人的购买欲，并且他们的移动互联网渗透率非常高。巴西是拉丁美洲最大的线上零售市场，占据其近一半的市场份额。最重要的是，拉丁美洲的在线零售市场的发展要晚于东南亚。巴西在线零售的潜力让大量跨国企业聚集于此，期待开启一场冒险的"丛林之旅"。

这意味着家乐福要面对众多竞争对手。但对其而言，没有比这里更好的市场。趁着巴西在线零售的时间差，在中国错失互联网时机后，家乐福立刻回到熟悉的桑巴土地之上，密集进行一系列"内革"。

一直以来，食品销售占据巴西零售业 1/3 以上的市场，但在线销售所占的份额仅为 0.4%。为了打入巴西在线零售市场，家乐福在食品领域大做文章。2019 年，家乐福在巴西率先与 Rappi 建立合作关系，这是一家在拉丁美洲运营跑腿业务的独角兽科技企业，消费者从家乐福线上购买的食品，通过 Rappi 就可以被快速送到家。事实证明，家乐福的策略完全正确。仅在合作的第一季度，家乐福在线全平台销售额就增长了 80% 以上。

从食品销售切入，虽然为家乐福打开了在线零售的局面，但这毕竟只是第一步。如何让客户从线上购买更多的产品，对家乐福来说仍是个问题。家乐福将立足点放在了"服务"上，在巴西部分城市试点"网上订购，送货到家"服务。虽然这也是在解决产品的交付问题，但因为处于家乐福在线零售平台的一环，服务的意味更加浓烈。在互联网高速发展的市场，这种服务并不稀奇。可在新兴市场，胜利属于善于运用腾挪战略的企业。家乐福用周全的服务，加深了消费者的购买意愿。除此之外，家乐福还进驻拉美电商巨头美客多平台，进一步拓展销售渠道。

在 21 世纪，了解客户并为其推出更多服务，也是消费经济的核心。为此，家乐福专门建立 One Carrefour 购物平台，让消费者在一个平台上就可以访问所有的家乐福服务，这种方式使得家乐福可以快速对消费者的习惯有更全面的理解。这样一来，家乐福与客户间就不再是短期的买卖关系，而是联结更紧密的生活伙伴关系。

不过，仅有"内革"对家乐福来说是不够的。相比全球战线的收缩，家乐福在巴西实行全面向外扩张策略。

2007 年，家乐福收购巴西批发连锁超市"阿塔卡多"（Atacado），这笔收购后来成为家乐福在衰落中的增长引擎，家乐福因此尝到了甜头。2020 年，家乐福再度出手将万客隆巴西 30 家门店以及 14 个加油站纳入旗下——这是一家由荷兰 SHV 控股公司所控制的中小型批发超市。家乐福计划把万客隆并入阿塔卡多，以规模效应扩大家乐福的市场份额。经过不到两个月的谈判，家乐福达成了这项收购，巴西因此成为家乐福在法国之外的第二大市场。

虽然邦帕德表示，这笔收购相当于家乐福一年半的扩张。但实际在2021年，家乐福又以75亿雷亚尔的价格，将BIG集团的全部股份收购。这是一次堪称酣畅淋漓的"复仇"，因为BIG集团正是巴西沃尔玛的母公司。

家乐福与沃尔玛之间的战争，由来已久。自从1999年在欧洲市场交锋过后，沃尔玛就长期保持着对家乐福全球资产的追踪，早在2011年就频频传出家乐福在巴西乃至整个拉丁美洲的资产都将被沃尔玛收购的消息，但无论是欧洲还是拉丁美洲，沃尔玛都未能得逞。而在中国市场，二者虽没有正面交锋，但全球第一和第二的位置无法避免被比较，沃尔玛在中国市场上似乎在各方面都更胜一筹。

时至今日，始终处于"猎物"地位的家乐福，终于以"猎手"的角色出现。在收购BIG集团后，家乐福将控制在巴西的沃尔玛、山姆会员店以及其他BIG集团旗下品牌，成为拉美零售业的最大企业。

作为曾经的大型商超"教父"，家乐福在全球有着超高的知名度。虽然随着时代变迁，家乐福的表现在很长一段时期里不尽如人意，但家乐福之所以能够成为"教父"，并不只是因为其创造了某些新模式，更难得的是其对商业运营规则和时机的掌握。家乐福的胜利，完美诠释了这家公司成为传奇的原因。

迪奥：重回奢侈品牌头部

1946年，克里斯蒂安·迪奥在巴黎蒙田路30号创办个人同名时装品牌。一年过去，他开出个人首场高级时装秀，一件件风格强烈的设计，让饱受战争摧残的女性回忆起战前的温柔岁月。法式优雅再现巴黎街头，这种设计风格被命名为"New Look"，充满希望的意象让巴黎再次统领世界时尚业。《哈柏氏杂谈》总编卡迈尔·斯诺曾说过："迪奥挽救了巴黎，就好像马恩河战役挽救了巴黎一样。"① 在这之后，迪奥风格迅速席卷纽约，变身时尚都市最广为人知的法国奢侈品牌。

开局的顺利并不能为迪奥带来好运，1957年，迪奥在度假途中突发心脏病离世，迪奥公司从此过上"流浪"生活——在不同的控制者手中运营。在糟糕的经济环境影响之下，迪奥时装线和迪奥香水美妆线也被迫拆开。后者几经流转，最终归属到LVMH集团旗下。至于迪奥时装线，则在1984年被号称"穿着羊绒衫的狼"的伯纳德·阿诺特收购。阿诺特家族拥有迪奥集团74.1%的股份，而迪奥集团100%控股迪奥时装公司。自此，迪奥两大业务分别在LVMH集团和迪奥集团旗下运营。

随着欧洲奢侈品生意扩张到亚洲，迪奥的产品在全球流行。但长期分裂的状况已经让迪奥的市场地位远远落后于其他品牌，尽管它还是迪奥，但与克里斯蒂安·迪奥时期辉煌的迪奥已经大不相同。奢侈品寒冬的来袭，却让迪奥看到希望的曙光。

千禧年之后，奢侈品巨头的目光从日本转向中国，更多奢侈品牌在中国大举开店。伴随着开放外资的政策，奢侈品在中国迎

---

① 刘国华. 迪奥：挽救巴黎的全球奢侈品之王[EB/OL]. (2019-05-09)[2023-11-22]. https://news.pedaily.cn/201905/442881.shtml.

来了"黄金10年"。2013年,中国晋升为奢侈品第一大消费市场。中国市场经营的好坏很大程度上决定了奢侈品牌当年的业绩,但自2014年开始,由于大举扩张以及中国政策的影响,奢侈品市场寒冬来袭。大量品牌关闭在中国的店铺,包括香奈儿、普拉达(Prada)、博柏利(Burberry)等,LVMH集团的业绩也受到波及,全球持续经营业务的营业利润5年来首次下跌。

但在这期间,迪奥香水美妆线却展现出不错的潜力。从创办迪奥品牌到离开,克里斯蒂安·迪奥掌控公司的时间不过11年,可他留下的非凡贡献却是永久的。当年,在迪奥推出首个成衣系列的同时,他认为香水能够为时装"锦上添花",所以"迪奥小姐"香水被推到众人眼前。紧接着,第一款迪奥唇膏上市。迪奥并非首个推出香水业务的时装品牌,在此之前,可可·香奈儿女士的"香奈儿5号"已经闻名于世。但迪奥的贡献在于,他为奢侈品界提供了一个经典的产品结构:顶端定制、中层彰显品牌地位、底端大众消费。

正是"迪奥小姐"香水的畅销,让整个奢侈品界发现,香水、唇蜜等产品的定价虽然无法与定制服装相比,但在销售量上却可以有几何倍数的增长,进而可以大规模创造利润。于是,香水成了敲门砖,几乎所有的奢侈品牌都会推出香水系列。而迪奥简单易做的香水生意也在21世纪的奢侈品寒冬中,成为LVMH集团为数不多保持持续增长的业务线,尤其是"迪奥小姐"和"真我"系列香水的成功带来了强劲的数据支撑。

迪奥香水将经典与生意进行完美的融合,因此在市场上立于不败的地位。作为它的姐妹线,迪奥时装的发展则有点曲折。

一直以来,迪奥先生的设计风格太过强烈,也太过经典。他帮助迪奥获得成功,但巨星陨落之后,迪奥时装陷入怪圈——业绩表现不错,风格却为人诟病,被忠诚的消费者认为"这很不迪奥",因而失去了引领时尚风潮的资格。

但时装是迪奥品牌的核心，更是迪奥作为奢侈品牌的价值体现，如果一直任由品牌"吃老本"，迪奥将失去非凡的标签。并且，阿诺特也想让迪奥重新焕发生机。因为迪奥是阿诺特第一个收购的奢侈品牌。"人们对第一个总是最好的。"与阿诺特共事超过10年的同事曾经这么评价过。

为了复兴迪奥，阿诺特自并购之后已经为迪奥更换了3任设计师。当然，他也遇到过不错的设计师——鬼才约翰·加利亚诺，天马行空的浪漫主义者为迪奥带来不一样的气息，但其醉酒后的种族歧视言论却摧毁了他与迪奥的合作。

与此同时，连续更换设计师也给迪奥带来危机，它在消费者心中的形象不再具体。阿诺特亟须一位具有颠覆性思维的设计师，重新打造迪奥的形象。

2016年，迪奥起用玛丽亚·格雷齐亚·齐乌里作为创意总监，这是迪奥历史上第一位女性设计师。玛丽亚自2008年开始担任意大利高级时装品牌华伦天奴的设计师，在她的设计作品的帮助下，即使处于奢侈品低迷时期，华伦天奴的销售额依然获得强势增长。因此她与另外一位设计师被媒体评为华伦天奴重要的革新者。

玛丽亚的到来为迪奥输入了新鲜血液，她将女性的高贵优雅与年轻活力完美衔接到一起，展现出活泼的女性魅力。从某种意义上来看，这与迪奥的"New Look"一样，都是赋予女性全新的风貌。在此之前，历任设计师都曾尝试重现迪奥的不凡，因而他们大多选择继承迪奥奢侈典雅的风格。市场同样给了玛丽亚最好的反馈。J'ADIOR蝴蝶结猫跟鞋、字母T恤等产品入选当季爆款，迪奥时装公司的业绩获得爆发性增长。2017年第一季度，迪奥集团发布财报宣布零售销售额重回双位数增长。

迪奥时装线逆转了阿诺特奢侈品生意的低迷势头，也让他有了收购之意——虽然迪奥香水线表现不错，但它处于产品结构底端，很难提升品牌价值。而迪奥时装线的表现是独立的，它不能为LVMH集团增添收益。只有两者合并，才能发挥出最大价值。

2017年，阿诺特宣布以121亿欧元的价格收购迪奥集团剩余股份，达到100%控股迪奥集团，而LVMH集团以65亿欧元的价格收购迪奥时装线。并购完成后，迪奥集团是一个由阿诺特家族掌控的没有实际业务的控股公司，LVMH集团则拥有迪奥时装和香水美妆线两大业务线。曾经用优雅的服装唤醒巴黎的迪奥，时隔近50年后，又依靠时装系列的强势表现，重新使得迪奥品牌变得完整。

这也是多年来全球奢侈品牌规模最大的一次收购。由于奢侈品市场已经相当成熟，擅于并购策略的阿诺特也很难找到更好的标的。但LVMH集团作为奢侈品业无可非议的巨头，长期以来只有路易威登一个旗舰品牌，香奈儿、古驰、爱马仕等都在其后虎视眈眈。如果想要保住第一的王座，迪奥时装公司是一项不错的资产，它既可以帮助LVMH集团提高难以增长的业绩，又可以保持LVMH集团的竞争力。

对于迪奥品牌来说，合并的商业价值更加显著。它一跃晋升为LVMH集团旗下第二大奢侈品牌，在规模上也与其他奢侈品牌相当，恢复了它由分裂而导致的落后地位。而且从运营效率来看，一个品牌由一家公司管理，显然效率会更高。

结果证明，阿诺特的选择是正确的。合并之后，迪奥展现出惊人的成长能力，2019年至2021年间，迪奥累计销售额增长约55%。迪奥品牌回到70年前，成为与香奈儿齐头并进的奢侈品界头部品牌。

当初为了购买迪奥集团的股份，阿诺特不惜把爱马仕股票卖掉。要知道，过去十几年里他一直试图收购爱马仕。因此阿诺特的这项做法，也让人们不由得相信，他认为迪奥比爱马仕更有价值，而他本人也将把迪奥打造为更年轻、更赚钱的品牌。这确实符合阿诺特一贯的作风——总是选择最有效率的方式。而如果事实确实如猜测的一样,那么未来奢侈品牌的格局又将被重新洗牌。

雷诺:做新能源汽车的主角

如果你去巴黎,想必会到香榭丽舍大道上走一走。不仅仅是因为那里有美丽的景色,更为重要的是,那里还和巴黎的历史、时尚产业紧紧相连。得天独厚的地理位置孕育了许多百年老店,每一扇橱窗背后都藏着一个品牌故事,雷诺汽车就是其中之一。113年前,雷诺汽车在这条久负盛名的街道上建立全球首间大型汽车展厅。时至今日,从展厅到雷诺酒吧,再到雷诺汽车旗舰店,店面用途发生过非常神奇的变化,但唯一不变的,是无论何时都有络绎不绝来到这里打卡的人。

雷诺汽车之所以能够在世界上享有如此高的声誉,与其在汽车工业革命中总是坚定地跟上变革步伐不无关系。

过去的两次汽车工业革命,让汽车从蒸汽汽车进化为内燃机汽车,从手工生产升级为规模生产。前者开创汽车工业,后者为世界装上效率的轮子。而现在,汽车产业面临的是新能源与物联网对汽车模样的重塑,所有品牌都需要再次转型。

但如何转型却是个问题。在新能源时代,汽车制造工艺跳过了克服传统燃油车核心技术不足这关,动力源直接由油气转变为电池,汽车的本质出现了不同。不仅是产业链复杂难做,更重要的是,对拥有百年历史的传统汽车品牌来说,它们曾经以领先技术工艺为荣,转向电动化则是一次动摇百年根基的改革。而中国因为没有这些包袱,在这一轮变革中反倒夺得先机,建立起话语权。

面对同行者的犹豫和后起之秀的咄咄逼人,雷诺汽车快速做出了决定——在全球车企中第一个拥抱纯电动汽车。为此，雷诺汽车还提供了清晰的转型时间表，比如在2025年要实现全部乘用车新车电动化，2030年电动汽车总量在所有产品组合中的占比要提升到90%，2050年则要做到全面电动化。

很多人对此感到十分意外。在大家看来，丰田、大众等车企在新能源的战略上要更保守合理一点，而法国汽车过往在面对变化时是不愿妥协和变通的，因此总是处处碰壁。而这次，雷诺汽车不仅轻易认同了新能源且在战略上还显得有些激进。但对雷诺汽车来说，这一切都是合理的。毕竟早在1972年，欧普艺术创始人维克多·瓦萨雷利在为其设计菱形车标时，就已经宣告了雷诺的基因——能在无限的四维空间里竞争与生存。

理想固然是美好的，但现实是雷诺汽车在新能源方面还是个"婴儿"。所以，它只能一点一点撬开新能源的口子。

作为向电动汽车转型的第一步，雷诺汽车2017年与日产、东风汽车合资成立易捷特新能源汽车有限公司，其中东风占股50%，雷诺和日产分别持有25%的股份。雷诺选择在中国建立合资公司的理由不难理解：得益于在汽车领域的落后，中国早在十几年前就开始进行纯电动汽车的研发，如今目前市场主流的三大路线，无论是纯电动、混合动力还是氢燃料电池，都在中国有完整且先进的产业链条。这是其他国家所不具备的能力。

但销往何处却是个问题。中国市场的品牌已经趋近饱和，而雷诺汽车多年来在中国都"水土不服"。因此，中国市场并非雷诺"良配"，它的理想在欧洲。

欧洲曾经是燃油汽车诞生的地方，可在严重的债务问题与重新获得话语权的政治导向面前，欧洲也在放弃曾经引以为傲的工业。它们想要借此摆脱能源依赖，站在与美国同等重要的地位之上。因此，欧洲新能源市场拥有巨大的潜力，几乎所有的主机厂商都想深入欧洲腹地，尤其是在欧盟宣布2035年禁售燃油车后，市场竞争到达顶峰。这就造成当下新能源汽车产业链在中国，市场却在欧洲的分裂局面。

不过，想将中国制造的电动汽车销往欧洲并不容易。对于中国这样的消费市场升级为生产角色，欧洲的消费者显然有些轻视，他们不相信来自中国的汽车制造公司。

在中国的能力和欧洲的质疑之间，雷诺汽车坚定不移，它的选择，就是中国汽车。雷诺汽车计划在中国投入技术生产汽车，然后再销往欧洲。雷诺之所以敢这么冒险，是因为看到了其中机遇——解决市场和产业链的矛盾亟须一座桥梁，而这，非雷诺汽车莫属。雷诺汽车也将因此得以快速占领欧洲市场。

雷诺是法国第一大、欧洲第二大汽车制造品牌。正如百年前的广告词一样：法国，就是雷诺汽车。在法国街道上，也许五台车中，就有四台属于雷诺。消费者的认可增强了雷诺汽车经销商的安全感，也为雷诺建立了强大的销售网络。

而且，这种销售网络是难以瓦解的。很多经销商与汽车生产商一样，都具有家族化的特征，这归功于欧洲人的重视传统和信任原则，大多数经销商与雷诺汽车有着几十乃至上百年的合作历史。并且，经销商与当地用户之间的联系也非常紧密。

借用庞大且稳固的销售网络，雷诺汽车可以将中国制造的汽车更好地销往欧洲，而产业链暂时放在中国则可以节省掉很多研发时间，以时间换市场，雷诺汽车将在欧洲市场获得先发优势。可在贸易保护主义根深蒂固的法国，这一计划很快遭到法国民主劳工联合会（CFDT）的强烈反对，工会发言人简单直接地表示："这违背了政府对本土汽车工业和就业的支持。"

但雷诺汽车明白汽车工业的未来比眼前的利益更重要，仍然坚持执行计划，并着手让合资公司易捷特生产型号为"达契亚春天"

（Dacia Spring）的电动汽车。

这款售价只有 2 万欧元的电动汽车发售后，凭借超高性价比在法国力压特斯拉取得纯电动汽车销量排行榜冠军，并且仅用 1 年时间就打开了欧洲市场，荣获"AutoBest 2022 年欧洲最值得购买车型"的荣誉。到今天，它已经是欧洲市场上最畅销的经济型电动汽车之一了。

"达契亚春天"的成功不仅打破旧有理念，提供了新的合资样本，也让雷诺汽车有了向电动汽车彻底转型的信心。

2022 年的投资者日会议上，雷诺汽车首席执行官卢卡·德·梅奥宣布实施"Renaulution"战略第三阶段的内容，其中最瞩目的是将燃油车与电动车业务进行拆分，这被视为雷诺汽车向电动汽车转型的重要一步。

为此，雷诺汽车剥离出纯电动汽车和软件公司安培（Ampere），并计划在不久后独立上市。此外，雷诺汽车还通过与来自中国的汽车领先者吉利汽车"联姻"，继续探索在燃油和油电混合动力领域的技术突破。2023 年 7 月，两家公司宣布签署约束性合资协议。根据协议，双方成立一家与传统动力总成业务有关的公司 Horse，各自持股 50%，董事会成员也各占一半，共同经营与管理公司。

作为经营的一部分，Horse 在运营初期设立了两个运营中心，分别位于西班牙的马德里和中国的杭州湾，而总部将在英国建造。雷诺和吉利会分别把相关知识产权转入各自的运营中心，以便新公司整合和开发动力总成技术。凭借互补的组合，Horse 的目标是覆盖全球 80% 的燃油动力和混合动力汽车市场需求。

对于雷诺汽车来说，与吉利的合作还有着更深层次的原因——面向未来，多手抓牌。尽管纯电动化汽车是目前的大势所趋，但每一段深刻的历史都不会立刻消除，内燃机在几十年内依旧具有强劲的生命力。而且与具有悠久历史的传统燃油汽车相比，纯电动汽车的各个方面都显得不够有底气，未来能否成为主流还是个未知数。这也是为什么比起纯电动汽车，传统车企更喜欢混合动力汽车的原因。

吉利汽车在内燃机与混合动力方面有着领先的技术，在此之前，雷诺和吉利已经在韩国达成合作。吉利以14亿元的认购价格将韩国雷诺34.02%的股份收入囊中，并授权CMA（Compact Modular Architecture）基础模块架构和混动技术给韩国雷诺公司使用。换言之，吉利是主要技术的提供方，韩国雷诺则负责车辆的生产及销售工作，双方合力开拓韩国市场。

依靠完整的产品结构，雷诺汽车向新能源产业发起了猛烈的攻势。1898年，路易·雷诺开着自己发明的汽车Type-A征服了巴黎的蒙马特高地，此战成为雷诺汽车全球扩张的开端。遥相呼应百年前创始人的气节，在汽车工业第三次变革面前，雷诺汽车再次展现出攀登新能源汽车"蒙马特高地"的决心。

空客：长空之王的"自我进化"

对于空客公司来说，A380可能是它们开发过的最具戏剧性的飞机。它以身躯庞大和性能卓越闻名，仿佛每一次飞行都在向世人诠释空客的长空之梦。它用一己之力终结了波音747在大型民航飞机市场30余年的垄断，在人类航空史上留下浓墨重彩的一笔。然而尽管它载誉无数，最终却倒在空客错误的市场战略中。空客也因此在市场中落后，不得不重新切换赛道与波音继续厮杀。

让比波音更多的飞机飞上3万英尺高空是空客一直引以为荣的事情。历经长达30年的天空之争后，依靠A320、A330系列客机的成功热卖，2003年空客首次战胜波音，获得超过50%的市场份额。此后,二者的市场份额交替领先。

但在一个领域,空客始终无法撼动波音,那就是长途运输线路,波音凭借747一直牢牢把控着这个市场,并因此屡次领先空客。另外,在开发了大量"战斗型"飞机后,空客的飞机家族一直缺少"旗舰"作品——一款真正象征实力和地位的飞机。持续打破波音在多个领域的垄断之后,如果能以一款"王牌"飞机再次突破波音的领地,那么空客从技术到市场,都可以再领先波音一个层级。

A380就此诞生。在A380之前,波音747是全球载客量最多的大型宽体飞机,是当之无愧的"空中皇后"。而A380在载客量和体型上都远超波音747,是人类历史上最大的飞机。它还采用大量先进技术,例如使用"无接缝进气道"技术降低发动机噪声,使得整体机舱噪声大幅降低。还有用4台高性能换气设备,使乘客每3分钟就可以呼吸一次新鲜空气等。

而且,空客的营销一直做得相当出色。开发之初,他们聪明地将A380与身份地位挂钩,乃至连消费者都以能够乘坐A380为骄傲。归功于A380的舒适和宣传效果,A380在航空公司的航班上卖得不错。仅上市一年,A380就从波音747一级飞机市场中抢走64%的市场份额。

但遗憾的是,A380没有能和空客预测的一样迎来全面爆发。

其中最关键的原因,就是空客的市场战略随着时间推移出现了致命性错误。空客在制造A380之初,与波音公司都认为在人口持续增长和全球经济向好的前提下,航空业将迎来发展高峰期,但全球的航空运力与发展并不匹配。

在空客看来,解决跑道数量和客流矛盾最好的方式是生产超大型飞机,在交通枢纽间运输乘客,然后再用小型飞机分流到目的地。

而波音则选择研发出波音787,一款体型较747小但支持中远程飞行的客机。

现实给了空客狠狠一击。相比空客提供的方式，乘客更喜欢从枢纽到目的地城市的点对点直飞，而航空公司也随之更愿意增加中长程运力航次。A380的上座率因此大大降低，航空公司的收入连油费都无法覆盖，最终放弃A380。

波音把787当作"梦想客机"，它的"点对点"策略战胜了空客的"枢纽对枢纽"策略，截至2019年，波音787卖出了1400多架。而A380在订单量无法维持生产后，在2019年被宣布停产。

空客对波音的攻击失败了，当空客为此焦头烂额时，"空中皇后"波音747刚刚庆祝完50周年纪念日。

不过，打败波音是空客与生俱来的使命。A380让空客遭到重创，但空客没有气馁。并且很快从打击中恢复过来，在新兴市场和货运赛道中获得发展机会。

时值世界经济风向发生变化，资源开始向新兴市场倾斜。在30年以前，世界航空业的交付中心在美国和欧洲。但在中国经济崛起之后格局发生改变，中国自然而然地加入中心圈层，而交付主角也随之发生改变。空客和波音达成了一个共识：未来20年间，将有接近一半或者更多新交付飞机的订单来自亚太地区，其中来自中国的订单将占到50%。因此，谁能拿下核心用户决定了未来谁主天空。

得益于中欧贸易关系的友好，空客抢先获得了优势。

早在2006年，时任法国总统希拉克访华时，就为空客带去了超过100亿美元的飞机订单。并且，双方还达成了一项重要合作，将空客A320客机的总装线建在中国天津，这是空客的首条国际总装线，也是空客第一次在欧洲以外的地方组装飞机。2019年，法国总统马克龙访华，更是将增加空客在中国的工业投入和鼓励中国航空公司采购空客飞机的条款写进《中法关系行动计划》中，从外交层面给予空客便利。后来马克龙再度访华，又将空客的订单金额扩大到200亿美元。

除了"飞机外交",为了争取更多订单,空客也在不断向核心用户释放友好信号。2022 年,出于自身业务需求,南方航空、中国国航以及东方航空组团购买飞机,经过一番比对,他们最终决定向空客采购 292 架 A320NEO 系列飞机。在此之前,波音是中国最大的飞机出口商,二者拥有 50 年的航空工业关系。

促使三大航空公司做出决定最重要的原因就是空客给予大幅度的优惠。虽然这些飞机的市场总价为 372.57 亿美元,但三家航空公司表示,空客的实际报价都要低于市场价格。这是空客历史上最大金额的订单,因此巩固了空客在中国市场的地位,而波音只能眼看对手拿着订单生产而无能为力。

如果说拿下新兴市场是空客受益于外交的"被动转变",那么空客对波音更纯粹的商业冲击则体现在货运赛道上。

疫情重塑了包括航空业在内的许多行业。当全球航空业被疫情的黑暗笼罩时,航空货运为其点燃了一盏灯。新冠疫情暴发导致航空客运大规模停航,与之相反的是大型货机被广泛用来在全球各地运输物资,甚至连不少客机都被临时改装成货机使用。在客运业务方面受到损失的航空公司意识到货运的商业价值。而航空货运更强的驱动力在于疫情改变了人们的生活方式,使得跨境电商获得蓬勃发展。

于是,大量货机订单飞到飞机制造商手中,而这个飞机制造商,主要就是波音——波音 747 的原生货机和改装货机以及 767 的原生机、改装机,还有 777F 等都是宽体货机的主力军。

波音在细分市场的垄断性引起空客的不满。空客首席执行官纪尧姆·福里明确表示:"市场只有一个'玩家'的模式是不健康的,空客不喜欢在货运领域的疲软现状。"所以,空客要采取更加积极的策略。

为此,空客将"飞机家族"的思路延伸到货运赛道,打造全系列的货机。首先是将热卖客机改装成货机，分别是 A320P2F 客机和 A321P2F 客机，以此作为切入货运市场的契机，这两款小型客改货机在一些有短航程业务的国家和地区受到广泛好评。而后，空客推出了全新的货机以及客改货机，布局中型货机领域。

当然，在空客最意难平的大型宽体货机方面，空客拿出了诚心之作——A350F 全新货机，这是一款从 A350 客机上得到设计灵感的货机，但准确来说，它之所以诞生，是因为 A380 带来的启发。彼时为了追赶波音的"梦想客机"，并且保住空客在长途客机上的一席之地，空客在 A380 的设计基础上集中全部优势研发出 A350。截至 2022 年底，A350 这款技术领先的超现代客机已经在全球交付 500 多架，成为空客占领长途大型客机市场的核心机型。

A380 启蒙了 A350，随后它的技术又被运用到空客正在发力的货运市场中，从这一角度来看，A380 的商业价值仍在延续中，正如空客在航空史双寡头你追我赶的角逐中一样，竞争与技术是商业永不缺失的元素。

名字前面被冠以"老牌"，对于企业来说是一种在商业上的认可，但同时也意味着此时它如同一只成年大象，体积庞大且速度缓慢，在商海蛰伏了近百年的法国企业就是这样。但为了更好地前行，大象必须学会"转身"在不同的赛道上奔跑。对于法国的企业与企业家们来说，他们总能看到遥远的机会，且时刻准备着为之搏斗。企业家们用改变的力量突破核心边界，为法国企业迎来了破茧重生的曙光。

这是最坏的时代，也是最好的时代。在 20 世纪早期，法国企业曾经扮演着世界商业统治者的角色。或许现如今在世界商业强国队伍里，法兰西和往日已经不同，但它从不是轻易认输的民族。荣耀与挑战、过往与未来，法国企业仍在星火征程中闪耀。大象能否继续伟大？下一个 10 年，让我们继续见证。

> 致谢

自 2008 年专业从事财经写作以来,我在过去 16 年间阅读了大量中外企业的历史文献和企业家的传记,每次对不同企业、不同企业家按照国家、行业、时代做交叉对比研究时,总有新的收获与启发,也总有遗憾与无奈。我发现,今天国内企业所犯的错误或遭受的挫折,在数十年甚至几百年前,全球的商界巨头就已经经历,并总结出了系统而实用的"教科书",可我们偏偏对前人用数万亿美元写下的教训熟视无睹。更遗憾的是,我发现国内还没有一套丛书系统梳理过全球商业史,对纷繁复杂、割裂模糊的全球商业变迁做过完整描述,甚至连讲述商业史的著作都很少。因此,我经常会冒出一个念头:立足当下,在中文世界,为全球商业史留下一些可供参考和研究的文字。

2011 年,我所创办的润商文化秉承"以史明道,以道润商"的使命,汇聚了一大批专家学者、财经作家、媒体精英,为标杆企业立传塑魂。我们为华润、招商局、美的、阿里巴巴、用友、卓尔、光威等数十家著名企业提供企业传记、企业家传记的创作与出版定制服务,还策划出版了全球商业史系列、世界财富家族系列、中国著名企业家传记系列等 100 多部具有影响力的图书作品，堪称最了解中国本土企业实践、理论体系和精神文化的传记创作机构之一。

2015 年，出于拓宽企业家国际化视野、丰富中国商业文明的专业精神和时代使命，在中华工商联合出版社的策划与鼓励之下，我带着几位商业史研究者与创作者开启了"全球商业史"系列图书的创作历程。我们查阅、搜寻、核实各个国家的历史、商业史、经济史、企业史、企业家传记等资料，每天埋头于全球商业史的浩繁史料中。2017 年夏天，"全球商业史"系列图书（四卷本）顺利出版，包括《财富浪潮：美国商业 200 年》《商权天下：日本商业 500 年》《铁血重生：德国商业 200 年》《霸道优雅：法国商业 200 年》，面世以后深受读者欢迎。5 年之后的 2022 年底，蓝狮子建议我重新策划、精准定位，启动"世界是部商业史"系列图书的修订、改写、完善工作，在美国、日本、德国、法国商业史的基础上增加英国、韩国等国家的商业史。我希望日后能将"世界是部商业史"系列图书不断丰富完善，将更多国家在商业领域的有益探索和成功经验奉献给读者。

感谢中华工商联合出版社的李红霞老师最早对这套丛书的慧眼识珠，你一如既往的鼓励和支持令我十分感动。感谢蓝狮子文化创意股份有限公司的陶英琪、李姗姗、杨子琪、应卓秀等诸位老师，你们的严谨认真令我铭记于心、受益匪浅。感谢王晶、王健平、邢晓凤、邓玉蕊、李倩等诸位创作者，你们的才华和热情为作品锦上添花。感谢孙秋月、马越茹、刘霜、周远等老师的支持和参与，你们为作品的精彩呈现付出颇多。

为创作"世界是部商业史"系列图书，我们查阅了大量图书、杂志、报纸，以及网络文章，引用近百部企业传记、人物传记等史实资料，感谢所有图书著作和精彩报道的写作者。

整个写作过程堪称一场不知天高地厚的冒险，甚至有些勉为其难，错漏之处难以避免。但我们相信，在认真、严谨、客观的努力创作中，每本书都有精彩、闪光、值得回味的故事和道理，无论是写作还是阅读，面对浩瀚商史、全球巨擘，谦虚者总是收获更多。

一直以来，润商文化都致力于为有思想的企业提升价值，为有价值的企业传播思想。作为商业观察者、记录者、传播者，我们将聚焦更多标杆企业、行业龙头、区域领导品牌、高成长型创新公司等有价值的企业，为企业家立言，为企业立命，为中国商业立标杆。我们将不断完善"世界是部商业史"系列图书，重塑企业家精神，传播企业品牌价值，推动中国商业进步。

人们常说，选择比努力更重要，而选择的正确与否取决于认知。决定人生命运的关键选择就那么几次，大多数人不具备做出关键选择的能力，之后又要花很多代价为当初的错误选择埋单。对于创业者、管理者来说，阅读全球商业史是形成方法论、构建学习力、完成认知跃迁的最佳捷径之一，越早阅读越好。希望"世界是部商业史"系列图书能够为更多企业家、创业者、管理者提供前行的智慧和力量，为读者在喧嚣浮华的时代打开一扇希望之窗。

陈润